Glauben-Wecken beim selbstoptimierten Menschen des Anthropozäns

WOLFGANG R. SCHMIDT

Glauben-Wecken beim selbstoptimierten Menschen des Anthropozäns

Die Deutsche Nationalbibliothek verzeichnet diese Publikation in der Deutschen Nationalbibliografie, detaillierte bibliografische Daten sind im Internet über http://dnbdnb.de abrufbar.

a) Verwendung des Gemäldes mengajar angin, 1995, von Nyoman Darsane. Der indonesische Künstler lebt und arbeitet in der Nähe von Denpasar/Bali.
b) Kap. II ist mein leicht veränderte Beitrag «Die Bedeutung von Religionsfreiheit in der Mission» in: Claudia Bandixen, Evelyn Zinsstag, Hrsg: Mission in Partnerschaft. Gegenwart und Zukunft der Missionsarbeit aus Basler Tradition, Theologischer Verlag Zürich, Zürich 2016, S. 82 – 96.

Satz, Umschlaggestaltung, Herstellung und Verlag
BoD – Books on Demand, Norderstedt

ISBN: 978-3-7460-6935-7

Inhalt

Vorwort

Wolfgang Schmidt spricht die dringend notwendige und prophetische Einladung aus, einen radikalen transformativen Diskurs über Missiologie zu beginnen, einschließlich eines Neuanfangs bei Studium und Planung von Mission im 21. Jahrhundert. Seine äußerst kreative herausfordernde Abhandlung konzentriert sich auf die jüngste Missions-Diskussion in der Ökumenischen Bewegung, einschließlich des Missions-Dokuments des Weltrates der Kirchen aus dem Jahr 2013.

Sein Buch ist bestimmt von dem riesigen kosmischen Kontext des Lebens, der durch menschliche technokratische Innovationen im Entstehen ist, welche die Menschheit über die bisherigen historischen Zivilisationen hinaus entwickeln.

Seine Analyse von »Landschaften«, d.h. Kontexten der Mission, stellt »Glauben-wecken« in den unbegrenzten kosmischen Kontext, der für Wissenschaft und Technologie dadurch in greifbare Nähe rückt, so dass sie in diesem Jahrhundert ihr wissenschaftliches Weltbild in gegenwärtige Wirklichkeit verwandeln.

Dies ist der Punkt, von dem aus Schmidt historische Entwicklungen in der Missiologie seit den biblischen Zeiten bis zur Gegenwart zu verstehen sucht. Drei Punkte sind für den Eintritt in die Diskussion besonders herausfordernd und prophetisch, auch für mein eigenes konkretes Engagement in einer integralen Forschung über Leben.

1. Er präsentiert eine tiefgehende Analyse der kosmischen wissenschaftlichen Entdeckungen und deren Auswirkungen auf die Definition des Kontextes für Mission.
2. Er buchstabiert die Auswirkungen auf die Entwicklung von Leben im planetarischen Raum und für das Heraufkommen des sich selbst-optimierenden Menschen durch ständig expandierende technologische Innovationen.
3. Sehr eindrücklich erfasst er die Krise des Glaubens in diesem technologischen, kosmischen Rahmen.
4. Er ruft dazu auf, in diesem Rahmen »Glauben-wecken« als ein Schlüs-

selelement für die Herausbildung einer kreativen und transformativen Missiologie zu sehen.

Wolfgang Schmidts Buch präsentiert nicht nur eine einleuchtende, kritische Analyse der Missionsgeschichte bis zur Gegenwart, sondern weist auch auf die verschiedenen Ausrichtungen der christlichen Missionsgemeinschaften hin, unter anderem auf die Zähmung des technokratischen Triumphalismus und die Mobilisierung spiritueller Weisheit aus Afrika, Asien und der amerikanischen Urbevölkerungen. Eine großartige kosmische Vision!

Prof. Dr. Kim Yong-Bock
Direktor des Asia Pacific Center for Integral Study of Life
Seoul/Südkorea im Oktober 2017.

Einleitung

Das Wissen des Menschen um sich selbst und seine Welt hat sich in den letzten 100 Jahren so verändert, dass es für eine wachsende Öffentlichkeit naheliegt, von einer neuen Epoche der Menschheitsgeschichte zu sprechen. Braucht es daher eine erneuernde Rezeption der christlichen Botschaft, sozusagen eine erneute Reformation für das 21. Jahrhundert? Oder gilt das seit dem 16. Jahrhundert strapazierte reformatorische Befreiungs-Prinzip »Allein aus Glauben« noch?

Die Zeitepoche seit dem Ende des Eiszeitalters vor 11 700 Jahren wird allgemein anerkannt als das Holozän bezeichnet. Natürlich hat es in diesem Zeitraum durch Rodungen und Bejagung großer Pflanzenfresser einschneidende Veränderungen im globalen Ökosystem gegeben. Die Mehrzahl der Befürworter der Einführung einer neuen erdgeschichtlichen Epoche stellen einen qualitativ bedeutsamen Einschnitt um das Jahr 1950 fest als den Beginn der »großen Beschleunigung«. Innerhalb der »International Union of Geological Studies« (IUGS) spricht man von einer völlig neuen Qualität menschlicher Aktivität und von dem Beginn des »Anthropozän«, dem »Zeitalter des Menschen«. Gemeint ist die bis heute anhaltende Periode exponentiellen Wachstums in praktisch allen Parametern der technischen und wissenschaftlichen Entwicklung. Für die grundlegende Veränderung sind drei sich einander begünstigende Effekte verantwortlich: die sehr schnelle technische Entwicklung, das immense Bevölkerungswachstum und die Menge der verbrauchten Ressourcen.

Die Veränderung begann mit der Produktion menschengemachter geologischer Spuren. Ganz neue Werkstoffe und alte – wie Beton und Glas – werden im großen Stil zu großen Städten verbaut. Hinzu kommen Aluminium, Mülldeponien, Strände und Meere voller Plastik, Verbrennnungsrückstände von Holz oder fossilen Brennstoffen, chemische Spuren wie Blei aus Millionen Autotanks, langlebige Radioisotope oder die Zerfallsprodukte des bei Atomtests freigesetzten Plutoniums. Auch die Natur der Ablagerungen selbst, ein wesentliches Erkennungsmerkmal einer geologischen Epoche, verändert sich charakteristisch. Durch industriell betriebene Landwirtschaft und Abholzung steigt die Erosion, Düngemittel schwemmen Stickstoff und Phosphor in Flüsse und ins Meer, entziehen Schelfmeeren den Sauerstoff und begünstigen so die Ablagerung schwarzer Faulschwämme. Fachleute erkennen noch nach Jahrmillionen sauerstofffreie Meeresgebiete an diesen Rückständen. Das gilt auch für die Markerstoffe, die die Atombombentests auf dem ganzen Planeten verteilt zurückgelassen haben.

Die neue Qualität der rasanten Entwicklung der Technik hat der Wissenschaft in allen Bereichen bis dahin ungeahnte Möglichkeiten eröffnet, insbesondere den Astrowissenschaften. Mag man über die geologische Benennung des menschheits- und erdgeschichtlichen Zeitabschnittes noch diskutieren. Der mit »Anthropozän« umschriebene Zeitabschnitt trägt wie kein anderer in der bekannten Geschichte die eindeutige Signatur des sich selbst optimierenden, seine Welt neu durchdringenden und erschaffenden Menschen. Noch bis vor 100 Jahren glaubte man, wir würden in einem statischen, sich nur kaum veränderndem Universum leben. Andere als unsere Galaxie, die Milchstraße, waren nicht bekannt. Die am Himmel erkennbaren Nebelflecken hielt man für Gaswolken. Natürlich gehörten die sichtbaren Sterne zu unserer Galaxie. Das Sichtbare war sozusagen das Universum.

Ohne Beteiligung von Kirchen und Theologen haben Forscher in den vergangenen 100 Jahren ein neues uns unbekanntes Universum »geschaffen« mit unvorstellbaren Dimensionen und ungeahnten Konstellationen, mit einer Vergangenheit von 13,7 Milliarden Jahren und einer noch einmal so langen Zukunft. Unsere Galaxie ist von zahllosen, viele Millionen Lichtjahre entfernten Galaxien umgeben, die unseren Vorfahren wie diffuse Flecken ohne Detail am Himmel vorkamen. Kirchen und Theologen haben diese neue, unsere Welt mit Ignoranz behandelt. Diesen Eindruck hat man, wenn man die gängigen Verlautbarungen und Texte der großen religiösen Gemeinschaften zu Rate zieht. Der Eindruck entsteht, dass sie an einer anderen Welt festhalten, eine andere Welt voraussetzen, zum Beispiel, dass sie möglicherweise noch unterbewusste »Landschaften« beschreiben, an die man sich wehmütig und mit ein wenig Heimweh erinnern mag.

Als Beispiel nenne ich die Vollversammlung des Ökumenischen Rates der Kirchen (WCC) 2013 in Busan/Süd-Korea. Dort wurde auf Vorschlag der Kommission für Weltmission und Evangelisation (WCC-CWME) einstimmig eine Erklärung unter dem Titel: Together Towards Life in Changing Landscapes (zit.: TTL), deutsch: **Gemeinsam für das Leben: Mission und Evangelisation in sich wandelnden Kontexten** diskutiert und beschlossen. Seit der Integration des Internationalen Missionsrates (IMC International Missionary Council) in den Ökumenischen Rat der Kirchen im Jahr 1961 in NeuDelhi gab es nur eine WCC Erklärung zur Weltmission: die vom WCC Zentralausschuss genehmigte Erklärung unter dem Titel: Mission and Evangelism: An Ecumenical Affirmation. Inzwischen ist 2016 ein umfangreiches, 634-seitiges Werkbuch zum Thema der TTL unter dem Titel Ecumenical Missiology. Changing Landscapes and New Conceptions of Mission herausgekommen (EM). Dieses Werkbuch dient unter anderem auch der Vorbereitung der nächsten Weltmissionskonferenz, die für März 2018 in Arusha/Tansania unter dem Titel Moving in Spirit. Called to Transforming Discipleship als eine Vertiefung der Inhalte der TTL-Erklärung vom WCC geplant wird. Auch dafür gibt es inzwischen Vorbereitungskonfererenzen und Material [Anm.1]. Grund genug, sich mit den sehr verschiedenen Welten zu befassen und zu sehen, ob es wirklich dieselbe Welt, dieselbe Geschichte, derselbe Mensch ist, von dem wir reden, der in »Busan« und der im »Anthropozän«?

Die intensive Beschäftigung des WCC, speziell auch die der CWME, mit der aktuellen Verkündigungssituation lässt darauf schließen, dass die Erklärung offensichtlich als eine ökumenische Wegweisung für die Mitglieder im Blick auf ihr Engagement für Mission und Evangelisation, also als eine Vision für das 21. Jahrhundert zu verstehen ist. Die in EM aufgeführten Beiträge aus allen Kontinenten sind durchgehend positiv und bestätigen meist vertiefend und dimensionierend die traditionelle Sicht und Schwerpunkte zukünftiger missionarischer Engagements der durch den ÖRK vertretenen Kirchen und Gemeinschaften. Geht es nach der deutschen Übersetzung, dann wird »Landschaft« mit »Kontext« übersetzt. Auffallend ist, dass diese sprachliche Neuheit fraglos und diskussionslos akzeptiert wird. Wenn ich recht verstanden habe, so soll »Landschaft« den Begriff »Kontext« ersetzen, was sicher etwas konkreter, blumiger und auch eingängiger sein mag. Es regt vor allem zum verfremdeten Nachdenken an, was mich dazu brachte, einmal neu über die historischen und heutigen »Landschaften« der Verkündigung nachzudenken, und zwar kontextual, nicht mit den Augen des »globalen Südens« oder der schnell wachsenden »Pfingstler«, sondern mit den Augen zunehmend frustrierter, sich aus dem kirchlichen Leben verabschiedender Ehemaliger. In einer Welt des postmodernen, multikulturellen Wertewandels und multireligiösen Konzepten ist die Stimme der Kirche kaum noch zu Gehör zu bringen. Man kann einfach auch das informierte, protestlose Desinteresse in der Hörer-Landschaft nicht mehr übersehen. »Landschaften« können in der beschreibenden Analyse übereinstimmen, stellen sich aber in Motivation und Perspektive anders dar als in der TTL-Erklärung und den gemeinhin von kirchlichen Amtsstellen bedauerten Reaktionen darauf.

Aus dieser landschaftlichen Sichtweise ergeben sich vier, eigentlich nur drei Landschaften. Im ersten Kapitel geht es mir um eine Sicht auf die »Urlandschaft« der ersten vier Jahrhunderte, d. h. einmal auf eine Zeit der Erinnerung des Geschehens um den Menschen Jesus und seiner Botschaft und zum anderen auf die offensichtlich notwendig gewordene Bemühung um eine einheitliche Darstellung der Glaubensinhalte. Im zweiten und dritten Kapitel geht es um die Umsetzung des globalen Anspruchs der Christenheit auf die bewohnte »Globale Landschaft« unter den Gesichtspunkten der Staatskirche, des Kolonialismus, der Religionsfreiheit und der aufgeklärten Vernunft. Im vierten Kapitel schließlich komme ich zu meinem eigentlichen Anliegen, nämlich der Frage nach den sich in unserer Zeit vollziehenden Veränderungen hin zu unserer zunehmend auch vom Menschen geschaffenen »planetarischen Landschaft«. Von dieser dramatischen Neudimensionierung des in der WCC-Erklärung TTL so stark strapazierten »Lebens in der Fülle« oder der offensichtlichen Weiterentwicklung hin zum »selbst optimierten Menschen« ist in dem TTL-Text nichts zu lesen.

Ebenso wenig enthält TTL einen Hinweis auf den tiefgehenden strategischen Wandel, der sich bei näherer analytischer Betrachtung der »landschaftlichen« Ausrichtung der Ausbreitung ergibt. Schon in dem sich herausbildenden, »urlandschaftlichen« Verständnis lässt sich ein starkes konfrontatives Element in der Begegnung mit dem von starken

Traditionen besetzten »globallandschaftlichen« Umfeld feststellen. Es zeigte sich sehr bald ein globaler, alle Lebensbereiche durchdringender Anspruch, der nur mit Konfrontation, in allen denkbar möglichen Gestaltungsformen global durchzusetzen war. Mit dieser Strategie erreichte das Christentum im 20. Jahrhundert »die Enden der Erde«. TTL – dies sei positiv gesagt – weist nichts von diesem Geist der Konfrontation mehr auf, der bei dem Vorläufer noch zu spüren war. TTL – bewußt oder unbewußt – ist Ausdruck eines strategischen Paradigmenwandels von der Konfrontation zur Transformation, von einer mechanistischen Dominierung der Welt zu einem gemeinsamen Zeitalter einer ökologisch weltweiten Gemeinschaft, von Evangelisierung der Welt zum Schalom, vom Monolog zum Dialog. Im TTL-Text findet man viele Hinweise und Ansätze für diesen Wandel und gibt damit ökumenischen Ansätzen in der zweiten Hälfte des 20. Jahrhunderts einen revolutionierenden Zusammenhang.

Es bleibt aber bewundernswert, wie dediziert und offen sich Astrobiologen und Astrophysiker an den »Rändern« kundig machen und sich damit für das interessieren, was eigentlich Theologen, und nicht nur Missionsstrategen, im Blick auf die Dimensionen ihres Auftrages und die Gestaltung ihrer »Landschaft« beschäftigen müsste. Nicht zuletzt im Vorfeld des mit großem kirchlichen Aufwand betriebenen 500-jährigen Gedenkens der Reformation im Jahr 2017 wäre eine Kontextualisierung dieser wissenschaftlichen Großleistung von entscheidender Bedeutung für die Verkündigungsarbeit der Kirchen gewesen. Schließlich dürfte es sinnvoll und relevant für jeden Gläubigen sein, die Gewissheit zu haben, dass das reformatorische Prinzip ohne Abstriche für den selbstoptimierten Menschen des Anthropozäns auch in diesem neudimensionierten Kosmos noch gilt. Der TTL-Text hat die Chance nicht genutzt, die Potentiale der reformatorischen Vision vom »Allein aus Glauben« für den Menschen der »planetarischen Landschaft« zu aktualisieren. Auch die Erklärung der Konferenz der »International Ecumenical Fellowship« (IEF) im August 2017 wonach man im Lutherjahr begonnen habe, eine »Vision für eine Kirche von morgen« zu formieren, entbehrt jeglicher Anzeichen eines absehbaren Paradigmenwechsels.

Die einfache Methode, in der Vergangenheit nach relevanten Deutungen zu suchen, ist insofern schwierig, als Kommentare zu den neueren provozierenden, um nicht zu sagen: revolutionierenden Forschungsergebnissen des 20. Jahrhunderts in theologischen Abhandlungen nur rudimentär zu finden sind. Vielleicht erklärt es sich daher, dass man erst in den 60er Jahren des 20. Jahrhunderts Technologien zur Verfügung hatte, die es ermöglichten, weiter ins All zu schauen und die Bedingungen auf den Oberflächen von Planeten und die Zusammensetzung ihrer Atmosphäre genauer zu untersuchen. Diese offensichtlich auf Anhieb rauhen Bedingungen führten zu der weitverbreiteten Ansicht, dass nur die Erde für Leben geeignet sei.

Inspiriert durch die kosmische Entgrenzung des Alls, hat dann auch im vergangenen Jahrzehnt die Suche nach außerirdischem, auch menschlichem Leben in unserem Sonnensystem wieder neues Interesse gefunden. Dies ist wohl auch der Tatsache zuzurechnen, dass Astronomen im Jahr 2013 entdeckten, dass Planeten wie die Erde in unserer Galaxie häufiger sein könnten als bis dahin angenommen. Inzwischen hat sich aber auch die Frage nach dem Ursprung des Lebens neu gestellt. Hat man bis noch vor einigen Jahren angenommen, das Leben auf der Erde sei auch auf unserer Erde entstanden, so neigen Wissenschaftler heute eher dazu, dass sich das Leben irgendwo anders in unserem Sonnensystem gebildet hat. Wann und wie dieses Leben entstanden ist, wie es gestaltet ist und funktioniert, wie es auf unsere Erde kam und wie es sich bis hin zum Menschen entwickelte, das und mehr sind höchst spannende aktuelle Fragen, denen die Astrobiologie nachgeht, ein interdisziplinäres Forschungsgebiet in dem vor allem Astronomie, Astrophysik, Chemie, Geophysik zusammenkommen.

In der TTL-Erklärung wird viel von neuen »Landschaften« gesprochen und auf die neu zu entdeckenden globalen »Ränder« unserer Zivilisation hingewiesen, ohne die real neu entdeckte »planetarische Landschaft« mit den einhergehenden neuen planetarischen »Rändern« des Lebens und des Menschen auch nur zu erwähnen. Auf dieses Versäumnis soll mit diesem Beitrag hingewiesen werden. Dies verbinden wir mit der Hoffnung, dass die TTL-Konsultation, die 2018 in Ostafrika, also in dem Teil unseres Planeten stattfinden soll, der noch immer als die Urheimat und Wiege des Menschen gilt, so etwas wie eine planetarische Dimensionierung des Glauben- weckenden Zeugnisses zu reflektieren beginnt. Dabei sollte man es sich nicht zu leichtmachen und allzu schnell auf ein sehr altes Attribut für den Auferstandenen zurückgreifen und von dem »kosmischen Christus« sprechen. Die Geschichte des Kosmos, des Lebens und des Menschen, so wie sie sich heute darstellt, ist grundsätzlich von der Geschichte und dem Weltbild derer zu unterscheiden, die diese neutestamentliche Terminologie benutzt [Anm. 2] oder später auch wiederentdeckt haben [Anm. 3].

Diese Publikation ist ein Plädoyer dafür, Glauben-wecken in dem faszinierenden entgrenzten Kontext der neu entdeckten planetarischen oder auch kosmischen Landschaft zu überdenken. Ein Kernpunkt ist die mit an Sicherheit grenzende Annahme, dass es menschliches außerirdisches Leben in dieser Landschaft gibt und diese wie auch immer gebildeten Exoplanetarischen zur Menschheit gehören, also auch von der evangelischen Botschaft nicht ausgegrenzt werden können. Es darf also keine Begrenzung des Glauben-Weckens auf diese unsere Erde und auf den uns bekannten Menschen und seine Landschaften geben. Der noch unbekannte exoplanetarische, wie auch der sich selbst optimierende Mensch des Anthropozäns gehören zur kosmischen Landschaft des Glauben-weckenden Zeugnisses.

Um der Glaubwürdigkeit des Auftrages willen sollten wir nicht apologetisch auf die neuen Erkenntnisse der Naturwissenschaften so reagieren, als habe Theologie schon immer eine kosmische Entwicklungsdimension vorweggenommen. Sowohl die alttestamentlichen, als auch die antiken und neutestamentlichen Vorstellungen von dem, was auch immer Philosophen, Astrologen und Theologen unter Kosmos oder Universum oder Schöpfung, kurz: unter Astrologie verstanden haben, bleiben quantitativ und qualitativ weit hinter dem zurück, was z. B. das Großteleskop »PS1« mit einer extrem leistungsfähigen Kamera in den Jahren 2010-2015 fotografisch erfasst hat und was nun in einem wissenschaftlichen Lexikon des Weltalls nach weiteren drei Jahren vorliegen wird. Es ist eine Datenbank entstanden, die zwei Petabyte an Daten enthält, d.h. vergleichsweise 40 Millionen Aktenschränke mit jeweils vier Schubladen engbedruckter Texte über Sternenexplosionen, Asteroide, fremde Galaxien, drei Milliarden Himmelskörper und bis zu 12,5 Milliarden Lichtjahre entfernte »Schwarze Löcher«. Es geht nicht an, den qualitativen und quantitativen grundsätzlich neuen Dimensionen unseres Universums weiterhin mit bäuerlichen oder auch priesterlichen Welterklärungen und deren exegetischer Qualifizierung als Glaubenszeugnisse aufzuweichen. Um neue Glaubwürdigkeit für die Botschaft auch beim sebstoptimierten Menschen zu wecken, bedarf es einer neuen Grundlegung der wissenschaftlichen Theologie, die keine simultanen oder konsekutiven neuen Welten schafft, sondern die bekannten Rahmenbedingungen und Dimensionen unserer Welt ernst nimmt, und möglicherweise so bei dem Menschen in unserem Universum ein Stück an Glaubwürdigkeit gewinnt.

Mein besonderer Dank geht an Nyoman Darsane, der ohne jede Auflage sein Gemälde "Die Erschaffung des Windes" für die Gestaltung des Umschlags zur Verfügung gestellt hat; an Kim Yong Bock für Ermutigung und das ökumenische Vorwort; an Hans Edi Moppert und Markus Wyss für viele gute Ratschläge und die hilfreiche Begleitung; an Anna-Lena Grieshaber für alle technischen Gestaltungshilfen; nicht zuletzt an Frau Dr. Bremer für die umfassende, fachliche und zügige Beratung bei Design, Herstellung und Druck des Buches, und an meine Frau Inge für ihre in den vergangenen vier Jahren täglich bewährte Geduld mit mir und der zeitaufwendigen Arbeit am Manuskript.

Herrischried, im Oktober 2017.

I. Urlandschaft: Von der evangelischen Vielheit zur kanonisch manipulierten Botschaft

1. Verschriftete Botschaft

Weitgehend unbestritten ist, dass der Mensch Jesus gelebt hat. Eine besondere Ausstrahlung und sein Anspruch, ein besonderer Lehrer innerhalb der jüdischen Traditionen zu sein, hat ihn für seine Umwelt so interessant gemacht, dass man anfing, Geschichten über ihn zu erzählen und über seine Worte nachzudenken. Dieser Prozess der mündlichen und dann auch schriftlichen Jesustraditionen lässt sich im Einzelnen nur sehr schwer nachweisen. Ein versuchter Nachweis seiner Worte ist sicher die sogenannte Logienquelle, eine Sammlung von Zitaten, die Jesus zugeordnet werden. Aber auch diese Quelle ist, wie später die Evangelien, Resultat eines längeren Überlieferungsprozesses.

Die zunächst mündlich, dann anfänglich auch schon schriftlich tradierten Worte und Geschichten über Jesus aus der Zeit vor seiner Kreuzigung bedurften schon mit der Behauptung seiner Auferstehung der Deutung. Hinzu kamen die Erzählungen nachösterlicher Erscheinungen Jesu und die der Geisterfahrungen der frühen Christen. Mit der beginnenden Verkündigungs- und einsetzenden Missionsarbeit bestand ein ständig wachsender Bedarf an detailliertem und einsehbarem Material über diesen Menschen Jesus, aus dem hervorging, dass dieser gekreuzigte und auferstandene Mensch Jesus, schon zu seinen Lebzeiten sich als der »Menschensohn« verstanden hatte. In Verkündigung und Taufunterweisung berichteten Christen in Gleichnissen und Berichten von Wundertaten Jesu. Prägnante Worte Jesu wurden in Erzählungen über ihn gerahmt und so überzeugend anwendbar. Früh schon entstanden kurze prägnante Bekenntnisse als Antwort (1.Kor. 15,3 eines der Urbekenntnisse). Darüber hinaus schien wohl eine schriftliche Fixierung wegen der Naherwartung der Wiederkunft Jesu nicht relevant. Als diese aber ausblieb, entstanden kleine Sammlungen von Streitgesprächen, Wundererzählungen und in Gleichnisse gefasster ethischer Themen. Daraus wurden ganze Blöcke wie schon

früh die Passionsgeschichte und später die Evangelien zusammengestellt.

2. Das Neue Testament

Das Neue Testament (NT) berichtet und reflektiert das Leben, Sterben
und Auferstehen des Juden Jesus Christus, der als Mensch, Messias
und Sohn Gottes zur Rettung der Menschen im heutigen Israel gelebt
hat. Dieser Bericht [Anm. 4] ist eine Sammlung von 27 Schriften, von denen keine im Original überliefert, sondern jeweils nur in Abschriften
erhalten ist. Sie wurden ausgewählt aus einer weitaus größeren Anzahl von griechischen Handschriften. Insgesamt geht man von 5.400
Dokumenten aus, die in den ersten christlichen Gemeinden kursierten.
Die Sammlung wurde um das Jahr 400 unserer Zeitrechnung abgeschlossen.

Die Geschichte dieser Sammlung ist ebenso spannend wie menschlich und zeigt die unterschiedlichen Ansätze, sich dem Erlebten, bzw.
den Erzählungen der Zeitgenossen zu nähern. Zusammen mit dem Alten
Testament (in der als »Tannach« bekannten Fassung [[Anm. 5]]) bilden sie
die Bibel, die von allen christlichen Bekenntnisgruppen als Wort Gottes
und somit als Grundlage des christlichen Glaubens anerkannt ist.

2.1 Evangelien und Apostelgeschichte

Zum NT gehören grundlegend die vier Evangelien nach Matthäus, Markus, Lukas und Johannes, die sich auf das Leben Jesu und sein Wirken beziehen. Die Namen sind nachträglich hinzugefügt worden und
sagen nicht unbedingt etwas über den ursprünglichen Verfasser aus.
Was die Namen betrifft, so dürften bei Matthäus und Johannes die
Apostel gemeint sein. Bei Markus geht man davon aus, dass er seine
Informationen von Petrus hatte. Lukas war Arzt und soll ein Begleiter
des Paulus gewesen sein. Diese Namen wurden bereits früh den Evangelien zugeordnet und auch einheitlich in den Gemeinden benutzt. So

dürfte der Kirchenvater Irenäus von Lyon erstmals schriftlich Lukas dem Evangelium zugeordnet haben.

Die Entstehung der Evangelien ist von der historisch-kritischen Forschung des 20. Jahrhunderts zum Teil sehr verschieden gesehen worden. Die heutige Mehrheitsmeinung nimmt für die Sammlung der griechischen Texte den Zeitraum zwischen den Jahren um 70 (Markus), 80-90 (Matthäus und Lukas) und um 100 (Johannes) an. Für die sehr alte Annahme eines hebräischen oder aramäischen Urevangeliums gibt es bisher keine ernstzunehmenden Belege. Auch wird die Frühdatierung in die 30er Jahre heute kaum noch vertreten.

Die historische Einordnung der vier Evangelien beruht auf stilistischen Eigenheiten, wechselseitigen Textbezügen, Hinweisen auf historische Fakten und auf theologischen Unterschieden. Aufgrund der Stilunterschiede lassen sich auch der Wirkungsbereich und die Adressaten bestimmen. Das Matthäus-Evangelium dürfte in Syrien entstanden und für Gemeinden mit einem stark judenchristlichen Anteil geschrieben sein. So galt das Evangelium nach Markus Heidenchristen in Kleinasien, Griechenland, Rom und Ägypten. Ebenfalls an gebildete Heidenchristen in Jerusalem, Kleinasien und Rom war das Evangelium nach Lukas gerichtet, während sich das Evangelium nach Johannes zur Glaubensvertiefung allgemein an Christen wandte.

Die Apostelgeschichte gilt als Fortsetzung des Lukasevangeliums. Kernstück ist das Apostelkonzil, die Aufhebung der Begrenzung der christlichen Gemeindegründung auf den Bereich des Judentums und die Rolle, die der Apostel Paulus dabei spielt.

2.2 Paulusbriefe

Die ältesten schriftlichen Quellen sind allerdings 7 Briefe, die von dem im Jahre 5 unserer Zeitrechnung geborenen Paulus geschrieben wurden. Nach dem Apostelkonzil (48 n Chr.) begann der »Apostel« Paulus seine ausgedehnte Reisetätigkeit, mit der er die evangelische Botschaft weit in das römische Imperium trug und christliche Gemeinden gründete. Dabei ergaben sich theologische und ethische Probleme, sowie persönlicher Erklärungsbedarf. Dies und mehr spiegeln diese Briefe wider. Die intellektuelle Leistung des Juden Paulus im Prozess der Auseinandersetzung mit seinen Glaubensgenossen, Neuchristen und Nichtjuden war die theologische Transformation der wenigen bekannten authentischen Jesusworte zu einer visionären Botschaft der Befreiung und Gleichheit aller Menschen.

Das älteste authentische Quellendokument ist der um das Jahr 50 in Korinth geschriebene 1. Thessalonicherbrief. Es folgt der im Jahr 54 in Ephesus geschriebene 1. Brief an die Korinther, gefolgt von dem in Mazedonien im Jahr 55 geschriebenen 2. Korintherbrief. Ebenfalls und zum Ende des Jahres 55 entstand in Makedonien der Brief an die Galater. Im folgenden Jahr, 56, entstand in Korinth der Brief an die Römer. Der Philipperbrief wurde von Paulus im Jahr 60 im Gefängnis in Rom geschrieben. Dort entstand auch im Jahr 61 der Brief an Philemon.

Nach dem Tod des Apostels entstanden im Umkreis seiner Schüler und Mitarbeiter die 6 sogenannten deuteropaulinischen, also Paulus zugeordneten Briefe: Kolosserbrief, Epheserbrief, der 2. Thessalonicherbrief, der 1. und 2. Timotheus- und der Titusbrief. Sie unterscheiden sich von den authentischen Briefen insbesondere dadurch, dass die bis dahin gängige Naherwartung der Wiederkunft Jesu inzwischen aufgegeben ist und in den Gemeinden mittlerweile ein Anpassungsprozeß an die geschichtlichen Gegebenheiten begonnen hatte. Die Gemeinden arrangieren sich mit den herrschenden Verhältnissen.

2.3 Johanneische Schriften.

Von einem unbekannten Verfasser der johanneischen Schule in Ephesus entstanden um das Jahr 100 das Johannes-Evangelium und die 3 Johannesbriefe. Die Reden Jesu sind bereits »Theologie«, also Johannes in den Mund gelegte Texte seiner Schüler. Thema ist nicht mehr das Reich Gottes, sondern die Bedeutung der Person und des Werkes Jesu. Es beansprucht, unter Leitung des Geistes eine authentische Darstellung des Lebenswerkes zu geben. Dazu gehört auch die sogenannte Offenbarung des Johannes, die um das Jahr 95 auf Patmos, eine Insel vor der türkischen Westküste, entstand. Adressat sind verfolgte Gemeinden In Kleinasien, die unter Zwangsmaßnahmen, verbunden mit der Durchsetzung des römischen Kaiserkultes, litten. Leiden, Prüfungen und Verfolgungen werden auf eine endgeschichtliche Ebene verdichtet, die auf die ewige Gemeinschaft mit Gott im himmlischen Jerusalem hinweist.

2.4 Die katholischen Briefe

Zu dieser Briefsammlung gehören der Jakobusbrief, der 1. und 2. Petrusbrief und der Judasbrief. Sie werden als katholisch bezeichnet, weil sie nicht an bestimmte Gemeinden gerichtet, sondern an allgemeine (»katholische«) Empfänger gerichtet sind. Sie sind relativ spät zusammengestellt und abgeschlossen worden. Der um 130 datierte 2. Petrusbrief ist wohl das jüngste Dokument des Neuen Testaments. Die Briefe behandeln ethische und dogmatische Probleme der frühen Christenheit. In die Nähe dieser Briefsammlung gehört der Hebräerbrief, der seiner Form nach ein schriftlich fixierter Lehrvortrag ist, und dessen Zugehörigkeit zum Kanon noch lange strittig war.

3. Die historische Festlegung auf einen Kanon

Die wachsenden juden- und heidenchristlichen Gemeinden des zweiten Jahrhunderts waren vor die Frage gestellt, welche der in großer Anzahl kursierenden Schriften die Maßstäbe für die christliche Lehre abgeben sollten. Inzwischen gab es Ansätze kirchlicher Organisation und einer sich entwickelnden Hierarchie. Es musste vor allem Klarheit geschaffen werden über das Verhältnis zur aufkommenden Gnosis und anderen konkurrierenden Erkenntnislehren und Welterklärungen. Der Klärung bedurfte auch das Verhältnis zu den inzwischen entstandenen christlich-gnostischen Gruppierungen. Neben neuen ‚Briefen' waren neue Evangelien mit neuen besonderen Erkenntnissen im Umlauf, so das ‚Philippus-Evangelium', das ‚Evangelium der Wahrheit' oder auch das ‚Thomas-Evangelium'. Hinzu kam um 150 das Auftreten von Markion in Rom, der einen eigenen Kanon, ohne das Alte Testament, mit einem ‚revidierten' Lukas-Evangelium und ‚gereinigten' Paulusbriefen vertrat. Dies beförderte den Klärungsprozess. Gegen Ende des 2.Jahrhunderts hatte sich der Kern des neutestamentlichen Kanons durchgesetzt: 13 Paulusbriefe, 4 Evangelien und die Johannesbriefe. Im 3. und 4. Jahrhundert kamen dann noch die restlichen Briefe und die Johannes-Offenbarung hinzu. Endgültig wurden die 27 Schriften als Lehrgrundlage, »Quelle des Heils«, durch Athanasius von Alexandrien, Bischof der ägyptischen Kirche, im Jahr 367 in seinem 39. Osterfestbrief amtlich festgestellt. Nach und nach wurde diese Entscheidung dann auch in den anderen Kirchen akzeptiert [Anm. 6].

4. Anspruch und historischer Prozess

Die Entstehung der christlichen Lehrgrundlage, d.h. des neuen Testaments, ist die nacherzählte Geschichte eines historischen Prozesses. Aus den wenigen überlieferten, nachweislichen und kontextualisierten Jesusworten bildete sich insbesondere aufgrund der systematisierenden Durchdringung der Zeugnisse durch den jüdischen Theologen Paulus eine vereinheitlichte dogmatische Interpretationsrichtung heraus. Sie birgt nach Meinung der Verfasser den Anspruch in sich, dass in dem verschrifteten menschlichen Wort Gott selbst spricht (2.Thess. 2,13). Um der Wahrheit willen wird man auch feststellen müssen, dass alle theologischen Aussagen auf geschichtliche, religiöse oder philosophische Hintergründe zurückzuführen sind. Die Verfasser der neutestamentlichen Schriften ebenso wie die dogmatischen konziliaren Aussagen der ersten vier Jahrhunderte sind beschränkt und auf dem Hintergrund der Auseinandersetzung mit den zeitgenössischen Weltbildern entstanden.

Ein sehr realistisches Bild der religiösen Strömungen und politischen Verhältnisse im Palästina des ersten Jahrhunderts hat Reza Aslan gezeichnet. Er hat dabei nicht viel mehr historisches Material und Fakten verwendet als bereits im vorigen Jahrhundert durch historisch-kritische Bibelwissenschaftler bekannt war [Anm. 7]. Er beruft sich u.a. ausdrücklich auf Rudolf Bultmann und dessen nicht von allen Theologen akzeptiertes Entmythologisierungsprogramm [Anm.8]. So kommt ein ausgesprochen klares historisches Jesus-Profil zustande: ein jüdischer Revolutionär in einer apokalypisch aufgeladenen Zeit, der als Zelot für die Verwirklichung des Gottesreiches in dieser Welt einsteht und dabei zum erklärten Feind der römischen Besatzungsmacht wird. Ein Revolutionär aus dem armen Galiläa, dessen Ziel aber nicht so sehr ein himmlisches Königreich war, als ein Palästina ohne römische Besatzungsmacht. Eine sympathische Gestalt zu Lebzeiten mit einem ambivalenten Verhältnis zur Gewalt. Reza Aslan lässt aber auch deutlich werden, warum die frühen Christen diesen Menschen Jesus nach seiner Hinrichtung aus einer völlig anderen Erinnerung heraus zum dogmatisierten Christus gemacht haben.

Auch die Weihnachtsgeschichte ist ein weithin von neutestamentlichen Wissenschaftlern anerkanntes Beispiel dafür, dass es nur schwer vorstellbar ist, dass sich die Geschichte so mit Stall und Krippe zugetragen hat. Vermutlich hat der Verfasser des Lukasevangeliums aus den ihm zugängigen mündlichen Überlieferungen eine aufwendig komponierte Erzählung geformt, um bestimmte dogmatische Positionen damit zu belegen.

So sind die Geschichten und Worte der Evangelien nicht allgemeine zeitlose, sondern durch den Zusammenhang des jeweiligen Erkenntnisstandes begrenzte »Wahrheit«. Sie sind Interpretationen dessen, was man mit Jesus erlebt hat oder meinte, mit ihm erlebt zu haben. Es gibt in diesem Sinne keine »objektive Christologie«, wie es auch keine »objektive Schöpfungslehre« oder »objektive Pneumatologie« gibt. Auch die Lehre von der Trinität [Anm.9] hat ihr Grundschema in der spätgriechischen Philosophie, ebenso wie der Logos. Sie sind kollektive oder individuelle Wahrheiten, Doktrin sozusagen als Projektion »christlicher« Erfahrung von bewusst in ihrer Zeit und in ihren Traditionen lebenden Menschen, zunächst individuell als Zeitgenosse, oder dann als »Jüngerin« und »Jünger«, später zunehmend im Kollektiv. Der Wahrheitsanspruch ist nicht beweisbar. Jede Generation kann »Wahrheit« nur glaubwürdig als in-der-Zeit-gebundene Wahrheit bezeugen. Das Gotteswort im Menschenwort erschließt sich dann trotzdem nur im

Glauben an die Menschwerdung Gottes in dem Menschen Jesus Christus. Liebe und Nähe Gottes zum Menschen werden nachvollziehbar, verständlich, auch wenn sie in Menschenworten gekleidet und akzeptabel sind (2.Kor.4, 7).

5. Interkulturelles Patchwerk

Bernhard Heininger hat über die historisch-kritische Textanalyse des NT hinausgehend nach dem interkulturellen Hintergrund der Texte des NT gefragt und ist dabei auf interessante Zusammenhänge gestoßen [Anm. 10]. Der folgende kurze Einblick in den Inkulturationsprozeß möge die Bedeutung andeuten, die verschiedenen inner- und außerjüdische Überlieferungen für die Kanonbildung hatten.

Was den historischen Jesus betrifft, so geht Heininger davon aus, dass sich in der Vorstellung Jesu vom Reich Gottes die Naherwartung der Gottesherrschaft seines Lehrers, des Täufers Johannes, widerspiegelt. Jesus hat diese dann in seiner eigenen Tätigkeit zur Aussage über das gegenwärtige Reich Gottes weiterentwickelt. Erst mit dem bevorstehenden Tod kehrt er zurück zur Ankündigung des nahebevorstehenden Gottesreiches. Diese Annahme bezieht Heininger auf die Zweite Du-Bitte des Vaterunsers. Nach der synoptischen Reduktion auf die Urfassung des Gebets, sieht er die Heiligungs- und Herrschaftsbitte als Ausdruck der jesuanischen futurischen Eschatologie. In diesem Zusammenhang steht für ihn auch der Schuldenerlass. Hingegen ordnet er die Brot- und Versuchungsbitte dem präsentischen Reich-Gottes-Verständnis zu. Das Vaterunser ist sozusagen ein Beleg für die apokalyptische Wende in der Biographie Jesu.

Bezieht sich diese biographische interkulturelle Interpretation auf die AT-Tradition, so sieht Heininger in einem weiteren Versuch die Inkulturation des hellenistischen Symposions in den neutestamentlichen Aussagen über die Eucharistie. Danach handelt es sich im NT um zwei Typen, einmal die paulinisch-lukanische, die wohl auf einer antiochenischen Mahltradition beruht. Dabei wird die Mahlfeier durch einen Brotritus eröffnet. Dem folgt ein Sättigungsmahl. Ein Becherritus beendet die

Mahlfeier. Anders der wahrscheinlich in Jerusalem praktizierte markinisch-mathäische Ritus. Bei diesem geht das Sättigungsmahl vorauf und wird mit einer eucharistischen »Doppelhandlung« beschlossen. Diese beiden Typen sind zu unterscheiden, weil sie zwei verschiedene Traditionen aufnehmen. Aus einem synoptischen Vergleich ergibt sich ein »Urbericht«, der größtenteils auf die Tradition des jüdischen Gastmahls zurückgeht und erst nachösterlich dem Passahmahl angepasst wurde. Durch den Zusatz (zum Brotwort) »für viele« gewinnt das letzte Mahl den Charakter einer genuin jesuanischen kultkritischen Symbolhandlung, die erst auf Grund des Ostergeschehens zur kultstiftenden Symbolhandlung gedeutet werden konnte.

6. Kanonisierung: Ende der evangelischen Vielfalt – Beginn der Staatskirche

Die autoritäre Entscheidung für einen verbindlichen Kanon der Wahrheit war von grundlegender Bedeutung für eine sich zentralistisch entwickelnde Kirche. Nur mit einer klaren Ausrichtung, die sich auf eine eindeutig definierte Grundlage bezog, konnten sich die entstehenden Gemeinden gegen Anfeindungen und Bedrohungen behaupten, sich ausbreiten und zunehmend auch Vertrauen bei Außenstehenden erwirken, das dann auch zur staatlichen Anerkennung führte. Es ist nicht auszudenken, wie sich die Geschichte des Christentums gestaltet hätte, wären die durch den Hirtenbrief des Athanasius ausgeschlossenen Schriften im Umlauf geblieben. Die Entwicklung wäre möglicherweise authentischer verlaufen, aber hätte sicher nicht so schnell mit dem Status einer staatlichen Einheitsreligion geendet. Die Amtskirche setzte erfolgreich auf Einheit und Minimalkonsens. Sie verabschiedete sich von der Vielfalt der Glaubenserfahrungen, wie sie in einigen der seit 367 verbotenen und vernichteten Schriften u. a. auch als »Evangelien« zu Worte gekommen waren.

Ein Hauch früher kirchlicher Radikalität, wenn es um die »reine« Lehre geht, lässt die Tatsache erkennen, dass 53 »verfemte« Texte nahezu 1600 Jahre in einer Ton-Tonne verborgen, im Jahr 1945 von ägyptischen Bauern gefunden und damit dem geschichtlichen Bewusstsein der Christenheit wieder zugänglich gemacht wurden. Der Mythos von einem uranfänglichen monolitischen Christentum ist sehr schnell, bereits nach anfänglichen kontextualen Studien der Texte geplatzt.

Diese und andere nicht in den Kanon aufgenommene Texte zeigen die Vielfalt der kirchlichen Verkündigung, die zunächst in vielen Teilen des römischen Reiches als Ausdruck einer christlichen, religiösen und politischen Oppositionsbewegung gesehen wurde. Dabei verlangten die Römer nicht einmal, dass Christen ihren Glauben aufgeben sollten. Es gehörte zur Praxis des römischen Imperiums, dass unterworfene Völker ihren eigenen Göttern und Ritualen auch nach der Unterwerfung weiterhin treu bleiben durften. Erwartet wurde allerdings auch von Christen, dass sie die polytheistische römische Göttervielfalt und die Göttlichkeit des römischen Kaisers anerkannten. Der einzige Gott, den die Römer lange Zeit nicht duldeten, war der monotheistische und missionierende Gott der Christen. Erst als die Christen sich weigerten und kompromisslos blieben, verfolgten die Römer die Minderheit, weil sie ihnen auch als eine politische Bedrohung erschien. Es entstand das historische Bild einer staatlich verfolgten Märtyrerkirche. Tatsächlich hat es in den ersten drei Jahrhunderten lediglich vier vom Kaiser angeordnete und organisierte staatliche Christenverfolgungen gegeben: 64 p.Chr. Rom (Brand), um 250 von Kaiser Decius, 257/58 von Kaiser Valerian, 303-305/311-313 von Kaiser Diocletian/Maximinius Daia. Hinzu kamen allerdings einige von Provinzstatthaltern und Gouverneuren auf eigene Faust durchgeführte Pogrome. Insgesamt sind in den drei Jahrhunderten im Zusammenhang mit Verfolgungen einige Tausend Christen grausam von den polytheistischen Römern ermordet worden.

Diese Opfer für die staatliche Anerkennung auf dem Erfolgsweg der religiösen Revolution, stehen in keinem Vergleich zu dem, was in den kommenden anderthalb Jahrtausenden an blutigen Auseinandersetzungen zwischen den beiden großen Religionen Christentum und Islam, innerhalb der christlichen Konfessionen und bei der Missionierung Amerikas geschah. Im Kampf um die rechte Lehre und für die Durchsetzung des Alleinanspruches göttlicher Herrschaft schlachteten sich Christen gegenseitig zu Millionen ab. Von besonderer Gewalttätigkeit waren die

Religionskriege zwischen katholischen und evangelischen Christen, die im 16. Und 17. Jahrhundert ganz Europa überzogen.

Am 23. August 1572 überfielen französische Katholiken, die an die Mit-Wirksamkeit guter Taten glaubten, die französischen Protestanten, die an Gottes allein-wirksame Liebe zu den Menschen glaubten. Innerhalb von 24 Stunden wurden allein bei diesem Progrom, in der sogenannten Bartholomäusnacht, an die 10 000 Protestanten ermordet. Der Papst war begeistert, ließ ein Dankgebet abhalten und beauftragte den Maler Giorgio Vasari, einen Raum des Vatikans mit Darstellungen des Massakers auszumalen. Dieser Raum ist bis heute der Öffentlichkeit nicht zugänglich. Allein in diesen 24 Stunden töteten Christen mehr Christen als die polytheistischen römischen Machthaber in den Christenverfolgungen der ersten drei Jahrhunderte bis zur staatlichen Anerkennung zusammen.

Man muss sich klarmachen, dass mit der konstantinischen Aufwertung einer kleinen esoterischen Sekte mit jüdischem Hintergrund ein Durchbruch von weltgeschichtlicher Bedeutung geschah. Die Geburtsstunde monotheistischer Religion wird mit dem Jahr 1350 ante Christus benannt, dem Jahr, in dem der ägyptische Pharao Echnaton eine eher unbekannte Gottheit des ägyptischen Götterhimmels, Aten, zum uneingeschränkten Herrscher des Universums erklärte. Diese religiöse Revolution und ihre kultische Praxis fanden ein frühes Ende mit dem Tod Echnatons. Der mit dem Judentum entstandene regionale Monotheismus wurde insbesondere durch die von Paulus konsequent universalistisch interpretierte Jesus-Geschichte zu einem christlichen, universalen Monotheismus, und zwar durch den von ihm formulierten Anspruch auf kosmische Gültigkeit und dessen Durchsetzung über die Missionierung der gesamten Menschheit. Ohne die radikale Modifizierung ökumenischer Vielfalt der urgemeindlichen Verkündigung wäre die entscheidende Voraussetzung für eine Staatskirche nicht gegeben gewesen und der sich seit 313 anbahnende Prozess der Verstaatlichung wäre nicht so schnell und nachhaltig verlaufen.

Die Wirksamkeit der Botschaft lag darin, dass ihre Inhalte durch die Kanonisierung einheitlich und darum auch einfacher in der ethischen und politischen Umsetzung geworden waren. Außerdem wurden mit der einhergehenden Formulierung eines ausführlichen Glaubensbekenntnisses auch selektiv bestimmte Anknüpfungen an jüdische und synoptische Traditionen legalisiert, von denen die Kirche meinte, dass sie der Akzeptanz beim Gegenüber im Verkündigungsvorgang und somit auch der politischen Loyalität dienlich seien. Im Verlauf der Kanonisierung und der Bekenntnisbildung begann auch die dogmatische Festlegung auf ein bis heute weitgehend die biblische Hermeneutik bestimmendes Weltbild, zu dem das Reich des Guten, der Himmel, und das Reich des Bösen, die Hölle gehören, außerdem der Gegensatz von Geist und Materie, Körper und Seele, einschließlich der besonderen Ausgestaltung und Überwindung des Bösen. Die Ur-Landschaft der christlichen Botschaft war eindeutig und einfach für den Einzelnen und die Gemeinschaft definiert.

II. Globale Landschaft: Religionsfreiheit unter staatlicher Kontrolle (Anm. 11)

1. Ausbreitung nach dem 4. Jahrhundert und »Religionsfreiheit«

Zunächst generell zu »Religionsfreiheit«: die Sache stand erstmals auf der »globalen« Tagesordnung der ersten Weltmissionskonferenz 1910 in Edinburgh und die Diskussion fand eine Fortsetzung auf der Weltmissionskonferenz in Jerusalem 1928 mit einer offiziellen Erklärung des Internationalen Missionsrates zur individuellen Religionsfreiheit, ebenfalls 1928. Der 1948 gegründete »Ökumenische Rat der Kirchen« (ÖRK) verabschiedete in seiner ersten Vollversammlung eine »Erklärung über die religiöse Freiheit«. Im selben Jahr 1948 und unter Mitwirkung von Vertretern des ÖRK einigten sich die Vereinten Nationen über die Formulierung der »Allgemeinen Erklärung der Menschenrechte«. Der Artikel 18 der Charta lautet: »Jeder hat das Recht auf Gedanken-, Gewissens- und Religionsfreiheit; dieses Recht schließt die Freiheit ein, seine Religion oder seine Weltanschauung zu wechseln, sowie die Freiheit, seine Religion oder seine Weltanschauung allein oder in Gemeinschaft mit anderen, öffentlich oder privat durch Lehre, Ausübung, Gottesdienst und Kulthandlungen zu bekennen.«

Aber erst die 1966 von der UN-Vollversammlung verabschiedeten »Internationalen Pakte« über bürgerliche und politische sowie über wirtschaftliche, soziale und kulturelle Rechte wurden nach der Ratifizierung durch die Mitgliedsstaaten zehn Jahre später (1976) auch rechtsverbindlich. Die europäische »Konvention zum Schutz der Menschenrechte und Grundfreiheiten« (1950) fügte hinzu: »Die Freiheit, seine Religion oder Weltanschauung zu bekennen, darf nur Einschränkungen unterworfen werden, die gesetzlich vorgesehen sind und in einer demokratischen Gesellschaft notwendig sind für die öffentliche Sicherheit, zum Schutz der öffentlichen Ordnung, Gesundheit oder Moral oder zum Schutz der Rechte und Freiheiten anderer.« (Art.9, Absatz 2). Diese Konvention wurde 1974 auch von der Schweiz ratifiziert.

2. Entdeckung von «Religionsfreiheit» in der Mission.

Das Recht auf freie Religionsausübung ist also jung und in der Geschichte des Christentums erst spät anerkannt worden. Diese Feststellung schließt auch die allgemeine Zurückhaltung europäischer Kirchen und Theologie gegenüber der amerikanischen Menschenrechtserklärung 1776 und den französischen Menschenrechtserklärungen 1789 ein. Erstmals verwendet der Dominikaner Bartolomé de Las Casas den Begriff der Menschenrechte in einem Schreiben zur Sklavenfrage in Peru 1552. Für die frühen Missionen waren sie kein formales Kriterium, auch deswegen nicht, weil man Menschenrechte bis dahin nur als eine in der rationalen Philosophie der Aufklärung begründete, universale Rechtsforderung verstand. In der Praxis gingen Missionen allerdings immer fraglos von der Voraussetzung der individuellen Freiheit aus, die Religion zu wechseln. Erst die Erfahrung von zwei Weltkriegen, die grauenvolle Missachtung der menschlichen Würde und Rechte durch die Nazis, der stalinistische Terror und die Anwendung von Massenvernichtungsmittel ließen eine verfassungsrechtliche Kodifizierung der Menschenrechte und damit auch der Religionsfreiheit als notwendig erscheinen. Generell bleibt festzustellen, dass die Missionsbewegung des 19. Jahrhunderts, trotz ihrer Zurückhaltung in Sachen Menschenrechten und Religionsfreiheit, allein durch ihre Erfahrung in der Begegnung mit anderen Kulturen und Religionen einen nicht übersehbaren Beitrag zur Entdeckung und Formulierung der Religionsfreiheit als ein universales Menschenrecht erbracht hat.

Der Exekutivausschuss des ÖRK hat sich nach 1948 öfters, meist zu konkreten Anlässen geäußert. Die Vollversammlung des ÖRK in Nairobi 1975 hat die traditionelle Formulierung bekräftigt, d.h. »das Recht, aus freiem Entschluss eine Religion oder einen Glauben zu haben oder anzunehmen sowie das Recht, diese Religion oder diesen Glauben einzeln oder gemeinsam mit anderen öffentlich oder im privaten Bereich, im Gottesdienst, in dem herkömmlichen Brauchtum, in Praxis und Lehre zu äußern.« Hinzu kam ein weiterer Aspekt: »Zur Religionsfreiheit muss auch das Recht und die Pflicht der religiösen Institutionen gehören, die herrschenden Mächte, wo dies notwendig ist, im Einklang mit ihren religiösen Überzeugungen zu kritisieren.«

Die neuere Missionsbewegung hat in ihrer strategisch-universalen Orientierung auf Christianisierung und aufgrund ihrer biblischen und zivilisatorischen Motivation eigentlich nie ein prinzipielles Problem weder mit der »positiven« noch mit der »negativen« Religionsfreiheit gehabt. Für die Missionen relevant ist indirekt oder auch direkt die mit Religionsfreiheit einhergehende Schutz- und Aufsichtsverpflichtung des Staates.

3. Religionsfreiheit als vom Staat geschütztes Menschenrecht

3.1. Staatskirchentum und Religionsfreiheit

Religionsfreiheit als Teil der allgemeinen Menschenrechte gehört sachlich zum antiken wie zum jüdischen Erbe europäischer Tradition. Erste praktische Erfahrungen in der christlichen Verkündigungspraxis fallen bereits in die frühe Zeit der Ausbreitung des christlichen Glaubens durch Laien- bzw. Wandermissionare. In Auseinandersetzung mit zeitgenössischen, religiösen und philosophischen Strömungen entwickelte sich zunächst eine theologische Begrifflichkeit. Dabei gingen Theologen von der Vorstellung aus, dass der Staat der Lenkung durch die Organe der religiösen und im engeren Sinne später auch der kirchlichen Hierarchie bedarf. Diese Zuordnung gestaltete sich zu der Vorstellung einer Civitas dei (Gottesstaat), eines Corpus christianum, in dem der weltliche Arm der Leitung des geistlichen Armes bedurfte. Ein gesetzlich gesichertes Recht auf freie Religionswahl gab es in dieser Konzeption nicht.

Die Entscheidung für die Mitgliedschaft in einer christlichen Gemeinde war wohl von Anfang an eine individuelle, oft folgenreiche Reaktion auf die ganzheitliche Verkündigung. Dies änderte sich mit dem Mailänder Toleranzedikt Kaiser Konstantins, 313 n. Chr. Die christliche Kirche erhielt das Recht der freien Ausübung der Religion und des Kultus. Aus der so geduldeten Religion wurde das Christentum bis zum Jahr 380 die offizielle Religion des mächtigsten Staates der damals bekannten Welt. Rom wurde zum Mittelpunkt der Christenheit. Als 476 die Herrschaft des weströmischen Reiches zu Ende war, übernahm das Frankenreich und später das »Heilige römische Reich deutscher Nation« diese tragende religiöse Grundlage. Das Christentum wurde zur »westlichen« Religion.

Die Entwicklung der Kirche war zunächst ganz anders verlaufen. Paulus, der prominenteste neutestamentliche Missionsreisende, hatte sich mit seiner Verkündigung als hellenisierter Judenchrist auf den ihm bekannten Kulturbereich konzentriert. Die Berichterstattung über diesen Trend hat sich im Neuen Testament niedergeschlagen. Darüber ist die wirkungsvolle Orientierung der jungen Christenheit nach Osten weitgehend verloren gegangen. Dass der Apostel Thomas in Indien gewesen ist, ist keine exotische Legende. Bereits um 100 vor Chr. war der Seeweg vom Ausgang des Roten Meeres über die offene See nach Indien entdeckt worden. Nach vierzigtägiger Fahrt trafen ägyptische und römische Kaufleute an der Küste Indiens die Händler aus dem fernen China. Noch im 1.Jahrhundert nach Christus entstand östlich des Euphrat auf der Grenze des römischen und persischen Reiches in Edessa ein erstes asiatisch-christliches Zentrum. König Abgar IX. trat um das Jahr 200 zum Christentum über und wurde der erste christliche Regent (179-216). Im Jahr 200 wurde auch der erste Bischof Palut von Edessa von einem antiochenischen Bischof geweiht. Edessa wurde zum Missionszentrum in Ostsyrien und im dritten Jahrhundert auch für Persien. 216 bereiteten die Römer dem teilweise souveränen Staat ein Ende.

Um das Jahr 220 hatte das Christentum auch in den östlichen Teilen des Perserreiches eine ansehnliche Verbreitung gefunden. 224 gab es zwischen Kaspischem Meer und dem Persischen Golf über 20 Bischöfe. In dem neu geschaffenen Sasaniten-Reich (224-642) entstand die erste Diaspora-Kirche christlicher Syrer. In den Jahren 484-486 traf die »Kirche des Ostens« eine schwerwiegende Entscheidung. Sie übernahm die Lehre des Nestorius, die auf dem Konzil von Ephesus im Jahr 431 offiziell verdammt worden war. Damit hatte sich die persische Kirche von der universellen Kirche theologisch und demzufolge auch vom römischen Machtanspruch losgesagt. Diese Entscheidung bedeutete eine klare erste Absage an die Identifizierung des Christentums als »Religion des Westens«. Die Synode, zu der rund 40 Bischöfe gehörten, hat bewusst die Verbindung zu den »westlichen« Kirchen abgebrochen, der Patriarch wurde vom Staat anerkannt.

Bereits im Jahr 295 wird das Christentum in Armenien Staatsreligion, historisch die erste Volkskirche. In Georgien war die Christianisierung um 326 weitgehend abgeschlossen. Bekannt ist, dass es Christen auch auf der arabischen Halbinsel und in Indien gab, und es hält sich die Nachricht, dass es in China bereits 411 ein Erzbistum gegeben haben soll, lange vor den Nestorianern. Das älteste, bisher bekannte Zeugnis stammt von einer in der Provinz Xi'an gefundenen Stele (datiert 781 n. Chr.) und lässt auf die Ankunft von syrischen Missionaren bereits im 7. Jahrhundert schließen. 2009 wurde über dem Eingang einer Felsnische bei Khocho in der Provinz Xinji'ang / Taklamakan-Wüste ein Kreuz gefunden. Die Ergebnisse umfangreicher Unsuchungen bis zum Jahr 2014 ergaben eindeutig den Zusammenhang mit einer nestorianischen Begräbnisstätte. Die Nestorianer werden nach dem Patriarchen Nestor (381-451) genannt, dessen Lehre besagte, dass göttliche und menschliche Natur in der Person Jesus Christus geteilt und unvermischt sei, also eine Form von Dyophysizismus. Diese Lehre wurde auf dem ökumenischen Konzil von Ephesus (449) als Ketzerei verurteilt. Die Anhänger wurden von der römischen Kirche exkommuniziert, verfolgt und nicht wenige flohen nach Osten. Über die Seidenstraße kamen einige nach China und ließen sich dort nieder.

Die Entwicklung eines Staatskirchentums scheint also keine speziell westliche Entwicklung der Kirche zu sein, sondern zeigt sich auch im frühen Stadium der »östlichen« Kirchen. Konkret wurde im hohen Mittelalter im Westen daraus der Universalepiskopat und auf evangelischer Seite der Genfer Gottesstaat Calvins. Der Herrscher wurde »vornehmstes Glied der Kirche« (Membrum praecipuum) und trug institutionelle Verantwortung für die äußere Gestaltung der Kirche und für das innere Seelenheil der Untertanen. Staat und Kirche unterstützen sich gegenseitig. Ausgestaltet hat sich diese theologische Zuordnung von Staat und Kirche im byzantischen Reich, im Karolingerreich, im deutschen Kaisertum, im evangelischen Territorialkirchentum und dem katholischen Staatsabsolutismus des 17. bis 19. Jahrhunderts, in der anglikanischen Kirche und im Zarismus. Mehr oder weniger unterstützte der Staat die Kirche finanziell und rechtlich, die Kirche übernahm staatliche Aufgaben im Schulwesen und in der Wohlfahrtspflege, führte die Zivilregister der Standesämter. Die Kirche wird praktisch Institution des Staates wie die Justiz.

Die enge Verbindung von Staat und Kirche begründet die entsprechende Verbindung von Mission und Staat nach den großen Entdeckungen und der überseeischen Ausdehnung der katholischen Mächte im 15. und 16. Jahrhundert. Die päpstlichen Bullen von 1454 und 1456 ordneten alle heidnischen Länder Afrikas und im Osten der Krone Portugals zu. Sie erhielt das Patronat über die Kirche mit der Verpflichtung zur Mission der Heiden. Nach der Entdeckung Amerikas (1493) zog Papst Alexander VI. 1494 eine imaginäre Linie durch den Atlantischen Ozean und sprach alles, was westlich der Linie lag, der spanischen Krone zu. Spanien kolonisierte, zivilisierte und missionierte die Indianer und ganz Lateinamerika über einige große Handelszentren und unter der Oberaufsicht der an die Kirche delegierten und zusammen mit dem Militär ausgeführten Mission. Aktive Religionsfreiheit war das Recht auf eine grausame Mission, durchgeführt mit Menschen verachtender Brutalität.

3.2. Suprematie des Staates über die Kirche

Im Gefolge der Aufklärung und der damit beginnenden Konfessionalisierung der Christenheit im 16. Jahrhundert ging die Einheit von Staat und der bis dahin im westlichen Europa einzigen Kirche verloren. Der Staat war nun gezwungen, sein Verhältnis zu mehreren Kirchen im Sinne der Parität und Toleranz neu zu ordnen. Je weniger eine Kirche in der Lage war, ihre Angelegenheiten selbst zu regeln, desto stärker wurde der Einfluss des Staates. In England entwickelte sich aus den Spannungen der verschiedenen Denominationen untereinander die Lehre von der Suprematie des Staates über die Kirche. Die daraus abgeleiteten beiderseitigen Verpflichtungen haben verschiedene Ausgestaltungen in Europa und Amerika gefunden. In der staatlich zersplitterten deutschen Landschaft galt generell die Regelung »cuius regio, eius religio«. Der einzelne Bürger hat prinzipiell kein Recht, die Religion zu wechseln. Zum staatlichen Supremat gehörte einmal das Aufsichtsrecht, konkretisiert z. B. im sog. Kanzelparagraphen. Zum anderen: Die kirchliche Trauung, die aber nur nach der standesamtlichen Ziviltrauung zulässig war. Zudem nahm der Staat ein Mitspracherecht bei der Besetzung kirchlicher Ämter und ein Plazet bei kirchlicher Gesetzgebung und kirchlichen Veröffentlichungen in Anspruch. Es gab ein staatliches Appellationsrecht gegen kirchliche Entscheide. Schließlich bestand ein staatlicher Schutz, z. B. Schutz der kirchlichen Feiertage, die strafrechtliche Verfolgung von Blasphemie und die vom Staat gewährleistete Unterhaltung theologischer Fakultäten. Dazu gehört die optionale Vollstreckung kirchlicher Verfügungen durch den Staat, z. B. die Einziehung der Kirchensteuer. Kirchen sind in diesem Konzept anerkannte Körperschaften des öffentlichen Rechts.

3.3. Trennung von Staat und Kirche: Befreiung von der Kirche

Um die Privilegierung einer kirchlichen Gruppierung gegenüber anderen auszuschließen (z. B. USA), oder um erstarkten laizistischen Gruppierungen bzw. antiklerikalen Strömungen zu begegnen (z. B. Frankreich seit 1905, Russland seit 1917), kam es in verschiedenen Ländern zur Abschaffung insbesondere finanzieller Privilegien der Kirche. Sie wird so zum Verein mit privatrechtlichem Status und eigener Unterhaltspflicht. Sie ist damit frei von staatlichem Einfluss auf ihre innere Gesetzgebung und Verwaltung, frei auch von staatlichen Eingriffen in die Inhalte und den Umfang ihrer Verkündigung.

Dieses System der Trennung von Staat und Kirche hat seinen Ursprung in der geschichtlichen Entwicklung der USA. In der ersten Ergänzung zur amerikanischen Verfassung (1791) heißt es: »Der Kongress darf kein Gesetz erlassen, das die Einführung einer Religion betrifft oder die freie Ausübung einer Religion verbietet«. Grund für diese klare Trennung war, neben der extremen, durch Einwanderung bedingten Zersplitterung der Kirche (um eine Zahl zu nennen: 1958 gab es 258 verschiedene Körperschaften) und der daraus erwachsenen Notwendigkeit von Konflikt mindernder Religionsfreiheit, war es die rasante Ausbreitung der Menschen nach »Westen«, wobei unzählige neue Denominationen mit einem unvorstellbaren Potential an Initiativen, Mut zum Experiment und zur Selbständigkeit im religiösem und sozialen Leben entstanden.

Mit der Trennung von Staat und Kirche war die Befreiung des Einzelnen von der Kirche verbunden. Nach dem Beginn der Neuzeit blieb für den Staat die allgemeine Schutzpflicht gegenüber den Kirchen und Religionen erhalten, für den Einzelnen öffnete sich die Freiheit, Religion zu wählen. Diese, durch die Aufklärung herbeigeführte Wende im Verhältnis von Kirche und Staat, sollte zu einer wesentlichen Voraussetzung der neueren Missionsbewegung werden.

4. Mission und Befreiung im Schatten staatlicher Suprematie

4.1. Staatliche Schutz- und Aufsichtspflicht über Mission im kolonialen Zeitalter

Die mit dem Konzept der staatlichen Hoheit über die Kirchen verbundene Lockerung der engen staatskirchlichen Beziehung gab den Kirchen eine prinzipielle Freiheit, ihren Aktionsradius selbst zu bestimmen. Zugleich aber ließ die weiterhin enge staatliche Bindung dem Staat genügend Einflussmöglichkeiten, u. a. auch in Bezug auf den Umfang und Radius der Verkündigung. Diese Festlegung auf die staatliche Oberhoheit war nicht unbedeutend in der beginnenden kolonial-imperialen Ausweitung staatlicher Herrschaftsbereiche und der damit in verschiedener Intensität betriebenen Weltmission.

Die Anfänge protestantischer Mission geschahen aufgrund staatlicher Vorgaben. Die erste evangelisch-lutherische Mission begann 1706 zunächst als Projekt der dänischen Krone in Tranquebar in Südindien. Diese staatliche Schutz- und Aufsichtspflicht währte immerhin bis ins Jahr 1792. Anderswo begründete der Wechsel von der Oberhoheit der britischen Krone zur Britisch-Ostindischen Kompagnie ein Konfliktverhältnis, da die Kompagnie eigentlich keine Missionen in ihrem Gebiet duldete. Britische Missionsgesellschaften erreichten über das Parlament den Abbau von Begrenzungen ihrer Arbeit. Klare Verhältnisse schuf dann die Übernahme Indiens durch die englische Krone 1858, die auch der Mission den nötigen Freiheitsrahmen brachte, obwohl die anglikanische Staatskirche vom System her wie in allen britischen Kolonien bevorzugt wurde. Im heutigen Malaysia und zeitweise in Nigeria verbot die britische Regierung jegliche Missionsarbeit unter Muslimen. Auch die staatliche Holländisch-Ostindische Kompagnie handelte im 17. Jahrhundert im damaligen Ceylon, heute Sri Lanka, in Indonesien und in Taiwan als Mission über ihre eigenen Geistlichen.

In Nordamerika waren die örtlichen Geschäftsführer der missionarischen Neu-England Kompagnie (1649) auch Bevollmächtigte der Vereinigten Kolonien Neu-Englands. Diese enge missionarische Beziehung zwischen Staat und Indianermission in Nordamerika ging erst um 1890 zu Ende. Auch in der Schweiz bedurfte die Gründung der Basler Mission 1815 der Genehmigung der staatlichen Obrigkeit. Der koloniale »Spätkömmling« Deutschland betrieb eigens die Gründung einer die kolonialen Ziele unterstützenden Mission für Ostafrika (1886, ab 1920 Bethel-Mission).

Die geographischen Bereiche der katholischen und evangelischen Mission in Niederländisch-Indien, heute: Indonesien gehen auf staatliche Zuweisungen der holländischen Regierung zurück. Seit 1906 gab es in Batavia (heute: Jakarta) ein sogenanntes Missionskonsulat als offiziellen Ansprechpartner der Kolonialregierung für die Missionen. Bis 1911 waren evangelische Missionen im damaligen Indochina von der französischen Regierung verboten und katholische erlaubt, in China unterhielt sie ein

Protektorat über alle katholischen Missionen. Französische und andere europäische Missionsleute waren Übersetzer ihrer Botschafter, auch bei den Verhandlungen, die zum ungleichen Vertrag von 1842 führten. An den Formulierungen der Passagen zu der von China unerwünschten Zulassung und Arbeit der Missionen waren sie maßgeblich beteiligt.

4.2 Der »sekundäre« Auftrag der Mission unter dem Schutz kolonialer Aufsicht

Die staatliche strategische Lenkung erreichte ihren Höhepunkt mit dem Berliner Kongress (1885). Mittels »internationaler« staatlicher Festlegung wurden die kolonialen Einflussgebiete abgesichert. Derselbe Kongress einigte sich aber auch auf die Übernahme sozialer und zivilisatorischer Verantwortung gegenüber den Kolonien. Missionsgesellschaften erhielten eine Funktion bei der Durchführung. So lag es nahe, dass der als Pionier der deutschen Missionswissenschaft geltende Gustav Warneck (1834-1910) das Recht zur Mission natürlich in erster Linie in einem lückenlosen biblisch fundierten »Schriftbeweis« sah. Daneben aber stellte er eine sekundäre Begründung in der christlichen Kulturaufgabe und in der sozialen Hebung der Völker fest. Fraglos ist in diesem Zusammenhang die allgemein anerkannte Rolle der Mission bei der Bekämpfung und Beendigung des afrikanisch-amerikanischen Sklavenhandels im 19. Jahrhundert. Die Ausweitung des Mandats wurde konkret in der Frage nach der Umsetzung der Botschaft, mit anderen Worten: in der Diskussion der Missionsmittel innerhalb der gegebenen kolonialen Rahmenbedingungen.

Neben Predigt und Seelsorge, die in der Regel eine intensive und dauerhafte Beschäftigung mit der Sprache voraussetzten, wurden die von der Kolonialregierung meist erwünschten, auf jeden Fall aber erlaubten, subventionierten und kontrollierten »sekundären« Tätigkeitsbereiche der Missionen so wichtig, dass sie den weitaus aufwendigeren Zeitrahmen des Missionspersonals beanspruchten. Es handelt sich um die Einführung, den Aufbau und Ausbau des europäischen bzw. amerikanischen Schulwesens in fast allen kolonisierten Gebieten Afrikas,

Asiens und Lateinamerikas. Das gleiche gilt für das Gesundheitswesen. Beide wurden auch etwas apologetisch als »Missionsmittel« bezeichnet, trafen damit sicher die Intention der Mission, diese als Werbung zu nutzen, nicht unbedingt aber immer die Ziele der strategischen Zusammenarbeit seitens der Kolonialregierung. Die Zusammenarbeit war deshalb auch nicht immer konfliktfrei, da die Kolonialregierung von der Unterhaltung eines funktionierenden Schul- und Gesundheitswesens eine Befriedung an der Basis und eine friedliche Gesamtentwicklung der Kolonie erwartete, das Ziel der Missionen aber eigentlich immer der »Bau des Reiches Gottes« geblieben ist.

Religionsfreiheit war die vom wie auch immer gearteten Staat gewährte Voraussetzung zur missionarischen Verkündigung und zum Aufbau einer neuen Gemeinschaft stark westlicher Prägung. Sie war selektiv im Blick auf die Zulassung jeweils einer, oder in islamisch geprägten Gebieten auch keiner, Missionsgesellschaft, und im Blick auf die Nichtberücksichtigung vorhandener einheimischer Religionen. Diese staatlich zugeordnete und deswegen auch geschützte, selektiv gewährte Religionsfreiheit hat für die christliche Mission keinen negativen Effekt gehabt. Ganz im Sinne der Mission war im Regelfall die Religion der Einheimischen nicht Gegenstand des kolonial-staatlichen Schutzes. In nicht wenigen Fällen war die vom Staat erlaubte erfolgreiche Tätigkeit der Mission sozusagen Voraussetzung der Erweiterung des kolonialen Einflussbereiches und damit auch instrumentalisiert für den mit der Kolonisierung einhergehenden kulturellen und religiösen Entfremdungsprozess der Menschen.

5. »Religionsfreiheit« als missionarisches Grundanliegen

5.1. Religionsfreiheit ökumenisch-missionarisch

Die Frage nach Religionsfreiheit im ökumenischen Kontext wurde erstmals und intensiv – wie bereits erwähnt – als Thema 1928 in Jerusalem behandelt. Es ging damals darum, die Beziehungen zu nichtchristlichen Regierungen so zu verbessern, dass die Missionen ungehindert arbeiten konnten. Ohne die Bedeutung dieser Konferenz im Prozess der ökumenischen Formulierung der Religionsfreiheit zu mindern, blieb das Ergebnis im traditionellen Rahmen missionarisch-strategischer Denkweise.

5.2. Stimulans Befreiung: »Neuer Mensch und neue Welt«

Wesentlich blieb der missionarische Auftrag der Verkündigung und damit die, wie auch immer gestaltete, »Predigt des Evangeliums«. Ziel war, eine neue universale, heilsgeschichtlich verankerte, endzeitliche Gemeinschaft einzelner aus der »Welt der Sünde« herausgerufener, neu gewonnener »Seelen für das Lamm« zu bauen. Aus der Predigt der Befreiung und aus der Erziehungsarbeit entstand Glauben und zugleich ein individuelles Wertgefühl, Selbständigkeit und Verantwortung, also »der neue Mensch« auf dem Hintergrund eines idealtypischen Menschenbildes, das im Regelfall sowohl der überlieferten, gemeinschaftlich gestalteten Lebensweise widersprach als auch dem kolonialen Menschenbild konträr entgegenstehen musste. Trotz der fraglos engen Verbindung und gegenseitigen Unterstützung von Kolonialmacht und Mission erlebten nicht wenige Menschen die Tätigkeit der Missionen auch als Anstoß nicht nur zur »geistlichen«, sondern auch zur »sozialen« Befreiung. Nicht, dass die Missionen sich bewusst politisch, sozusagen im Untergrund, betätigt hätten, aber offensichtlich war die Botschaft nicht nur Aufforderung zur Bekehrung, sondern auch Stimulans zur Veränderung des sozialen und im weiteren Sinne politischen Umfeldes, kurz: zur antikolonialen Erhebung. Das belegen die Biographien fast aller revolutionären Befreiungskämpfer und Anführer nationaler Befreiungsbewegungen in den ehemaligen kolonialisierten Gebieten.

5.3. Bekehrung und neues Leben (Religionswechsel)

»Bekehrung« gehört zu den zentralen Begriffen der Mission. »Nichts kann im biblischen Sinne Mission genannt werden, das ... nicht auf Bekehrung und Taufe abzielt« (W. Freytag). Gemeint ist damit der Ruf zum

Glauben an Jesus Christus und die menschliche Antwort auf diesen Ruf. In jedem Fall ist im christlichen Verständnis Bekehrung ein Akt der bewussten Entscheidung für eine bestimmte Lebensweise, sei es Bestätigung des Gewohnten oder, wie in der missionarischen Verkündigung, Entscheidung für ein Leben in der Gemeinschaft des durch Jesus Christus dem Menschen bekanntwerdenden Reiches Gottes. Volkskirchliche Praktiken (z.B. Kindertaufe) verdunkeln diesen Vorgang, und haben den elementar missionarischen Begriff in Misskredit gebracht, wie auch rituelle Formalismen im Ablauf der Bekehrung (Neupietismus) leicht auf berechtigtes Unverständnis stießen. In der missionarischen Erstverkündigung war der Akt der Bekehrung ein Akt praktizierter Religionsfreiheit, was im Einzelfall bedeutete, dass es 1. eine individuelle innerliche Erfahrung und zugleich Bindung an eine neue Gemeinschaft war; 2. zu einem Bruch mit den »bisherigen« Beziehungen und Verhältnissen, positiv: zu einer neuen Ethik führte. Für den »Neubekehrten« bedeutete in den meisten Situationen die praktizierte Religionsfreiheit im Sinne von Religionswechsel auch Ausschluss aus der bisherigen Dorf-, Stammes- und damit Lebensgemeinschaft der Lebenden und der Verstorbenen.

5.4. Entprivatisierung der Bekehrung

Über das, was für den Neubekehrten zum »Alten«, hinter sich zu Lassenden, und was zur Gestaltung des »Neuen« gehörte, darüber wurde theologisch viel gestritten, angefangen beim sog. Apostelkonzil in Jerusalem (Acta 15) über den Ritenstreit 17. und 18. Jahrhundert in Indien und China bis zu der ökumenischen Debatte der 60er Jahre (ÖRK-Konferenz für Kirche und Gesellschaft, Genf 1966). In der ÖRK-Debatte ging es um die Entprivatisierung der Bekehrung. War in der missionarischen, von Pietismus und Neupietismus geprägten Praxis der Vorgang der Bekehrung wesentlich auf den Einzelnen bezogen und die Erneuerung des Lebens in Kategorien der Individualethik umschrieben worden, so wurde nun die gesellschaftsverändernde Kraft des aus der Bekehrung entstandenen Glaubens betont. Bekehrung wurde auf soziale Veränderung hin interpretiert (E. Castro). Menschenunwürdige gesellschaftliche Strukturen fordern Veränderung. »Soziale Revolution ist selbst schon der Vollzug von Bekehrung« (T. Rendtorff). Diese rigorose Erweiterung der unbestreitbaren gesellschaftlichen Dimension von Bekehrung ist praktisch nicht zur Ruhe gekommen, wurde aber von der »Ökumenischen Erklärung zu Mission und Evangelisation (Genf 1982) eingeholt: soziale Bekehrung schließt individuelle Bekehrung nicht aus, sie verhalten sich komplementär zueinander.

Vorläufer dieser Entwicklung war die von einigen Missionen akzeptierte Praxis der Gruppen-, Stammes- und im weiteren Sinne Massenbekehrung. Die Notwendigkeit entstand aus der Analyse intakter religiöser und sozialer Gemeinschaftsstrukturen, bei denen der moderne Individualisierungsprozess in absehbarer Zeit nicht vorausgesetzt werden konnte. Religionsfreiheit im Sinne von Religionswechsel war nur entprivatisiert in der Gruppe möglich. In Situationen ohne oder mit eingeschränkter, staatlich garantierter allgemeiner Religionsfreiheit führten Religionswechsel und aktive Glaubenswerbung als Minderheitengruppe nicht selten in massive soziale Diskriminierung oder in individuelles Martyrium.

Der durch die Religionsfreiheit intendierte Schutz entfällt, sobald dieser nicht in der gesetzlichen Verfassung des Landes oder eines Staates verankert ist. Die meisten der Kirchen, die im 20. Jahrhundert als selbstständige Kirchen aus der missionarischen Tätigkeit entstanden, sind in Ländern mit gesetzlich verankerter Religionsfreiheit beheimatet und damit auch direkt und allein für Zeugnis und Dienst gegenüber ihrem Staat und ihrer Gesellschaft verantwortlich.

6. Religionsfreiheit in der Mission gestern und heute

6.1. Die kritische Praxis der Religionsfreiheit

Ein zusammenfassender kritischer Rückblick mit der Frage nach der Bedeutung von Religionsfreiheit für Mission drängt zur Feststellung, dass Religionsfreiheit innerhalb des christlichen Selbstverständnisses als einer Religion von universaler Bedeutung und Ausrichtung verstanden wurde. »Religionsfreiheit« galt als das unter staatlichem Schutz realisierte Recht zur Missionierung. Mission hatte ihre größten »Erfolge« in einem durch selektive Religionsfreiheit geschützten Raum, in dem der zu Missionierende in seiner überlieferten religiösen Beziehung völlig ungeschützt war. Religionsfreiheit als ein universelles, egalitäres und unteilbares Menschenrecht jedoch, wie es von seinen humanistischen Wurzeln von der Antike bis zur Aufklärung interpretiert wurde, erfuhr bei der geschichtlichen Umsetzung des spezifischen Evangelisationsauftrages nur eine partielle und diskriminierende Anwendung. Andererseits hat der im Prozess der Befreiung umgesetzte »sekundäre Auftrag« der Mission und die damit verbundene »Entprivatisierung der Bekehrung« eine eigene befreiende Dynamik hin auf ein Recht zu ethischer Unabhängigkeit entwickelt, das die Welt verändert hat.

6.2. Kritisierte Universalität der Religionsfreiheit

Die Universalität der Menschenrechte einschließlich der Religionsfreiheit ist nicht unwidersprochen geblieben. Insbesondere in Asien, wo im Namen des Westens seitens der USA ein menschenverachtender Krieg im Namen des Humanismus geführt wurde, kam es Ende des 20. Jahrhunderts zu einer grundsätzlichen Infragestellung der Universalität der Menschenrechte. Nur zu deutlich wurde der hegemoniale Anspruch hinter der Fassade christlicher Universalität für Politiker und Vertreter der Religionen Asiens sichtbar. Die Spätfolgen insbesondere der offen christlich motivierten, westlich imperialistischen Zivilisationsmission sind heute einfach nicht mehr zu übersehen. Sie gehen weit über die

Skepsis gegenüber einem Kodex von Menschenrechten hinaus, deren universaler Geltungsanspruch auf christliche Wurzeln zurückgeht und als eine Grundlage weltmissionarischer Strategie entlarvt wird.

Am deutlichsten ist diese Kritik seitens des Islam erhoben worden, aber nicht minder laut wurden buddhistische, hinduistische, konfuzianische Stimmen hörbar, welche die politische Gegenüberstellung von »westlichen« und asiatischen Werten untermauerten. Dabei ging und geht es bis heute insbesondere um die für Asiaten wichtigen Universalwerte Familie, Teilhabe, Gemeinschaft, Konsensus, deren Interpretation allen Kompatibilitätsversuchen durch die »westlichen Verfechter« der »christlich« motivierten Menschenrechte widerstanden hat.

6.3. Kritische Egalität der Religionsfreiheit

Die Weltmissionskonferenz des ÖRK 1963 in Mexiko-Stadt hatte das Thema: »Weltmission in sechs Kontinenten« gewählt. Damit waren die sog. »Heimatländer der Mission« zum Missionsgebiet erklärt und u. a. auch eine neue Dimension für die Anwendung der Religionsfreiheit eröffnet: In Zukunft musste der Staat davon ausgehen, auch die Menschenrechte einer Vielzahl anderer Weltanschauungen und Religionen und ihrer »Missionen« zu schützen, wollte er das in den meisten westlichen Staaten verfassungsgemäß verbriefte passive und aktive Recht auf egalitäre Behandlung realisieren.

War bereits bei der Anwendung der staatlichen, kolonialen Schutzfunktion eine einseitige bzw. selektive Behandlung der christlichen Mission festzustellen, so war diese hegemoniale Praxis zumindest mit dem weitgehend gleichen kulturellen und religiösen Hintergrund der verschiedenen kirchlichen Traditionen noch erklärbar. Die rasant zunehmende Globalisierung und die damit einhergehenden Migrations- und Flüchtlingswellen, die neuen Techniken der Kommunikation und des Zusammenlebens in virtuellen Welten, die globale Mobilität und die globalisierte Organisation der Arbeit aber haben die Voraussetzungen und Dimensionen der sich aus der Religionsfreiheit ergebenden staatlichen Schutz- und Aufsichtsbereiche im Blick auf die Praktizierbarkeit des Gleichheitsprinzips von Grund auf verändert. Religion ist nicht mehr identisch mit Christlichkeit, sondern zunehmend eine ambivalente Realität. Unsere Gesellschaften werden multikulturell und multireligiös. Für den Staat wird die menschenrechtliche Verpflichtung zur egalitären Behandlung aller in einem staatlichen Rahmen vorhandenen »Religionen« zunehmend zum Problem. Anzeichen dafür sind die zum Teil bizarren Diskussionen um »Kopftuch«, »Minarettbau«, Religionssymbole im Schulraum, Schulgebet etc. Auch den Missionsgesellschaften ist die mit der Egalität der Religionsfreiheit angesprochene Entwicklung bisher nur vage bewußt geworden. Ein Beispiel für die Bewegung auf Gleichheit »von unten« ist die visionäre Einrichtung des »Hauses der Religionen« in Bern. Eine pragmatische Annäherung ist punktuell festzustellen, wie aber die seit 1963 anvisierte Situation staatsrechtlich und seitens der Missionsgesellschaften anzugehen ist, blieb bisher offen.

6.4. Kritische Unteilbarkeit der Religionsfreiheit

Fast alle Missionen haben ihre Mission darin gesehen, den allein dem christlichen Glauben zugänglichen, absoluten, alles umfassenden Wahrheitsanspruch gegenüber den Andersgläubigen dieser Welt bekannt zu machen und in verschiedener Intensität möglicherweise auch durchzusetzen. [Anm. 12]. Noch in der frühen Neuzeit wurden Feindbilder geschaffen und zur Vernichtung Andersgläubiger aufgerufen. Es kam zu den leidvollen »Kreuzzügen« zur Befreiung Palästinas von den Muslimen, zu Hexenverbrennungen und Zwangsmissionierungen. Selbst der ÖRK hat einige Mitgliedskirchen, die den Ansatz der Unteilbarkeit der Menschenrechte nicht teilen und sich auf tradierte, auch religiöse Überlieferungen zurückziehen. Die weithin beklagte Zunahme extremer Positionen, wird meist auf die zunehmende Globalisierung und Unübersichtlichkeit zurückgeführt. Aber die Anfälligkeit für eindimensionale Glaubensmuster ist nicht zu übersehen. Die Diskussion über einige theologische und Glaubensfragen, sei es über die Schöpfung, die Einzigartigkeit Gottes oder der Ausschließlichkeitsanspruch des Christentums etc., sind bei

Weitem noch nicht ausgestanden. Sollten die Menschenrechte im Sinne der Unteilbarkeit der Religionsfreiheit eine Chance auf zeitgemäße Akzeptanz in der Mission haben, dann nur über eine umfassende interne Diskussion relevanter theologischer Themen sowie zum interreligiösen Dialog und religiösem Leben in einer multikulturellen Gesellschaft, zu den Minderheitenkirchen, zu Gewalt und Armut, zu den universalen sozialen Rechten. Daraus erschließen sich die Chancen für einen neuen, konsequent ökumenisch-missionarischen Ansatz einer Kirche, die von der Begünstigung durch eine verengt verstandene »Religionsfreiheit« befreit ist.

Zusammenfassend wird man sagen dürfen, dass Religionsfreiheit als universales Menschenrecht in der geschichtlichen Praxis der Mission eine ambivalente Bedeutung hatte. Sie spielt eine ebenso ambivalente Rolle in der Reflexion über Mission heute. Die mit dem Recht auf Religionsfreiheit verbundene Intention eines universalen, egalitären, unteilbaren Menschrechtes aber könnte die Vision eines neuen Bezugsrahmens für einen ökumenisch-missionarischen Ansatz zur Weitergabe der biblischen Botschaft in sechs Kontinenten stimulieren. Ob es dann noch eines explizit moralischen Menschenrechtes auf Religionsfreiheit bedarf, oder ob die Feststellung eines Rechtes auf sozialethische Unabhängigkeit und Verantwortlichkeit sich als weniger kontrovers und anfällig erweist, soll hier offenbleiben.

Das in abendländischen nationalen Verfassungen selektiv angewandte universale Menschenrecht der Religionsfreiheit und die damit verbundenen Rechte und Pflichten des Staates tragen angesichts der rasanten religiösen Globalisierung zunehmend zu Rechtsungleichheit zwischen religiösen Einrichtungen und zur Unglaubwürdigkeit des (einseitig begünstigten) christlichen Zeugnisses bei. Eine konsequente Gleichbehandlung aller in einem Staatsbereich angesiedelten religiösen Gruppierungen bedarf einer grundsätzlichen Neubesinnung.

Im »christlichen« Abendland wird die durchwegs privilegierte Stellung der Kirchen zunehmend als im Widerspruch zu den Prinzipien der Menschenrechte stehend und als ungleiche Behandlung Gleicher angesehen werden. Gerade die Missionen sollten sich an ihre geschichtliche

Rolle bei der Formulierung der Menschenrechte erinnern und sich für eine präferenzenfreie, interreligiöse Umsetzung des universalen Menschenrechts auf Religionsfreiheit öffentlich einsetzen. Dieser Einsatz könnte für die Mission bedeutungsvoll sein, weil es in der Sache um die viel diskutierte Wiedererlangung der Glaubwürdigkeit der Verkündigung und – mehr noch – um die Freiheit der Glaubensentscheidung geht.

III. Globale Landschaft: Islam und Aufklärung

1. Missionsgeschichte in der ÖRK-Erklärung 2013.

In der ÖRK-Erklärung-TTL-2013 [Anm.13] findet sich lediglich am Anfang ein kurzer deskriptiver Hinweis auf die Konzeption und Bewegung der Mission in der Geschichte, aus dem aber keine Aussage zur öffentlichen Rechenschaft, zu ihrer historischen, kulturellen und politischen Rolle in der Geschichte heraus zu lesen ist. Es bleibt der Eindruck als operiere Mission in geschichtsloser Unverbindlichkeit, ein Eindruck, der so nicht stehen bleiben dürfte, sollte er sich bestätigen und soll das Anliegen der Erklärung glaubwürdig bleiben. Es sieht aus, als bewege sich »Mission« weiterhin im Glanz des Anfangs der neueren Missionsbewegung und ihrer »Erfolge« bei der Welt-Christianisierung wie sie sich noch zu Beginn des 20. Jahrhunderts dem wohlmeinenden Betrachter darstellten. Was wirklich fehlt, ist eine nüchterne Betrachtung, für die der vermeintliche Siegeszug christlicher Mission eher zu einer katastrophalen Geschichte der Niederlagen, bzw. des ungeordneten Rückzuges wird.

Es wäre an der Zeit, endlich die wohlgemeinte Illusion, den inzwischen mit »Dialog«-Konzepten, »Gastfreundschaft« und «Landschaften» verpackten Anspruch auf einen integrierenden Platz in der Weltgeschichte im Vergleich mit anderen Religionen aufzugeben. Voraufgehen sollte eine sozialkritische Analyse der Geschichte der «Mission» mit dem Ziel einer Neupositionierung für einen geordneten Rückzug der «westlichen Missionen». Dabei wäre festzustellen, wo also die Brückenköpfe für das Ende des Rückzuges sein könnten, wo Ansätze einer Zukunft orientierten Strategie zu sehen sind, anstelle der ständig schön geredeten Niederlagen. Die Geschichte der Auseinandersetzung mit der seit Mitte des 7. Jahrhunderts aufkommenden, in Asien erfolgreichen neuen monotheistischen Religion Islam, kommt überhaupt nicht zur Sprache. Dies ist fahrlässig, weil diese Auseinandersetzung zu einem neuen, für viele Menschen, einschließlich Christen, auch bedrohlichen Höhepunkt geworden ist oder diesem entgegentreibt.

2. Ausbreitung nach »Osten« im Kontext Islam [Anm.14]

2.1 Kirche östlich von Jerusalem

Die Erfolgschancen einer Ausbreitung nach «Osten» standen zunächst unter guten Vorzeichen. Die erste Staatskirche, die erste Diasporakirche findet sich im Osten von Jerusalem! Trotz einer deutlichen Distanzierung von Rom, gelang es den Christen im Verlauf ihrer kurzen Geschichte nicht, sich von dem Makel des «Westlichen» zu befreien. Die Geschichte der ersten Kirchen endete fast überall in der heraufziehenden neuen Konfrontation, die mit der Geburt Mohammeds im Jahr 570 in Arabien beginnt. Die neue Lehre «Islam» sollte der östliche machtpolitische Erbe des zusammenbrechenden Römischen Reiches werden. Den Christen des Ostens ist es nicht gelungen, ihre neue Lehre vergleichsweise durchschlagend in das politische Geschehen des Ostens einzubringen. Auch wenn sie theologisch und organisatorisch auf Distanz zur «westlichen» Kirche ging, blieben sie für alle östlichen Machthaber direkte oder indirekte Verbündete des Erzfeindes Rom und damit des Westens.

Nach dem Untergang West-Roms und bis zur Gestaltwerden der europäischen Folgemächte hat Byzanz/Ost-Rom über acht Jahrhunderte hinweg, bis zum Jahr 1453 den Angriffswellen des Islam standgehalten. Nach den Kreuzzügen vom Anfang des 11. bis zum Ende des 13. Jahrhunderts, und nach der aus den Misserfolgen fast über zwei Jahrhunderte andauernden Depression im westlichen Abendland, hatte Byzanz Mitte des 15. Jahrhunderts seine historische Rolle erfüllt: inzwischen war Europa in der Lage, das Erbe zu übernehmen!

2.2 Die Kreuzzüge: Befreiung vom Islam I

Sehr schnell nach dem Heraufkommen des Islam hat sich die geopolitische Situation total verändert. Als Mohammed 632 starb, war die ganze arabische Halbinsel muslimisch. 656 gehören das alte Persien, Teile Oberägyptens und Lybiens, bis 750 ganz Nordafrika und Spanien zum muslimischen Machtbereich. Dessen Grenze nach Osten ist der Indus und im Norden der Oxus und Jaxartes. Von den entstehenden Sultanaten ist im Osten das Sultanat Delhi eines der größten. Alle See- und Landverbindungen zwischen Europa waren vom Islam kontrolliert. Europa war über Jahrhunderte blockiert. Die völlig eingekreiste westliche Welt war dem Bankrott nahe. Als Versuch, sich aus der Umklammerung zu befreien, sind die mittelalterlichen Kreuzzüge zu verstehen. Sie schlugen fehl. Der letzte Kreuzzug scheiterte 1270 in Tunis. Jerusalem war bereits seit 1244 in der Hand der Muslime, 1291 fallen Akkon und Beirut, 1521 Belgrad. Erst nach der zweiten Belagerung Wiens 1683 und der Rückeroberung Belgrads 1717 kommt die islamische Invasion zum Stillstand. Eine faszinierende Ausbreitungsgeschichte einer nachchristlichen Religion, deren Wurzeln und Botschaft denen des Christentums verwandt sind, aber vereinfacht durch Weglassung der zentralen Bedeutung des trinitarischen Christusglaubens.

2.3 Seeweg nach Indien: Befreiung II

Ein weiterer Versuch der Befreiung des «Abendlandes» begann mit der Rückgewinnung des größten Teils der iberischen Halbinsel von der islamischen Herrschaft bis zum Ende des 14. Jahrhunderts. 1415 eroberte der in Porto (Portugal) geborene Heinrich der Seefahrer (1394-1460) die letzte islamische Seefestung Gibraltar. Er gründete die erste Seefahrerschule mit dem Ziel, den Islam von der Seeseite her zu bekämpfen. Seine eigenen Entdeckungsfahrten führten ihn zunächst nach Süden, zum Kap der guten Hoffnung. Was ihm versagt blieb, nämlich um Afrika herum nach Indien zu gelangen, erreichte der Portugiese Vasco da Gama (1469-1524). Mit drei Schiffen und 150 Matrosen landet er 1498 im Süden Indiens bei Kalikut. Damit hatte er erfolgreich den Seeweg nach Indien gefunden, im Gegensatz zu Columbus (geboren in Genua/Italien und 1506 in Spanien gestorben), der Indien «verpasste» und dafür bereits 1492 Amerika entdeckt hatte. Immerhin war Vasco da Gama der «Ausfall» hinter die Linien des Islam gelungen. Aber die christlichen Portugiesen standen mit diesem epochemachenden Ereignis bei weitem noch nicht im Rücken des islamischen «Feindes». Sie mussten nur sehr bald feststellen, dass sie sich lediglich zwischen aufstrebenden oder gefestigten Herrschaften befanden, also in keiner Weise im Rücken des islamischen «Feindes». Gegen alle Vermutungen fand sich überall, wo man in Zukunft an Land ging, Islam! Vasco da Gama mag die muslimische Präsenz nur vage realisiert haben, da er an den Küsten eines Rest-Hindu-Reichs, Vijanagar, ankam, welches sich noch bis 1565 gegenüber dem Islam halten konnte. Im mittleren Teil des Subkontinents herrschten die fünf islamischen Sultane des Dekhan bis zum Jahr 1526, einer Epoche, in der Indien unter die Kontrolle des islamisch orientierten Mogulreiches kam. 1509 hatte Francisco de Almeida, der seit 1505 erste portugiesische Vizekönig, die gesammelte islamische Flotte unter ägyptischer Führung vernichtend geschlagen.

2.4 Der ferne Osten: überall Islam

Der Weg weiter nach Osten war frei und zwei Jahre später, 1511, fällt Malakka, im Südwesten des heutigen Malaysia, das Tor zum Fernen Osten, in die Hände der Portugiesen. Es soll der gezielte Wurf einer portugiesischen Lanze in das Auge eines Elefanten gewesen sein, der die Strassenschlacht in Malakka entschied. Der Elefant machte kehrt und versetzte den Rest der von Sultan Mahmud eingesetzten bewährten Kriegselefanten in Panik. In den engen Strassen Malakkas führte das zur Katastrophe: Die Soldaten Mahmuds wurden von den eigenen Elefanten niedergetrampelt.

Malakka war bereits zu Anfang des 15. Jahrhunderts zum mächtigsten der Sultanate der malayischen Halbinsel geworden. Um die Mitte des Jahrhunderts war Malakka ein wichtiges islamisches Studienzentrum. Muzaffa Shak (seit 1476) hatte mit seiner Heiratspolitik die Grundlagen für die Islamisierung gelegt. Die Hafenstadt an der Meerenge von Malakka war von alters her Umschlagplatz und Durchgangsstation für chinesische Kaufleute und seit dem 14. Jahrhundert auch für den Handel zwischen Asien und Afrika. Hier begegneten sich indische Hindus und taoistische Chinesen, arabische Muslime und südostasiatische Anhänger von Naturreligionen.

Die Erfahrung der Portugiesen war eindeutig: Auch in Südost- und Ostasien hatte sich der Einfluss des Islam längst konsolidiert. Das mächtige Hindu-Reich Madjapahit hatte seit 1294 seinen Einflussbereich von Java im heutigen Indonesien über das heutige Laos, Kambodscha, Vietnam, Malaysia bis hin nach Siam und Burma ausgedehnt, um die Zeit der Ankunft der Portugiesen allerdings den Zenith seiner Macht überschritten. Schon längst war das Hindureich von der schleichenden Islamisierung unterlaufen. Bereits im Jahr 1478 war die Hauptstadt in Ostjava zerstört worden. In Sumatra gab es bereits zu Beginn des achten Jahrhunderts arabische Kolonien, Anfang des 12. Jahrhunderts in Atjeh (Norden) und Palembang (Süden) große Zentren arabischer Händler, später muslimische Zwergstaaten wie Atjeh, Pasai, Perlak. Im 13. Jahrhundert verstärkten muslimische Händler aus Gudjarat (westliches Indien) und Persien die Islamisierung, ebenso wie auf Java und auf den «Gewürzinseln». Ende des 15.Jahrhunderts entsteht das islamische Königreich Demak (Mitteljava). Mächtige islamische Herrschaften hatten sich auch im Norden des heutigen Indonesien, auf den von den Portugiesen eigentlich gesuchten Gewürzinseln, in Ternate und Tidore entwickelt.

Seit dem 15. Jahrhundert ist somit der Islam die eigentlich geistige, staatsgründende und die geschichtliche Entwicklung bestimmende Kraft in Südostasien. Das gilt auch für die südliche und östliche Küsteninselwelt des südchinesischen Meeres, einschließlich der Philippinen, mit den Sultanaten Kudarat und Buayan auf Midanao. Die vereinigten Sultanate führten seit dem spanischen Überfall auf das Sultanat Brunei 1565 einen heiligen Krieg, die sogenannten Moro-Kriege, die bis ins 19. Jahrhundert andauerten und von einer unsagbaren Grausamkeit der Spanier geprägt waren. Das strategische Ziel, die Entdeckung des Seeweges weit über Indien hinaus, war insofern nur teilweise erreicht worden, weil es damit nicht gelang, hinter die Linien des Islam vorzustoßen. Man fand die begehrten Handelsgüter, zugleich aber auch überall die geopolitische Herausforderung Islam. Offensichtlich hatte man die Attraktivität der «neuen» Religion und ihr Konkurrenzpotential gegenüber dem Christentum unterschätzt.

3. Grossraumabsprache für die Missionierung

3.1 Geopolitisch

Gegen Ende des 15. Jahrhunderts war das Ausmaß der Missionsaufgabe für die Römisch-katholische Kirche durch die Entdeckungen nach Osten und Westen geographisch ersichtlicher geworden. Konflikte zwischen Portugal und Spanien waren absehbar und mussten vermieden werden. Neben den wirtschaftlichen und politischen, galt es insbesondere die religionspolitischen Interessen zu definieren und Einflussbereiche abzustecken. Die politisch-religiöse Klammer war das königlich-portugiesische Missions-Patronat. Das dazu gehörende Emblem zeigt das von zwei Engeln gestützte portugiesische Wappen. Der Engel auf der linken Seite trägt das Kreuz, der auf der rechten Seite den Globus. Die neuen territorialen Erwerbungen waren zugleich auch Auftrag zur Christianisierung. In der dazu entscheidenden Bulle «Inter Cetera» des Papstes Alexander VI. vom 4. Mai 1493 heisst es: «Wir fordern, dass ihr die Völker dieser Inseln und Länder zur Annahme des Christentums bewegt und dass keine Gefahr und Mühen Euch jemals davon abschrecken.» Im folgenden Jahr wurde derselbe Papst von den beiden heraufkommenden Seemächten um einen Schiedsspruch im Blick auf die territorialen Interessenüberschneidungen zwischen Portugal und Spanien gebeten. Die Entscheidung Alexanders VI. wurde 1494 im Vertrag von Portesillas niedergelegt und von den beiden Mächten akzeptiert. Danach verlief die Demarkationslinie etwa 370 Meilen westlich der Azoren in nordsüdlicher Richtung im Atlantik. Nach Westen gehörte alles Neue zu Spanien, nach Osten zu Portugal, wobei Brasilien bei Portugal blieb, die Philippinen hingegen wurden Spanien zugeschlagen.

3.2 Kirchlich

Grossräumig wurde auch die Arbeitsorganisation der kirchlichen Hierarchie unter dem portugiesisch-königlichen Patronat gehandhabt. Zentraler Sitz für die gesamte Kirchenprovinz nach Osten hin wurde 1511 Fundschal auf Madeira. Davon wurden die Bistümer Sao Tome (1534) und Luanda (1596) abgetrennt. 1534 wurde das asiatische Bistum Goa an der Westküste Indiens geschaffen. 1558 wurde Goa zum Erzbistum mit den Bistümern Kochin (Südliches Indien), Malakka und 1576 Macao (Süd-China). Diese auf Jet-Set zugeschnittene Aufteilung des portugiesischen Asiens blieb bis zum Ende der portugiesischen Kolonialherrschaft in Asien bestehen. Daneben gab es in Asien seit 1595 noch das spanische Bistum Manila, welches bis dahin zu den Kirchenprovinzen Mexiko, bzw. Lima gehörte. Die christlichen Gemeinden blieben klein, begrenzt auf die allernächste Umgebung befestigter portugiesischer Stützpunkte. In den etwa 100 Jahren portugiesischer Kontrolle der Molukken haben nicht weniger als rund 200 Missionare (88 Jesuiten, 63 Dominikaner, 50 Franziskaner) mit der Unterstützung des heiligen Franz Xavier am Ende des 16. Jahrhunderts nach Schätzung der die Portugiesen ablösenden Holländer rund 40.000 Getaufte hinterlassen.

Der Stützpunkt Macao war eher eine Fehlinvestition. Oder war der «Ferne Osten» resistent gegen jedes «Fremde», gleich ob Islam oder Christentum? Erst 1583 gelang es dem Jesuiten Matteo Ricci (1552-1610), über Macao weiter bis Peking zu kommen. Sein Name ist mit weitgehender Anpassung an das chinesische Denken und dem sich daraus ergebenden Ritenstreit, ein erster grossartiger Versuch der Ent-Europäisierung des Christentums, bekannt geworden. Die seit 1717 ergehenden Anti-Kirche-Dekrete des Kaisers Kanghi liess die Zahl der Christen auf ein Minimum zusammenschrumpfen. Franz Xavier begann 1552 die Japan-Mission, die bereits nach 50 Jahren zusammenbrach.

Der Niedergang der portugiesisch-spanischen katholischen Vorherrschaft in Europa brachte unaufhaltsam das Ende der ersten Phase des weltumspannenden christlichen Herrschaftsanspruches in Asien.

Der Weltbekehrungsanspruch der Kirche, in eins gesetzt mit dem Ziel territorialer Ausbreitung des Staates, standen im Widerspruch zu der grosszügigen Strategie weniger befestigter logistischer Festpunkte, wie Goa, Malakka, Macao in den unendlichen Weiten Asiens. Auch der «letzte christliche Kreuzzug» gegen den Islam blieb am Ende des 16. Jahrhunderts tief im Hinterland des «Erzfeindes» stecken.

4. Ausbreitung im neuzeitlichen Kontext der befreiten Vernunft

4.1 Der historische Kontext

Während katholische Orden in den Weiten Asiens und Lateinamerikas noch unter dem Vorzeichen mittelalterlicher Einheit von Staat und Kirche die Ausbreitung des katholischen Glaubens mit Hilfe der portugiesischen und spanischen Krone betrieben, bahnte sich in Europa ein Wandel an. Sowohl die ganzheitliche Schau von Kirche und Staat als auch die Einheit der Kirche waren über tiefgehenden Streitereien und machtvolle Auseinandersetzungen zerbrochen. Die Erneuerungsbewegungen innerhalb der Kirchen mündeten in die Reformation. Neue wissenschaftliche Erkenntnisse und philosophische Einsichten ermöglichten eine völlig neue Sicht der Welt und des Universums.
Während die ehemals mächtigen Länder, Portugal und Spanien, Italien, nur langsam in die neuzeitliche Entwicklung hineinfanden, begannen neue Mächte die europäische Szenerie zu beherrschen. Wichtig für diese Entwicklung wurde der Befreiungskampf der Niederländer von den Spaniern, der zugleich ein Befreiungskampf von der katholischen Kirche war. 1568 beginnt der Freiheitskampf, in dessen Verlauf im Jahr 1571 es zur Gründung der niederländischen Kirche kommt. 1581 datiert die Unabhängigkeit der Niederländer.

Obwohl der Kampf um die Freiheit eigentlich erst 1648 zu Ende geht, gelingt den Niederländern mit zeitweiliger Unterstützung Englands der Durchbruch zur Weltmacht. Auch wenn es später zu Auseinandersetzungen zwischen Beiden kam, so sind doch mit diesen beiden Staaten, die beiden Völker auf der Weltbühne, die in der Neuzeit den größten Anteil an der europäischen Ausbreitungsgeschichte haben sollten. Es begann der Machtkampf um das portugiesische Erbe in Asien, in dem die «Ostindischen Kompanien» eine starke Rolle spielten: seit 1600 die Englische, 1602 die Niederländische und mit Verzögerung 1664 die Französische. So tummelten sich neben den Portugiesen alle neuklassischen europäischen Kolonialstaaten an den Küsten Asiens und bekämpften einander. Sri Lanka zum Beispiel stand 1505 unter portugiesischer, 1658 unter holländischer und seit 1796 unter britischer Herrschaft.

Im 16. und 17. Jahrhundert treten die religiösen Motivationen für die europäische Ausbreitung ein wenig zurück. Dies gilt insbesondere für die neu entstehenden protestantischen Kirchen und hängt damit zusammen, dass die Reformatoren eher eine natürliche Ausbreitung bevorzugten als sich um Mission von Völkern weit außerhalb ihres Wirkungsbereiches zu bemühen. Anders als die Katholischen Kirche entwickelten die reformatorischen Kirchen ein provinzielles territoriales Verständnis von der alle Christen umfassenden Katholizität der Kirche. Als Folge der tiefgehenden konfessionellen Auseinandersetzungen im 17. und 18. Jahrhundert erleben die Kirchen der Reformation zum Ende des 18. Jahrhunderts eine starke Reaktion durch eine an der Basis orientierte pietistische Bewegung des Widerstandes.

Den «gläubigen, bekehrten» Christen war die persönliche Glaubenspraxis und das allgemeine Priestertum wichtiger als dogmatische Rechtgläubigkeit, die Erneuerung der Gemeinschaft bedeutsamer als die hierarchische Ordnung der kirchlichen Struktur. Aus diesem Geist der Erweckung entstanden die ersten missionarischen Impulse, untrennbar verbunden mit Namen wie John Wesley (1703-1791) und Nikolaus von Zinzendorf (1700-1760). Erst zum Ende des 18. Jahrhunderts und mit dem Beginn des 19. Jahrhunderts lebt der Weltchristianisierungsgedanke, nun auch in der protestantischen Version, wieder auf und erreichte mit dem Ende des 19. und Anfang des 20. Jahrhunderts einen starken Bedeutungsaufschwung.

4.2 Der philosophische Kontext

Mit der europäischen Aufklärung und der beginnenden Neuzeit hatte die Frage nach dem Universalen, also nach dem, was allen Menschen gemeinsam ist und deswegen auch alle Menschen gemeinsam angeht, auch einen Prozess eingeleitet, der die Befreiung des Denkens vom Primat monolithisch organisierter Religion im westlichen Abendland zur Folge hatte. Dieser sogenannte Säkularisierungsprozess löste in allen Sektoren menschlicher Gesellschaft eine Welle explosionsartiger Befreiung der angewandten Vernunft und des Denkens aus.

Bei dem breiten Kirchenvolk führte diese Entwicklung zu einem tiefen Schock, der Glauben und christliches Leben zutiefst erschütterte. Was so für die Einen die Entdeckung der Universalität des Humanums bedeutete, sollte für die Anderen zum Zerbrechen des bis dahin einheitlichen Welt- und Menschenbildes werden. Die Neuorganisation, der Aufbau des Humankapitals, die neue Möglichkeit, die Welt und Menschen in ihren realen Beziehungen und frei von religiös-dogmatischer Interpretation zu sehen, ohne den Priester zu verstehen und ohne Bibelzitate als Beweismaterial zu benutzen, brachte der Menschheit unter anderem auch jenen Innovationsschub, den wir in seiner globalen Auswirkung gemeinhin als europäischen Imperialismus bezeichnen.

4.3 «Reich Gottes» als globale Protest-Projektion des Universalen

Der weitaus grössere Teil des gläubigen Kirchenvolkes verinnerlichte die Erfahrung als zunehmendes Fremdsein in Kirche und Welt und wandte der «verweltlichten» «rationalistischen» Christlichkeit den Rücken zu. Das Universale der christlichen Botschaft wurde in einige wenige dogmatische Grundaussagen, auf dem Hintergrund einer negativen, apokalyptischen Grundstimmung eingeengt, welche der sich humanisierenden Menschheit nicht mehr allzu viele Chancen gab. Mit dieser Einschränkung wurde die Weite der neu entdeckten Universalität aber auch verträglicher. Der beginnende Prozess der Aufklärung ließ innerhalb des Protestantismus eine «piestistische Resistenz» gegen die dogmatische Orthodoxie entstehen.

Eine Dimension der Flucht in die individualisierte Innerlichkeit war die Projektion des Universalen der Botschaft auf das geographische Außen der neu entdeckten Welten jenseits von Europa, dahin, wo diese verweltlichte Kirche noch nicht zu finden war. Das war der Hintergrund für die Geburt der neueren Missionsbewegung, entstanden aus dem Säkularisierungsschock im Zentrum Europas. Während die säkulare Bewegung trunken von den neu gewonnenen Möglichkeiten war, Wissen zu erneuern und neu entdeckte Zusammenhänge zu integrieren, hat diese intern christliche Protestbewegung sich die Ausbreitung des «Reiches Gottes», die Durchsetzung dieser alles umfassenden universalen Realität, bis an die «Enden der Erde» zum Ziel gesetzt.

Das inhaltliche Konzept hatte etwas Naives. «Christianisieren» bedeutete, den «Heiden» ihre totale Verdorbenheit, das Sündersein, die Krankheit zum Tode so vor Augen zu führen, dass sie sich bekehren und ihre Rechtfertigung aus Gottes reiner Gnade, allein durch das in Jesus Christus offenbarte und durch den Heiligen Geist bezeugte Wort Gottes anzunehmen. So zogen Missionare, oft einfache Handwerker, schlecht vorbereitete Bauern, nicht selten unter dem Schutz kolonialer Machtdurchsetzung aus, das nahende Reich Gottes zu predigen und die reine Gemeinschaft für das «Lamm» aufzubauen. Mit der Reich-Gottes-Verkündigung ergab sich ein direkter Zugang zu gesellschaftsrelevanten Funktionen der Mission mit dem Ziel einer aufgeklärten humanen Zivilisation für die bis dahin «unzivilisierten Völker». Zu den zivilisatorischen Motiven gehört auch die Wiedergutmachung [Anm. 15] für den inhumanen Sklavenhandel der Europäer in Afrika (so z. B. bei der Gründung der Basler Mission 1815). Auf diesem Hintergrund entwickelte sich eine hohe Beteiligung bei der Schaffung kolonialer westlicher Bildungsinstitutionen und eines kolonialen westlichen Gesundheitswesens.

Wesentlich war die universale Umsetzung der reduktionistischen realen Utopie. Dabei durfte die gesellschaftsbezogene Arbeit sich theoretisch nicht verselbständigen, sondern wurde als eine Dimension des Reiches-Gottes verstanden und als «Mittel» der Verkündigung betrachtet. Das soziale Engagement trug so wesentlich zu der globalen Erfolgsgeschichte des Christentums bei. Dieses «ganzheitliche» universale Verkündigungsmodell war – mit wenigen Ausnahmen auf die «Bekehrung» Einzelner ausgelegt, wie auch die Verkündiger zunächst Einzelne blieben. Es ging zunächst um Informationsvernetzung mit den begrenzten Mitteln und den beschränkten kommunikativen Möglichkeiten des vorindustriellen Zeitalters. Geschah dies zunächst nur als verbale Kommunikation durch die «Heidenpredigt» dort und Berichterstattung hier, so kamen sehr bald Druckmedien und später auch Fotografie und Material-Dokumentationen hinzu.

Die Bewegung war zunächst Protestbewegung ohne einen direkten machtvollen institutionellen Hintergrund. Offensichtlich aber war diese Unabhängigkeit nicht durchzuhalten. Aus dem anti-institutionellen Ansatz ist dann doch nichts Anderes geworden als «Kirchentümer», die nur jenen allzu ähnlich waren, die man aus Protest verlassen hatte, weil sie nicht akzeptabel waren. Der «Heidenpredigt « folgten Lehre, Gesetz, Sakrament, Institutionen und auf Druck makropolitischer und nationaler Entwicklungen, wenn auch zögernd, die Gründung institutioneller Kirchen und Kirchenvertretungen gegenüber dem (Kolonial-)Staat.

Diese Entwicklung von einer Laienbewegung hin zur von-oben-nach-unten durchorganisierten Institution hatte sich sehr schnell auch «zu hause» angebahnt. Der zeitbedingte Versuch einer einfachen Organisation der von Pietisten getragenen Bewegung z.B. in Basel war zunächst ein Experiment mit einem bedarfsorientierten Kompetenzzentrum (Ausbildung für Auszusendende). Es ist nicht auszudenken, was geworden wäre, wären die Basler damals bei dem reformierten Basis-gemeindlichen Ansatz geblieben und hätten sich nicht durch den institutionellen, hierarchischen Ansatz der Süddeutschen verführen lassen. Unter dem Einfluss württembergischer Theologen und unter der mehrheitlich großbürgerlichen Basler Leitung wurde aus der Bewegung schnell Institution, aus dem Protest neue Ordnung, aus dem globalen Ansatz, allen Menschen die neue geistliche Erfahrung nahe zu bringen, wurden geordnete, definierte, abgegrenzte Aufgaben für die weit offenstehende zu christianisierende und zu »humanisierende« Welt.

Diese Entwicklung von »Bewegung« zu »Institution« vollzog sich jeweils modifiziert im nationalen Kontext fast aller Missionsgesellschaften. Dabei wurde unter der Hand Weltmission zunehmend zur Westmission. Zunächst gestaltete sich diese globale Dimensionierung der Aufgabe erfolgreich, weil sie im Gefolge und unter dem Schutz der sich ausbreitenden europäischen späteren Kolonialmächte einen kongenialen geschichtlichen Aktionsrahmen fand. Es kam nicht von ungefähr, dass ein Missionsdirektor, Friedrich Fabri (1824-1891), an der Bonner Universität über Mission und Kolonialismus las und einen »Katechismus zum Kolonialismus« veröffentlichte [Anm. 16]. Aus der ursprünglich offenen basisbezogene Vorwärtsstrategie wurde ein Rückzug auf die größere Sicherheiten bietende Institution. Aus der universalen Protest-Vision, der Real-Utopie Reich Gottes wurde das Konzept einer Anzahl von Kirchen in nahezu allen Ländern der Erde. Diese Kirchen haben auch die ursprünglich im 19. Jahrhundert entstandene missionarisch- ökumenische Laien-Bewegung im 20. Jahrhundert zu einem Ökumenischen Rat der Kirchen werden lassen.

4.4 Verlust der Legitimation und Schwerpunktverlagerung

Die eigentlich »erfolgreiche« westliche Ausbreitungswelle kam mit dem Zusammenbruch der imperialen Ausbreitung im 20. Jahrhundert zum Stehen. Erste blutige Reaktionen kolonialisierter Völker auf den westlichen Imperialismus und den damit verbundenen religiösen und gesellschaftlichen Umgestaltungswillen brachen bereits in der ersten Hälfte des 19. Jahrhunderts aus. Die Angst vor der Christianisierung vereinigte Muslime und Hindus im Norden Indiens zum Sepoy Aufstand gegen die Briten im Jahr 1857. Noch blieben die Kolonialherren auch die Sieger und sie beendeten die Jahrhunderte alte muslimische Macht über Indien. Aber aus der Niederlage der Muslime entstand über die Umma, die Gemeinschaft der muslimischen Gläubigen, was man eine erste

Phase des globalen Antikolonialismus bezeichnen könnte. 1881 bis 1899 folgte unter Führung des charismatischen Führers Muhammad Ahmad der Mahdi-Aufstand, einer religiösen Bewegung gegen die Briten im Sudan. Nach seinem Sieg gelobte er, die ganze Welt zu islamisieren. Keine Beziehung zum Islam, aber zu den durch den westlichen Imperialismus gedemütigten Kulturen Asiens (Opiumkriege 1839-1842 und 1856-1860) hatte der sogenannte Boxeraufstand 1899-1901 in Südchina [Anm.17].

Der »Erste«, insbesondere aber der »Zweite Weltkrieg« hatten dramatische Folgen für die Ausbreitungsarbeit und die Akzeptanz der Weltmission. Das zunächst bei vielen missionierten Stammesgemeinschaften virulent für deren »Bekehrung« ausschlaggebende »So-sein-wollen wie der weiße Mann« hatte angesichts der sich gegenseitig bekämpfenden Kolonialherren bei vielen seine faszinierende Ausstrahlung verloren. Die sogenannten »Jungen Kirchen« und deren Vorläufer entstanden aus der Unzufriedenheit einer inzwischen herangewachsenen zweiten Generation von Christen. Sie sahen den Zeitpunkt ihrer Selbstbefreiung von der europäischen und amerikanischen Tutulage gekommen und erklärten ihre Eigenständigkeit und Eigenverantwortung gegenüber den Missionsleitungen. Von heute auf morgen war den europäischen und amerikanischen Missionen die Legitimation, die sie sich selbst gegeben hatten, abhandengekommen. In den meisten Fällen haben sie bis zum letzten Augenblick versucht, leitende kirchliche Funktionen, Finanzen und Ausbildung, unter weißer Kontrolle zu behalten.

Ein geplantes Konzept für den Rückzug seitens der Missionen gab es nicht. Missionare als Repräsentanten der »Alten Zeit« waren einfach unerwünscht. Selbst wenn deren Präsenz weiter gewünscht gewesen wäre, die »jungen« Christengemeinden hätten diese angesichts der neuen nationalen Befreiungsbewegungen in der antikolonial aufgeladenen Öffentlichkeit nicht überzeugend vertreten können. Es folgte der nächste Akt der dramatischen Auflösungserscheinungen. Fluchtartig mussten die meisten Missionsleute ihre Arbeitsgebiete verlassen. Missionsleitungen versuchten, den weiteren Zerfall von struktureller Macht und Einfluss aufzuhalten, in dem sie den Jungen Kirchen altbewährte und ehemals geachtete Missionare zu Kurzeinsätzen anboten. Als das nicht funktionierte, schickte man junge Laien und akademisch ausgebildete Theologen in die inzwischen sich konsolidierenden Kirchen. Ein weiterer, eher eine »weiche« Korruptionsmentalität fördernder Versuch, Einfluss zu erhalten, war die Koppelung von Finanzbeiträgen aus dem Westen an die Vermittlung von Personaleinsätzen. Nicht selten redete man den neuen Kirchenleitungen Theologiedefizite in der Ausbildung ein, um so mit westlichen Theologen die rechte Lehre für die Zukunft zu sichern. Bis heute hängen nicht wenige »Dritte-Welt«-Kirchen – wenn auch in der Anzahl ständig zurückgehend – am finanziellen und theologischen »Tropf« der Missionen.

Die christliche Mission hat diesen katastrophalen »Niedergang« nie eingestanden. Ein vehementer Versuch von Vertretern der sog. Dritten Welt, die Weltmissionskonferenz 1972/73 in Bangkok dazu zu bewegen, ein Moratorium für die Entsendung weißer Missionare und westlicher Finanzhilfe zu beschließen, wurde von den Vertretern der West-Missionen zu einer unverbindlichen Empfehlung heruntergespielt. Klar, denn ohne »Sendung« wäre Mission nicht mehr Mission gewesen!

Für die Missionen war die unvorhergesehene Katastrophe zur Frage nach ihrer Existenzberechtigung geworden. Die noch in Edinburgh 1910 propagierte imperial abgestützte geostrategische Vision von der Weltevangelisation innerhalb der lebenden Generation war wie ein Kartenhaus zusammengebrochen. Seit Mitte der 50er Jahre des 20. Jahrhunderts stürzten sich einige Missionen nach kurzem Zögern in das neue Abenteuer der kirchlichen Entwicklungshilfe und kamen dabei nicht selten mit der kirchlichen Diakonie in Konflikt. Die erforderlichen Eigenbeteiligungen der Missionen an den vom Staat geförderten kirchlichen Großprojekten überstiegen in nicht wenigen Fällen die finanziellen Möglichkeiten der Spendeneinkommen. Andere, insbesondere evangelikale und charismatische Missionen negierten die entstandenen Kirchen in Afrika, Asien und Lateinamerika und missionierten mit hohem finanziellem und personellem Aufwand an diesen vorbei und nicht selten mit unschönen Nebenwirkungen.

Seit Jahren ist die gesamte sog. »Heimatarbeit« zu einem stillen Ende gekommen. Wer informiert sich noch über »die Welt« aus den von Missionen angebotenen Möglichkeiten? Wen interessiert noch der Bericht eines Missionars? War es nicht sachgerechter, sich für Berichte aus Übersee an die einheimischen Repräsentanten der Kirchen über die ökumenischen Medien direkt zu wenden? Wenn die Weltmission etwas geleistet hat, so war es die Schaffung der Voraussetzungen für eine weltweite Ökumenische Bewegung. Aber selbst das zu akzeptieren, fiel den Missionen zunächst schwer. Noch heute interpretiert man in nicht wenigen Missionsgremien den Beschluss der Weltmissionskonferenz in Achimota 1957/58 und der Vollversammlung des Ökumenischen Rates in New Delhi 1961, die beiden Bewegungen zu integrieren, als Votum für eine strukturierte Kooperation von Kirchen und Missionen, nicht aber als Einigungsprozess mit dem Ziel einer institutionellen Integration.

In diesem Zusammenhang bleibt festzuhalten, dass die Vorbehalte gegen die Vereinigung der beiden Bewegungen nicht nur auf Seiten der Mission gegenüber der Kirche lagen, sondern möglicherweise spielten sie bei den Kirchen gegenüber den Missionen eine noch größere Rolle. Welche Kirche wollte schon die ständig defizitären, personalintensiven Missionsbetriebe integrieren? Wer sollte noch zu Missionsfesten einladen und wer kam noch – wenn überhaupt – zu diesen traditionellen Großanlässen? Gab es doch keine Siegesberichte über das »grausame Heidentum« mehr zu feiern! Und die schlechten sozialen und ökonomischen Verhältnisse in Übersee waren ohnehin aus den Medien bekannt. Missionarische Informationen waren eigentlich nie zweckfrei gewesen, sondern dienten insbesondere der Erhöhung der nie genügenden Einkünfte. Die seit der 2. Jahrhunderthälfte zunächst nur zaghaft propagierten Patenschaften waren auch bald nicht viel mehr als aufwendige Gelegenheiten, Geld zu machen, bzw. einen neu entstehenden Projekttourismus zu fördern (Kontrolle, ob das Geld auch wirklich ankommt!), nicht selten aber auch der Bestätigung von kulturellen und sozialen Vorurteilen. Und was wäre das Fach Missionswissenschaft an den Universitäten, gäbe es Religions- und Kulturwissenschaften nicht!

4.5 Counter-Konzept: Kooption und »Missio dei«

Eine Thematisierung von Aufstieg und Niedergang der Westmission hat auf Weltebene bezeichnenderweise nie stattgefunden und findet auch in der Busan-Erklärung-TTL- 2013 nicht statt. Die Themen der Weltmissionskonferenzen zwischen den beiden Weltkriegen waren überwiegend von Problemen der »ersten Welt« geprägt. In Jerusalem 1928 waren es insbesondere der neu entdeckte Säkularismus, die von westlichen Kirchen als bedrohlich empfundene Renaissance der Religionen und die sozialen Spannungen, die mit geringer Präsenz einiger Afrikaner und Asiaten debattiert wurden. In Tambaram/Indien (Madras) 1938 waren es die Ideologisierung der Politik, die Gefährdung des Friedens und die Forderung nach der stärkeren Einbindung der Mission in die Kirche. In der ersten Weltmissionskonferenz nach dem 2.Weltkrieg in Whitby/ Kanada 1947 waren die »Westmissionen« mit wenigen Ausnahmen unter sich. Bei der Lektüre der Konferenzdokumente wundert man sich, wie unrealistisch auf dieser globalen Ebene die historische Niederlage ausgeblendet wurde. Wichtig war der Schulterschluss zwischen den ehemaligen Kriegsgegnern, d.h. konkret: die Wiederaufnahme der deutschen Delegation als volles Mitglied in der Gemeinschaft. Dennoch ging die historische Entwicklung nicht spurlos an der Konferenz vorüber. Ausdruck für die versuchte Neueinschätzung der Weltsituation wurde die Formel »partnership in obedience«, »Partnerschaft im Gehorsam«. Sie wurde seitdem zum Grundtenor der Antwort auf das weltweite Debakel der neueren christlichen Weltmission, positiv gesagt: Mission der ersten und Kirchen der sog. Dritten Welt sollen nach dem ungeordneten Rückzug eine neue gemeinsame strategische Verteidigungslinie aufbauen.

Allerdings haben die abwesenden, aus der Arbeit der Missionen entstandenen Kirchen diese theologisch wohl begründete, kirchenpolitisch hoch relevante Strategie nie anders als ein die Weiterexistenz der westlichen Missionen sicherndes Konzept verstanden, anders gesagt: als einen co-optierenden, vereinnahmenden Trick des »großen älteren« Bruders. In Achimota Ghana 1957/58 wurde dann das Verhältnis von Mission und Kirche weiter diskutiert, und in Mexiko City 1963 kam es zu der Formel »Mission in sechs Kontinenten«. Dasselbe Konzept verbirgt sich hinter den verschiedensten Applikationen wie Gemeinsames Handeln, Re-Evangelisation, Mission der ersten Welt, Ressourcen-Teilen, Lern- und Begegnungsgemeinschaften. Selbst das Dialog-Konzept hat dieses Element der Kooption. Es geht aus von einer Situation der gleichen Augenhöhe der Beteiligten, die aber über ein reines Postulat nicht hinauswächst.

Die Weltmissionskonferenz 1952 in Willingen [Anm.18] lieferte die bis dahin fehlende theologische Begründung. In der Bemühung um einen alle verbindenden theologischen missionarischen Ansatz gewann der Begriff der »missio dei« an zentraler Bedeutung: Mission ist nicht zuerst Sache der Missionen, sondern zuerst und essentiell Gottes Sache. Der Begriff war von europäischen Vertretern unter Einfluss der dialektischen Theologie bereits in den 30er Jahren in die missionstheologische Debatte eingeführt worden und kam in der von Karl Hartenstein (1894-1952) entwickelten Version auf die Willinger Tagesordnung. In einer Zeit also, in der das klassische heilsgeschichtliche Paradigma »Sendung von hier nach dort« (»Gehet in alle Welt ...«) hinterfragt wurde, in der nach und nach klar wurde, dass aus der globalen »Heidenpredigt« der Missionen tatsächlich auch nichts Anderes als die von Gustav Warneck (1834-1910) bereits vorhergesehenen Kirchen entstanden waren, also das, was die operationalen Missionsgesellschaften »in der Heimat« eben nicht unbedingt akzeptierten. Außerdem war unter den unsagbaren Leiden des Krieges und des Grauens, des Millionenmordes, des Holocausts eine frömmelnde heilsgeschichtliche Theologie des in der Geschichte fortschreitenden Reiches Gottes nicht mehr darstellbar.

Hinter der begrifflichen Ambivalenz steckte die Frage nach der Anerkennung des Produkts eines knapp 200jährigen Einsatzes, nach Legitimität und Katholizität der Kirche. Aber auch die Frage: Sind Missionen noch legitim, wenn sie es denn überhaupt einmal waren und nachdem sie ihre möglicherweise transitorische Funktion erfüllt haben (die »Enden der Erde« waren punktuell, wenn auch nicht flächendeckend erreicht)? Wie ist die Einheit der Kirche theologisch noch darstellbar in der multikulturellen und religiösen Vielheit der neu entstehenden

Kirchentümer (bis auf wenige Ausnahmen waren es auch Reproduktionen nationaler, provinzieller, konfessioneller Urbilder)? Hinzu kamen die ganze Hilflosigkeit des Menschen und die Begrenztheit seines Handlungsspielraumes, besonders eindrücklich sichtbar durch das, was in Asien (Hiroshima) und in Europa (Nationalsozialismus und Holocaust) und während des 2. Weltkriegs geschehen war.

Um der Glaubwürdigkeit willen bedurfte es eines Paradigmenwechsels. Für die gläubigen Gründer und Gründerinnen der klassischen Missionen waren der »missionarische Appell« in den biblischen Texten, die Sendung Jesu und das Vorbild seiner Verkündigung als zeichenhafte Darstellung von Gerechtigkeit und Liebe in der neuen Gemeinschaft des Reiches Gottes der wichtigste theologische Handlungs-Impuls. Aus der Tradition des abendländischen Humanismus und dem Gedanken einer aufgeklärten, humanen Zivilisation, haben die meisten Missionsgesellschaften, neben dem eigentlichen Verkündigungsauftrag, auch den humanitären, bzw. den Gesellschaft-erneuernden Auftrag für die »unzivilisierten Völker« abgeleitet und mehr oder weniger stark in ihrer Arbeit gewichtet.

Die klassische Mission hat dem Menschen eine starke aktive Komponente im Prozess der bekehrenden Verkündigung zugeordnet. »Wir und der Heilige Geist haben beschlossen«, war eine einleitende Formel bei Beschlussfassungen der Leitung der Rheinischen Mission. Für die pietistische Sendungs-Theologie spielte der gläubige Mensch und sein Glauben, Beten und Handeln eine wesentliche Rolle. Die Akzeptanz des Begriffes »missio dei« bei den Kirchen im Osten und Süden hing damit zusammen, dass es für sie eine theologische Korrektur der Ausrichtung der Missionsbewegung war: Im historischen Prozess geschah Mission zwar vom reichen und mächtigen »Norden« in den armen, »unkultivierten Süden«, theologisch aber ging Mission von Gott aus und von dort gleichermaßen in den Süden und in den Norden.

Mit dem neu gefundenen Ansatz bei der missio dei, der Mission Gottes, konnte man zumindest den dramatischen weltweiten Misserfolg sozusagen auf menschliches Versagen zurückführen, die Intention von Gottes gutem Handeln aber aus der Niederlage heraushalten. Mit dem nicht im Neuen Testament vorkommenden Begriff der »missio dei« waren eine stabilisierende und gleichzeitig einleuchtende Erklärung für den Prozess des Scheiterns gefunden. War Mission eine Sache Gottes, in die der Mensch nur partiell verantwortlich hineingenommen ist, aber eben nicht die letzte Verantwortung trägt, dann sind die geschichtlichen Fehleinschätzungen, die falschen Bündnisse und die Niederlagen im Prinzip verständlich: Die missio dei, heilsgeschichtlich interpretiert, geht weiter, sie ist nicht gefährdet durch die menschliche Konfusion (Providentia dei, confusione hominum). Alles, was schlecht gelaufen war, konnte man der menschlichen Schwäche anlasten, alles Gute dem Handeln Gottes zuordnen. Der Stellenwert von Kirche und Mission relativiert sich in dem Maß, in dem die Welt zum unmittelbaren Ziel des versöhnenden Handelns Gottes verstanden wird.

IV. Die Welt des Anthropozäns

Die gängigen ökumenischen Kontexte lassen angesichts der revolutionierenden Umorientierung des naturwissenschaftlichen Welt- und Menschenbildes [Anm. 19] seit knapp einem halben Jahrhundert die Frage aufkommen, ob man sich nicht doch vorher die Veränderungen der im Werden begriffenen Welt- und Menschenbilder bewußt machen muss, um überhaupt detaillierte »Verkündigungs-Landschaften« in ihrem kontextuellen Bezugsfeld zu sehen. Die ÖRK-«Landschaften« mögen pragmatisch und nicht falsch sein. Sie reflektieren insbesondere die Herausforderungen der wachsenden pluralistischen Situation und des unmoralischen Wirtschaftssystems. Der globalisierte Kapitalismus und die ineinander verwobene Ökonomie und Ökologie finden eine starke Beachtung. Im Selbstverständnis der Ökumenischen Bewegung ist sicher auch die faktisch vorausgesetzte Einheit aller protestantischen Frömmigkeitstypen im Sprachgebrauch von ökumenischer Gemeinschaft ein Fortschritt. Inzwischen haben offensichtlich nicht nur die traditionell evangelischen und orthodoxen, sonder auch dynamische und charismatische evangelikale und pfingstlerische Gemeinschaften tiefe Wurzeln in der Ökumenischen Bewegung geschlagen, so dass sie gemeinsam »das Leben in Fülle« für alle Menschen wollen. Sie haben sich sogar gemeinsam auf drei erkennbare Prämissen für ihre Mission festgelegt: den interreligiösen Dialog, die Sorge um die Nachhaltigkeit der Schöpfung in der gegenwärtigen ökologischen Krise, die offene Verurteilung des gegenwärtigen Wirtschaftssystems.

Diese Grundorientierung könnte einen Paradigmenwechsel im Vergleich mit dem vorhergehenden Missionsdokument (1982) andeuten, in dem Mission auf die traditionelle Wortverkündigung mit sozialen Nebenwirkungen beschränkt war. Die Schwäche liegt darin, dass die Einlassungen geradezu naiv in ihrer Ignoranz des Erkenntniswandels im Blick auf den neuen zukunftsrelevanten Kontext sind, d.h. des sich neuformierenden Welt- und Menschenbildes und den damit verbundenen, nur zögernd sichtbar werdenden Auswirkungen auf die Akzeptanz der Botschaft beim Adressaten. Die allseits beklagte Resistenz gegenüber der Kirche wird zunehmen, trotz pragmatischen Struktur verändernden Elementen in der täglichen Verkündigungsarbeit.

1. »Die beste aller möglichen Welten«

1.1. »Tag ohne gestern«

Vor rund 50 Jahren begann mit Sputnik 1 (1959) ein tiefer Einschnitt in der Geschichte der Menschheit. Gemeint ist die Ära der Raumfahrt und damit die Erkundung des Alls [Anm. 20]. Ein erster Höhepunkt der (bemannten) Raumfahrt war die Mondlandung 1969 mit Apollo 11. Ihr gingen unbemannte Landungen von Lunik 2 1959 und Luna 9 im Jahr 1966 voraus. Mit Venera 7 gelingt 1970 eine erste unbemannte weiche Landung auf dem Planeten Venus. Der Start des Sarja-Moduls 1998 gilt als Beginn des Aufbaus einer internationalen Raumstation. Inzwischen wurden alle Hauptplaneten unseres Sonnensystems besucht, einschließlich drei Zwergplaneten, Asteroiden und Kometen, durch Vorbeiflüge oder Umkreisungen. Sonden oder auch Fahrzeuge befinden sich auf dem Mond, der Venus, dem Mars und auf dem Asteoriden Eros. 2005 setzte die Sonde Huygens auf dem Saturnmond Titan auf. Es entstand ein Video, das auf die Erde übertragen wurde. Ebenfalls 2005 entnahm die Sonde Hayabusa Bodenproben vom Asteroiden Itokawa und brachte sie zur Erde. Die Sonde Philae sendet seit 2014 vom Kometen Tschurjunow-Gerassimenko.

2017 sind fünf Sonden unterwegs zu den Rändern unseres Sonnensystems. Gestartet im August (Voyager 2), bzw. September 1977 (Voyager 1), und nach einem Flug entlang der Planeten Jupiter (März 1979), Saturn (November 1980), flog Voyager 2 weiter zu Uranus und Neptun. Voyager 1 erreichte im Dezember 2004 in einer Entfernung von 14 Milliarden Kilometern Entfernung von der Sonne die Heliosphäre und verliess im August 2012 als erstes von Menschen gebautes Gerät unser Sonnensystem. Seitdem befindet sich die Sonde im interstellaren Raum und damit auch außerhalb des Einflussbereiches des materiellen Sonnenwindes. Voyager 1 ist die erste interstellare Raumsonde.

Bis zum Jahr 2020 werden seine beiden Radioisotopen-Generatoren noch die Energie aufbringen, um Messdaten zur Erde übertragen können. Danach wird Voyager 1 in der Tiefe des Raums verschwinden, um auf Grund von Vorausberechnungen nach 38000 Jahren und der derzeitigen Geschwindigkeit von 60 000 Kilometern pro Stunde den Stern AC+793888 im Sternbild des Kleinen Bär zu erreichen. Auf einer anderen Route wird Voyager 2 in 40 000 Jahren an dem Stern Ross 248 im Sternbild Andromeda in einer Entfernung von 1,7 Lichtjahren vorbeifliegen.

Neben den Flugapparaten spielt die Entwicklung der Teleskope eine tragende Rolle bei der rasanten Erkundung des Alls. 1917 ging das Hale-Teleskop in Kalifornien mit einem Spiegeldurchmesser von 2,5 Metern in Betrieb. Heute im Gebrauch befindliche Teleskope, wie z.B. die Magellan-Teleskope mit ihren 6,5 Metern Durchmesser oder die mit 36 wechselseitigen Spiegeln ausgestatteten Keck-Teleskope mit einem Gesamtdurchmesser von 10 Metern, sind deutlich größer, weitreichender und effizienter. Was aber gegenwärtig in Planung ist, übersteigt die Vorstellungswelt des Laien. Dazu gehören: das Giant Magellan Telescope (GMT), mit sieben Spiegeln von jeweils 8,4 Metern und einem Gesamtdurchmesser von 10 Metern; dreimal so groß ist der Durchmesser des Thirty Meter Telescop (TMT) mit 492 sechseckigen jeweils 1,44 Metern großen Spiegeln; das größte ist das European Extremely Large Telescope (E-ELT) mit einem Durchmesser von 39,3 Metern, bestehend aus 798 sechseckigen, jeweils 1,44 Meter großen Spiegeln. Die Inbetriebnahme dieser Generation von Riesenteleskopen wird erst in den 2020er Jahren möglich sein. Noch ist die Finanzierung der Vorhaben nicht restlos geklärt, und schon gibt es bereits Überlegungen zu einem 100 Meter Durchmesser großen Teleskop für einen noch aufschlußreicheren Blick in den Kosmos [Anm. 21].

Die neueren Forschungsergebnisse aufgrund nahezu unbegrenzter technischer Möglichkeiten der Astrophysik haben das gesamte Bild des Universums, seiner Entstehung, seiner Ausdehnung, grundlegend dahingehend verändert, dass sie die gängigen archaischen Vorstellungen obsolet machen, bzw. revolutionieren. Grundlegend ist der allseits von Forschern angenommene Urknall, dem »Tag ohne gestern« (G. Lemaitre,

1931). Lemaitre hatte die Grundgedanken seiner Theorie erstmals 1927 in einem Artikel einer belgischen Zeitung publiziert. Physiker und Kosmologen nahmen ihn allerdings zunächst nicht ernst. Albert Einstein bezeichnete seine Physik sogar als »scheußlich«. Später, nach einem Besuch im Observatorium auf dem Mount Wilson, korrigierte er seine Meinung.

Lemaitre behauptet als Erster, dass es einen Urknall gegeben haben muss, dessen Kraft das All auseinander getrieben hat. Ob man sich diesen Urknall als eine Explosion vorzustellen hat, ist offen. Wichtig ist, dass damit die gleichzeitige Entstehung von Materie, Raum und Zeit gemeint ist. Der Urknall gilt als der absolute Anfangspunkt unseres Universums, davor gab es Nichts. Ob und wie dieser Anfang tatsächlich stattgefunden hat, darüber gibt es keine beweisfeste Sicherheit. Aber mit der Urknalltheorie [Anm. 22] und aus astronomischen Beobachtungen und Messungen können Forscher ein Modell herleiten, das zeigt, wie alles begann und was seither geschehen ist. Außerdem lassen sich mit der Urknalltheorie einige wissenschaftliche Beobachtungen erklären, z. B. die Rotverschiebungen der Galaxien und damit die ständige Expansion des Universums, das Spektrum der Hintergrundstrahlung des Universums, die Grenze in der Altersverteilung der Sterne bei etwa 13 Milliarden Jahren, und die Häufigkeitsverteilung der Elemente im Weltraum, insbesondere Wasserstoff, Deuterium und die Isotope des Heliums.

Am Anfang, also unmittelbar vor der Expansion vor rund 13,7 Milliarden Jahren muss das All vollkommen in einem einzigen Uratom zusammengedrängt gewesen sein. Beim explosionsartigen radioaktiven Zerfall dieses Atoms wurden unvorstellbare Mengen an Energie freigesetzt und aus den Bruchstücken entstand ein brodelnder, einige Billiarden Grad heißer Brei fundamentaler Teilchen wie Quarks und Gluonen, die sich schnell ausbreiteten und dabei abkühlten. Nach den ersten 1o Mikrosekunden verbanden sich die ersten Teilchen miteinander zu Protonen und Neutronen, in weiterer 100 Sekunden kamen diese zusammen und bildeten die ersten Versionen der Atome. 75% der Protonen blieben jedoch unverändert. Zu der Zeit dürfte das Universum aus einer Art Plasma, einem Gemisch aus freien Atomkernen, Protonen und Elektronen bestanden haben. Nach etwa 380.000 Jahren war das Weltall soweit abgekühlt, dass Protonen und Elektronen zusammenfanden und stabile Atome bildeten. Aus einem großen Teil entstand Wasserstoff, das Plasma löste sich auf. Das Licht konnte sich ungehindert ausbreiten. Strahlung und Materie hatten sich entkoppelt. Das Universum wurde durchsichtig. Was Forscher heute als Hintergrundstrahlung bezeichnen, ist ein Relikt aus dieser Zeit, in der aus verdichteten Wasserstoffwolken und Helium unter dem Einfluss von Gravitation die ersten Sterne entstanden. In deren Innerem setzte die Kernfusion ein, wobei Wasserstoff in Helium umgewandelt wurde. Schon wenige Millionen Jahre später bildeten sich neue Sterne und erste Galaxien aus dem Staub explodierender Sterne. Es brauchte weitere 400 Millionen Jahre bis sich die Sonnen zu Jahrmillionen Lichtjahre von einander entfernten Galaxien formierten.

Eine dieser Milliarden Galaxien ist unsere Milchstrasse. Den ersten Nachweis einer weiteren Galaxie außerhalb der Milchstrasse erbrachte 1923 der Astrophysiker Edwin Hubble im 2,5 Millionen Lichtjahre entfernten Andromeda-Nebel, eine eigene Galaxie mit Abermillionen von Sternen.

1922 hatte der russische Mathematiker und Physiker Alexander Friedmann als Konsequenz der Gravitationstheorie ein völlig neues Bild von einem dynamischen Universum entwickelt, das sich ausdehnt und sich am Ende wieder zusammenzieht. Diese Dimensionen der Urknalltheorie waren noch 1960, also vor rund 50 Jahren weitgehend unvorstellbar. Als sich Papst Pius XII im Jahr 1951 für die Theorie ausspricht, weil sie ihm als Modell mit einem göttlichen Schöpfungsmoment vereinbar schien, schadete dies dem Ansehen der Theorie. Lemaitre bemühte sich ernsthaft, seinen Einfluss im Vatikan dahingehend geltend zu machen, den Pontifex von weiterer Einmischung in die Wissenschaft abzuhalten. Erst 1964 erbrachten Arnold Penzias und Robert Wilson den Nachweis, dass es sich bei der Ursache eines von ihnen registrierten, zunächst rätselhaften Geräusches um kosmisches Rauschen von bisher unbekannter Mikrowellenstrahlung handelte. Später erwies sich diese Strahlung als Reststrahlung oder Hintergrundstrahlung. Besser gesagt, sie stellte sich als Echo des Urknalls heraus. Zu dem gleichen Ergebnis kam im

Dezember 1965 eine Wissenschaftlergruppe in Princeton. Penzias und Wilson erhielten 1978 den Nobelpreis für Physik, was allgemein als wissenschaftliche Anerkennung des Urknallmodells gewertet wird.

Ob es vor dem Urknall Universen gegeben hat [Anm. 23], ob weitere immer noch entstehen, ist theoretisch nicht auszuschließen. Dennoch gilt nach heutigem Verständnis der Urknall als absoluter Anfangspunkt des Universums, mit dem Raum und Zeit begann. Davor gab es Nichts. Wann die ständige, wahrscheinlich von der »dunklen Energie« verursachte Ausdehnung unseres Universums auch ein Ende zur Folge hat, bleibt zunächst eine der noch nicht beantworteten Fragen. Bisher ist es der Astrophysik allerdings nicht gelungen, ein einziges Dunkle-Materie-Teilchen nachzuweisen. Physiker suchen nach einer übergeordneten Theorie. Ansätze zur Erklärung der Ursache für den Urknall finden sich, neben der String-Theorie, in der Quantengravitation.

Nicht erst seit es amerikanischen Astrophysikern 1964 bei der Messung von Mikrostrahlen gelungen ist, kosmische Hintergrundstrahlung festzustellen, die vom »Urknall« vor rund 14 Milliarden Jahren stammen, ist die quantitative Deutung der Schöpfung zu einer qualitativen Frage des Glaubens geworden. Diese Strahlen haben sich rund 380.000 Jahre nach dem Urereignis durch die fortgesetzte Ausdehnung im Jung-Universum auf 2.700 Grad Celsius abgekühlt und daher das Eingehen von energetischen Bindungen von Protonen und Elektronen, also die Bildung von Wasserstoffatomen, ermöglicht. Mit der Ablösung des heißen Plasmas und dem Entstehen der Atome wurde das Weltall transparent. Das in diesem Prozess entstandene Licht konnte sich ausbreiten. Dies war der erste Baustein für die Ermöglichung von Leben.

Mit dem im Jahr 2009 in eine Erdumlaufbahn installierten Teleskop »Planck« ist es gelungen, das gesamte Universum vollständig zu erfassen und eine Karte der kosmischen Hintergrundstrahlung zu erstellen. Aus den Mustern dieser Karte lassen sich informative Erkenntnisse zur Entwicklungsgeschichte des Universums erkennen. Danach ereignete sich der »Urknall« vor 13,82 Milliarden Jahren. 26,8 % aller Materie sind »Dunkle Materie«, die keine Strahlung aussendet, aber mit ihrer Gravitationskraft den Zusammenhalt der Galaxien bewirkt. Diese »Dunkle Materie« beschleunigt die ständig weitergehende Ausdehnung des Universums. Der Anteil der »sichtbaren Materie« (sichtbare Objekte und alle Lebewesen) am Universum liegt bei 4,9 %.

Am 2. Dezember 2015 wurde im Rahmen der Europäischen Weltraummission ein Testsatellit (eLisa) in den Weltraum gebracht, mit dem ein technisches Prinzip der Gravitationswellenmessung im All überprüft werden soll. Dieser Satellit soll in einer Entfernung von 1,5 Millionen Kilometern Höhe von der Erde Vorarbeiten für ein umfangreiches Messstationenprojekt mit einem Detektorsystem im All leisten. Geplant ist ein Satellitentrio »eLisa« (Evolved Laser Interferometer Space Antenna), bei dem drei Geräte in einem Dreieck positioniert, eine Million Kilometer voneinander entfernt und über Laserstrahlen miteinander verbunden, schweben werden.

Die technischen Einzelheiten sind faszinierend, eine Aufzählung würde zu weit führen. Ziel des Projektes ist das Aufspüren und Messen von Gravitationswellen. Nach Einstein ist Gravitation keine Kraft im herkömmlichen Sinne, sondern eine Eigenschaft von Raum und Zeit. Jede Art von Materie krümmt demnach den Raum. Andere Körper sowie Lichtstrahlen müssen diesen Veränderungen folgen, denn sie können nicht aus dem Raum entweichen. Es entstehen Dellungen in dem sie umgebenden Raum. Die Zeit verläuft im Bereich starker Gravitation langsamer. Wenn sich Himmelskörper beschleunigt bewegen, entstehen Gravitationswellen. Sie bringen den Raum in Schwingungen, stauchen den Raum und breiten sich in Lichtgeschwindigkeit aus. Aber die Wellen sind schwach und somit ist der Aufwand, sie aufzuspüren und zu messen, sehr hoch. Bei neueren Messungen von Wellen, die durch explodierende Sterne (Supernovae) entstanden, weiß man heute, dass die Stärke von Gravitationswellen nur etwa ein Zehnmillionstel der Intensität beträgt, die man noch vor zehn Jahren angenommen hatte. Diese Wellen bergen auch Informationen über den Beginn der Welt.

Im März 2014 wollten Forscher Gravitationswellen, die beim »Urknall« entstanden seien, nachweislich registriert haben. Dieses »Echo des Urknalls« erwies sich später als Irrtum. Sicher aber ist, dass beim »Urknall« Gravitationswellen entstanden sind, die bis heute nahezu ungehindert das Universum durchziehen. Man geht davon aus, dass entsprechende Geräte auf der Erde zu störungsanfällig sind, um diese zu messen. Mit dem im All schwebenden Testsatelliten »Lisa« hofft man, Gravitations-wellen mit Frequenzen zwischen einem Zehntausendstel von einem Hertz zu messen.

Im September 2015, nach einer Kollision von zwei schwarzen Löchern, haben Wissenschaftler des Laser Inferometer Gravitational-Wave Ob-servatory (LIGO) erstmals von Albert Einstein bereits 1916 vorhergesagte Gravitationswellen entdeckt, also Erschütterungen der Raumzeit, die durch beschleunigte Massen entstehen und sich mit Lichtgeschwindig-keit ausbreiten. Am 11.Februar 2016 vermeldeten Forscher den ersten direkten Nachweis von Gravitationswellen. Am 4.Januar 2017 registrier-ten die Hanford- und Livingston-LIGO-Detektoren eine Schwingung der Raumzeit. An dem Nachweis der »Kräuselungen« der Raumzeit waren über tausend Mitarbeiter beteiligt. Der Nobelpreis für Physik 2017 ging an die drei Hauptbeteiligten der Entdeckung der »Rippel« an der Ober-fläche des vierdimensionierten Raumes, genannt Raumzeit, der das Weltall und dessen zeitliche Entwicklung umfasst: Rainer Weiss, Barry C. Barish und Kip S. Thorne. Eine Überraschung für das physikalische Weltbild bietet die Entdeckung nicht, aber sie setzt Spekulationen frei darüber, dass es Schwarze Löcher mit der Masse von einigen Dutzend Sonnenmassen viel häufiger geben könnte als bisher angenommen und dass sie dadurch womöglich sogar die rätselhafte Dunkle Materie erklären könnte.

Im Juli 2016 wurde die Raumsonde Juno, Nachfolgerin von Gallileo, von der Anziehungskraft des Jupiters in eine Umlaufbahn eingefan-gen. Bevor die Bremsdüsen die Sonde in eine engere Bahn lenken, beschleunigt dessen Gravitation das Gerät auf 250.000 Stundenkilome-ter. Nach drei Probe-Umläufen wird die Sonde den größten bekannten Planeten unseres Sonnensystems in 30 extrem elliptischen Orbits in einer variierenden Flughöhe von durchschnittlich rund 10.000 Metern vermessen. Die Mission würde im Oktober 2017 mit einem Lenkmanö-ver beendet, welches die Sonde im Inneren des Planeten mit den 64 Monden verglühen lässt.

Die erwarteten Daten über Magnetfelder, Gravitation, Teilchen, Mikro -, Radio -, Ultraviolett – und Infrarotwellen kommen über Funksignale in einer Geschwindigkeit von 45 Lichtminuten zur Erde. Jupiter dürfte wegen seiner Unmengen von Gas zum Prototypen werden, denn die meisten der entdeckten Exoplaneten sind riesige Gaskugeln. Anders als bei der Erde, konnten sich die Gase nicht verflüchtigen. So reservierte Jupiter aus seiner Entstehungszeit die Mischverhältnisse jener Bausteine, aus denen alles wurde. Die Auswertung der Messergebnisse wird Aufschluss darüber geben, ob ein fester Kern im Inneren rotiert und woraus er besteht. Auch wird man erfahren, ob und wie viel Wasser sich in seiner Atmosphäre befindet. Von früheren Erkundungsflügen weiß man, dass unter der Gashülle der Wasserstoff flüssig und ab 10.000 km dann metallisch ist. Diese riesige Masse ist die Quelle seines enormen Magnetfeldes, das bis in die Umlaufbahn des Saturn reicht.

1.2 Typen und Bewohnbarkeit von Planeten

Erst seit dem 24. August 2006 gibt es eine in der Fachwelt weitgehend anerkannte Definition des Begriffes Planet [Anm. 24]. Anlass für eine grundsätzliche Diskussion während der Vollversammlung der »Internationalen Astronomischen Union« (IAU) war die Frage, ob der damals noch 9. Planet unseres Sonnensystems, der Eisriese Pluto (braucht für die einmalige Umrundung der Sonne 248 Erdjahre), wirklich als Planet zu bezeichnen sei. Außerdem war zu entscheiden, ob der neu entdeckte Himmelskörper 2003 UB313, der die Sonne zwischen Neptun und Pluto umkreist, als 10. Planet anerkannt werden könne. Die Beantwortung dieser Fragen wurde relevant, nachdem man in den Außenbereichen unseres Sonnensystems Ende des letzten Jahrhunderts mehrere ähnliche Objekte entdeckt hatte, deren Größe und Flugbahnen denen des Pluto ähnlich waren. Seit 2006 wird ein Planet als ein Himmelskörper definiert, der eine Sonne umkreist, also kein Mond ist, genügend Masse hat, sodass er unter seiner eigenen Schwerkraft eine annähernd kugelförmige Gestalt angenommen, und die Umgebung seiner Umlaufbahn von anderen Himmelskörpern freigeräumt hat. Auf Pluto angewendet, der das letzte Kriterium nicht erfüllt, weil er seine Heimatregion mit zahlreichen anderen Himmelskörpern teilt, bedeutete es, dass er zu einem sogenannten Zwergplaneten degradiert wurde. Inzwischen gibt es in unserem Sonnensystem acht Planeten Es handelt sich um die vier wegen ihrer festen, oft steinigen Oberfläche auch terrestrische genannten Planeten Merkur, Mars, Venus, Erde, und die vier jovianischen Planeten Jupiter, Saturn, Uranus und Neptun, die wegen ihrer Zusammensetzung oft auch als Gasriesen bezeichnet werden. Daneben sind fünf Zwergplaneten bekannt, darunter Pluto und Eris.

Anfang 2016 wurde bekannt, dass zwei US-Astronomen, Mike Brown und Konstantin Batygin, vom California Institute of Technology in Pasadena einem möglichen Planeten 9 aufgrund bizarrer Bahnen eisiger Brocken, die jenseits des Neptun, im sogenannten Kuipergürtel umherschwirren, auf der Spur sind. Wenn sich dies bewahrheitet, wäre es eine Sensation. Fünf der acht Planeten waren schon von alters her bekannt. Aber erst 1781 entdeckte Friedrich Wilhelm Henschel den Uranus, 1846 Johann Galle den Neptun. Der mögliche Planet 9 bewegt sich möglicherweise auf einer simulierten lang gezogenen Ellipsen-Bahn an der sonnennächsten Stelle 200 Astronomische Meilen (AE) entfernt von der Sonne (1 AE entspricht dem mittleren Abstand der Erde von der Sonne). Für eine Sonnenumrundung würden 20.000 Jahre vergehen. Realistisch gesehen wird der mögliche Planet 9, der 6mal größer als die Erde sein sollte, daher frühestens in drei bis fünf Jahren definitiv nachweisbar sein. Berechnungen deuten daraufhin, dass Planet 9 sich parallel zu Uranus und Neptun gebildet hat. Vermutlich umgibt eine wasserstoffreiche Atmosphäre einen Kern aus Gestein, gefrorenem Wasser, Methan und Ammoniak.

Der »Umfang« der sogenannten »Schöpfung« ist seit der Entdeckung des ersten extrasolaren Planeten im Jahr 1995 ins Unvorstellbare geraten. Nach neuesten Beobachtungsergebnissen ungezählter Sonnen, bzw. Sternensysteme, dürften inzwischen um die 900 Planeten sehr verschiedenen Umfangs nachweislich erfasst worden sein: von 638 bis 4.000 Erdmassen und 25 Erdradien große Gasriesen, über 88 bis 10 Erdmassen und 2,2 Erdradien große Supererden, dazu 116 bis zu 17 Erdmassen und 6 Erdradien große, Neptun ähnliche, und schließlich 21 weitere bis 2 Erdmassen und 1,2 Erdradien große erdähnliche Planeten. Darunter sind auch solche Planeten, die in verschiedenen Abständen und Geschwindigkeiten zwei und drei solare Sterne umkreisen.

In der ersten Jahreshälfte 2016 entdeckten Astronomen im Sternbild Zentaur, 320 Lichtjahre von der Erde entfernt, einen Planeten mit drei Sonnen. HD 131399 Ab hat die größte, bisher bekannte Umlaufbahn innerhalb eines Mehrfachsternsystems. Der Planet hat bei einer Oberflächentemperatur von 580 Grad Celsius definitiv keine menschlichen Lebewesen, die den täglich dreimaligen Sonnenaufgang beobachten könnten. Das bisher bekannte weitest »entfernte« Planetensystem ist mit 2.000 Lichtjahren Entfernung von der Erde Kepler-11. So unvorstellbar schon dieser kleine Daten-Ausschnitt für das normale menschliche Fassungsvermögen ist, die Geschichte der Entdeckung des Alls steht in den Anfängen: die kühnsten Prognosen sprechen von 60 Milliarden Planeten! 2017 wurde überdies bekannt, dass indische Astronomen einen Super-cluster von 43 Galaxienhaufen mit zehntausenden Galaxien und einer Gesamtmasse von ungefähr 20 Billiarden Sonnenmassen im Sternbild Fische entdeckt haben. Die Galaxien werden lose von der Schwerkraft zusammengehalten und erstrecken sich über eine Distanz von 650 Lichtjahren. »Saraswati« sei mit knapp vier Milliarden Lichtjahren Entfernung die weitest entfernte Ansammlung von Materie.

Bei einigen Planeten hat man mit der Analyse von Stoffen und Atmosphäre begonnen und dabei potentielle »bewohnbare« Bereiche definiert. Noch vor 20 Jahren gingen viele Astronomen davon aus, dass sich nur in unserem Sonnensystem Planeten gebildet haben, es also keine Planeten im Bereich außerhalb unseres Sonnensystems bis zum Ende des Alls gäbe. Das 2009 ins Weltall geschossene Teleskop »Kepler« hat sein Ziel, in einem Ausschnitt des Sternbildes Schwan nach Planeten außerhalb unseres Sonnensystems zu suchen, erreicht und seine Mission im August 2015 abgeschlossen. Kepler hat nur ein Bruchteil der 300 Milliarden Sterne unserer Galaxie »Milchstraße« abgesucht. Unsere Sonne ist einer dieser Sterne mit einem Radius von 696.000 Kilometern (das 109-fache des Erdradius) mit 15 Millionen Grad Celsius im Kern und 5.500 Grad Celsius an der Oberfläche. Obwohl die Auswertung der Kepler-Ergebnisse bei weitem noch nicht abgeschlossen ist, steht fest, dass Kepler bereits 130 Exoplaneten gefunden hat, für weitere 3216 werden die Daten noch ausgewertet.

Die rund tausend bisher bekannten Exoplaneten werden in drei Typen erfasst. Sie unterscheiden sich je nach der Größe der Planeten und deren Entfernung von ihrer Sonne.

- für Leben zu kalte Zone, z.B. »heimatlose« Planeten (Cha 110913) und »Gasriesen«;
- für Leben zu heiße Zone, »Supervenus« (Kepler 61b, 69c); »Mini-Neptun« (Kepler IIb-g); »heißer Jupiter« (51 Pegasi b); der 124 Lichtjahre entfernte Exoplanet HAT P-ub ist 4x so groß wie die Erde, hat eine feste Oberfläche und es wurde Wasserdampf nachgewiesen, der aber wegen der Nähe zum Heimatstern mehrere hundert Grad heiß ist, was wiederum Leben unmöglich macht.
- Dazwischen liegt die habitable Zone, ein Bereich um einen Stern, in dem Wasser in flüssiger Form existieren kann und so die Lebenschance am höchsten ist.

Zur letztgenannten Kategorie wird immer wieder der Jupiter-Mond Europa genannt. Auf diesem Mond dürfte es möglicherweise zwischen dessen hartem Kern und der Kilometer dicken Eis-Oberfläche den größten Ozean des gesamten Sonnensystems geben. Neben der ESA, die den Start einer Forschungssonde Juice (Jupiter ICy Moon Explorer) in das Jupitersystem für 2022 vorgesehen hat (Ankunft 2030), plant auch die NASA eine ähnliche Sonde, die sich dem Jupiter-Mond bis auf 25 Kilometer nähern wird, um nach Voraussetzungen für Leben zu suchen. Dazu gehört die Untersuchung der Materie, die von Geysiren 200 Kilometer hoch ins All geschleudert wird. Kepler hat weitere Objekte aufgespürt, z.B. »Mini-Felsplaneten«, die nur ein Fünftel der Ausmaße der Erde haben (Kepler 37b); eine »Zwillings Erde« (Kepler 78b), die als einer von sieben Planeten den 2500 Lichtjahre entfernten Stern/Sonne KOL-351 in 365 Tagen umkreist; den »Ozeanplanet«, eine Super-Erde, der zu mehr als einem Viertel aus Wasser und Eis besteht, und der eine dünne Atmosphäre aus Wasserstoff und Helium hat (Gliese 1214b, Kepler 22b). Es handelt sich um eine »Super-Erde«, die bis zu zwei Erddurchmesser groß ist, eine größere Schwerkraft als die Erde hat, und auf dem Leben vorhanden sein könnte (Gliese 581, Kepler 22b). Der erdähnlichste Planet ist der 500 Lichtjahre entfernte Exoplanet Kepler 186f, der 2014 von einem kalifornischen Team am Seti-Institut entdeckt wurde. Er ist etwa gleich groß wie die Erde und kreist in etwa gleicher Entfernung um seinen Heimatstern. Leben wurde bisher trotz umfangreicher Bemühungen um einen Empfang von Radiosignalen nicht festgestellt. Es ist auch bisher noch ungeklärt, ob der Exoplanet nicht doch eine öde Wüste ohne Atmosphäre ist.

Es war der 1996 verstorbene Astronom Carl Sagan [Anm. 25], der in den 1950er Jahren als erster Fachwissenschaftler die Möglichkeit von außerirdischem menschlichen Leben ins Gespräch brachte. Erst in den 1980er Jahren wagte der Astronom Arnie Hatzes, über seine Vorahnung von einem um eine 46 Lichtjahre entfernte Sonne kreisenden Exoplaneten mit Kollegen zu diskutieren. Aus Angst vor einer Blamage waren sie erst im Jahr 2000 bereit, darüber in einem »Astrophysical Journal« zu schreiben. Aber da waren sie fünf Jahre zu spät: 1995 hatten zwei Schweizer Astronomen, Michel Mayor und Didier Queloz, von der Genfer Sternwarte ihre Entdeckung eines ersten, allerdings weder erdähnlichen noch lebensfreundlichen Planeten – 51 Pegasi b – außerhalb unseres Sonnensystems bei dem 50 Lichtjahre entfernten Stern Pegasus nachweisen können. Vor gut 20 Jahren wurde also der erste Exoplanet bekannt, heute sind es Tausende! Und die Zahl steigt weiter. Im Juli 2016 wurden zwei neu entdeckte Planeten außerhalb unseres Sonnensystems ausführlich beschrieben. Es handelt sich um »Trappist 1 b« und »Trappist 1 c«. Die Bezeichnung ist die Abkürzung von »TRAnsiting Planets and Planeteslmals Small Telescope«, dem Namen des Teleskopes, mit dem die Entdeckung gelang. Es steht am Observatorium der Europäischen Südsternwarte in Chile, wird aber von Lüttich aus betrieben und ferngesteuert. Ebenfalls im Juli 2016 wurden die Ergebnisse des Kepler-Weltraumteleskopes veröffentlicht. Dabei wurde die Zahl von 104 neu entdeckten Exoplaneten genannt. Interessant scheint die Entdeckung von »K2-72«, einem neuen System, bei dem vier Supererden (bis 10 Erdmassen und 2,2 Erdradien groß) um einen Zweigstern kreisen. Anfang 2017 zählte die »Enzyklopädie extrasolarer Planeten« 3583 Trabanten, die in 2688 Systemen kreisen

Über das Neuste (August 2016) in der rasanten Entdeckungsgeschichte des Alls haben Forscher um den Astronomen Guillem Anglada-Escude von der Queen-Mary-University informiert. In der Fachzeit-

schrift »Nature« berichten die 31 beteiligten Forscher von der Entdeckung des 4,2 Lichtjahre entfernten, und damit erdnächsten Planeten
außerhalb unseres Sonnensystems. Dieser Exoplanet Proxima-b umkreist seinen Stern/seine Sonne Proxima Centauri in einer Umlaufzeit
von 11,2 Tagen in einem Abstand von sieben Millionen Kilometern.
Seine Masse beträgt mindestens das 1,3-fache der Erdmasse. Man geht
davon aus, dass sich der Planet in der habitablen Zone befindet, was
aber mit der heutigen Technik bisher nicht bewiesen werden konnte.
Mit Hilfe von Atmosphärenmodellen und Klimasimulationen haben Astrophysiker und Meteorologen des britischen Met Office die Folgen
der Rotation des Planeten auf dessen Klima untersucht. Bei den Szenarien haben sie dessen Rotationseigenschaften mit denen des Merkur verglichen, der sich pro Umrundung der Sonne 1,5-mal um seine
eigene Achse dreht. Danach geht man von wohltemperierten Zonen
auf der Oberfläche von Proxima b aus, in denen Wasser flüssig bleiben
würde. Bisher unerforscht ist die Frage nach den Auswirkungen von
Strahlungsausbrüchen des Muttersterns Proxima Centauri auf die Atmosphäre seines »roten« Zwergplaneten. Der Sterntyp neigt mehr als
andere zu häufigeren Eruptionen. So könnten zum Beispiel bei einem
Ausbruch des Sterns Teile der Ozonschicht des Zwergplaneten ins All
entweichen. Genaueres bleibt der weitergehenden Forschung und
der zukünftigen Entwicklung der Spektroskopie und Robotertechnik
vorbehalten.

Eine andere spektakuläre Entdeckung des Forscherteams um Michael
Gillon von der belgischen Universite de Liege wurde erst Anfang 2017
durch einen entsprechenden Bericht von Tilmann Althaus bekannt. Inzwischen hat sich auch ein Forscherteam um den Astronomen Rodrigo
Luger von der University of Washington in Seatle um die Auswertung
der Kepler-Daten bemüht. Die bereits erwähnten sieben etwa erdgro-
ßen Planeten des Sternsystems »Trappist-1« wurden nach neuesten Beobachtungen und Messungen definitiv bestätigt. Der Stern ist zwischen
drei und acht Milliarden Jahre alt (zum Vergleich unsere Sonne: 4,6 Milliarden Jahre). Dieses 40 Lichtjahre von der Erde entfernte Planetensystem im Sternbild Wassermann ist klein, kühl und unauffällig; kleine und
felsige Welten. Fünf der sieben Planeten sind ähnlich groß wie die Erde,

die beiden anderen haben etwa den anderthalbfachen Durchmesser des Mars. Die Planeten kreisen in der 4,4 bis 24,5-fachen Entfernung Erde-Mond und benötigen für eine Umkreisung 1,5 bis 20 Tage. Habitable, lebensfreundliche Bedingungen werden aber nur bei drei der sieben Planeten vermutet, wenn sie eine geeignete Atmosphäre aufweisen: Trappist-1e«, »-1f« und »-1g«. Ihr Abstand vom Stern liegt gerade so, dass sich auf ihren Oberflächen flüssiges Wasser halten könnte. Die Planeten »-1b«, »-1c« und »-1d« könnten allerdings an der Oberfläche mehrere 100° Grad Celsius heiß sein. Die beiden innersten Planeten »-1b« und »-1c« wurden schon 2016, während sie sich im Durchgang vor ihrem Stern befanden, spektroskopisch mit dem Ergebnis untersucht, dass diese beiden Welten nicht von einer ausgedehnten wasserstoffreichen Atmosphäre umgeben sind.

Der äußerste Planet »-1h« wird kaum noch von der Wärme des Sterns erreicht. Er umläuft sein Zentralgestirn in 18,8 Tagen in einem mittleren Abstand von 9,3 Millionen Kilometern und hat einen Durchmesser von 9.100 Kilometern. Seine mittlere Oberflächentemperatur liegt bei minus 104 Grad Celsius, da sein Zentralgestirn Trappist-1 nur etwa ein Zweitausendstel der Leuchtkraft unserer Sonne erreicht. Eventuell vorhandenes Wasser wäre auf der Oberfläche nur zu Eis erstarrte Wüste. Wegen der starken Gezeitenkräfte des nahen Zentralgestirns rotieren wahrscheinlich alle Planeten »gebunden«, d.h. sie wenden ihrem Stern also stets die gleiche Seite zu. Exogeologen vermuten allerdings, dass eine geeignete Atmosphäre auch bei gebunden rotierenden Planeten in der habitablen Zone einen Temperaturausgleich zwischen der Sonnen- und der Schattenseite herstellen könnte. Eine gebundene Rotation muss demnach nicht unbedingt Ausschlusskriterium für einen lebensfreundlichen Planeten sein. Wegen des geringen Abstandes von der Erde wird Trappist-1 zu einem bevorzugten Objekt für die Großteleskopie der nächsten Generation werden. Mit dem schon erwähnten 39 Meter Durchmesser großen Hauptspiegel des E-ELT (European Extremely Large Telescope) sollte es möglich sein, die Planeten direkt abzubilden und auch Spektren von ihnen zu gewinnen, um ihren habitalen Charakter wirklich zu erkennen [Anm. 26].

Die Suche nach einer neuen Erde ist in vollem Gange. Die Entdeckung eines bewohnbaren Planeten mit Spuren von Leben hätte unabsehbare Folgen für das Selbstverständnis der Menschheit, ihres Horizonts, ihrer Religion. Außerdem hat unsere viereinhalb Milliarden Jahre alte Sonne die erste Hälfte ihrer absehbaren Existenz bereits hinter sich. Da sie sich mit der Zeit noch weiter erhitzt, wird es auf der Erde zu heiß werden, vor allem wird sie das Wasser verdampfen und Leben für den Menschen auf unserer Erde bereits nach weiteren maximal einer Milliarde Jahren unmöglich machen.

Im Herbst 2018 wird das neue James-Webb-Weltraumteleskop von einer erdnahen Station gestartet, ein Gemeinschaftsprojekt von NASA (USA), ESA (Europa) und CSA (Kanada). Das Teleskop, bestehend aus 18 zusammengesetzten Spiegelmodulen und einer Gesamtspiegelweite von 25 Quadratmetern (Hubble 4,5 m2) soll aus einer Höhe von 1,5 Millionen Kilometern (Hubble 570 Kilometer) nach weiteren Exoplaneten Ausschau halten. 2024 folgt dann der Teleskop-Satellit »Plato«, mit dem man die Atmosphäre bestimmter Planeten nach Spuren von Leben untersuchen will. Während Hubble vor allem im optischen und ultravioletten Bereich arbeitete, soll das Web-Teleskop als Schwerpunkt Infrarotwellen wahrnehmen. Es wird damit weiter in die Vergangenheit des Universums zurückschauen können. Außerdem wird es auf diese Weise Staubwolken durchschauen, die sichtbares Licht nicht durchdringen, hinter denen sich aber junge Sterne verbergen können. Brachte Hubble Bilder aus der Kindheit des Universums, so wird James-Web Eindrücke aus der Babyzeit des Universums vermitteln. Seit Ende des 20. Jahrhunderts rechnen Wissenschaftler allein in unserer Milchstraße mit Milliarden Planeten, darunter rund 10 Milliarden möglicher belebter Erden. Astrophysiker haben Formeln (Drake 1964), Wahrscheinlichkeits- und Hochrechnungen entwickelt, mit denen man die Anzahl bewohnbarer Planeten, Exoplaneten und intelligenter Zivilisationen theoretisch weiter einzukreisen versucht.

Es ist naheliegend, dass die Erde als Musterbeispiel für eine lebensfreundliche Welt gilt. Uns bekanntes Leben hat danach bestimmte Bedingungen zur Voraussetzung: einmal muss der Planet seinen Heimatstern in einer Entfernung umkreisen, dessen Temperatur an der Oberfläche Wasser in flüssiger Form ermöglicht. Außerdem muss zumindest ein Teil der Oberfläche aus hartem festem Material bestehen, um sich darauf bewegen zu können. Zum anderen unterliegt ein bewohnbarer Planet der Veränderung. Unsere Sonne hat ihre Leuchtkraft in zwei Milliarden Jahren um 20% erhöht und die Atmosphäre hat sich dieser Veränderung angepasst. Aber angesichts dieses Prozesses wird die Erde in einer weiteren Zeit von einer Milliarde Jahren wegen der weiter ansteigenden Temperaturen aus der bewohnbaren Zone herauswandern. Außerdem bedarf der bewohnbare Planet, wie angedeutet, einer Atmosphäre, die durch ihren Schutz vor kosmischen Teilchen, UV- und Röntgenstrahlung aus dem All die Entstehung von komplexen organischen Substanzen ermöglicht.

Im Jahr 1977 kam ein amerikanischer Astronom aufgrund seiner Computersimulationen zu dem Schluss, dass sich auf vielen Planeten eine schmale habitale Zone entwickeln könne, allerdings nur dann, wenn die Umlaufbahn um einen sonnenähnliche Stern dem der Erde entspricht. Jenseits dieses schmalen Bandes herrscht der Tod. Mit der Entdeckung der ersten Exoplaneten 1995 gewann das gedankliche Spiel Harts an Bedeutung. Inzwischen hatten sich die Voraussetzungen für ein habitales Band stark erweitert. Biologen haben Mikroorganismen im absoluten Dunkel der Tiefsee, in heißen Quellen bis zu 122° Celsius 100 Meter unter dem Gletschereis der Antarktis und kilometertief in der Erdkruste gefunden. Die Vielfalt tausender entdeckter Exoplaneten und Funde in unserem Sonnensystem führen mittlerweile zu der Annahme, dass es weit mehr lebensfreundliche Bereiche im Universum gibt als lange gedacht. Gestützt wird diese Erweiterung der habitalen Zone auch durch neuere Einsichten der Geowissenschaften. Danach hat sich das Erdklima immer wieder im Randbereich der Bewohnbarkeit bewegt, ohne dass Leben verschwand.

Die Erde hat extreme Klimaveränderungen über geologische Prozesse reguliert. Bei extremen Trockenepochen führt in die Tiefe absinkendes Gestein Kohlendioxid aus der Atmosphäre ab und die Lufttemperaturen sinken. Während extremer Kälteepochen, setzt unser Planet CO_2 über Vulkane frei, so dass die erstarrende Erde über den entstandenen Treibhauseffekt wieder auftaut. Bei Welten mit einer solchen klimaregulierenden Plattentektonik sollte dann auch die Bandbreite der habitalen Zone anwachsen. Nach detaillierten Berechnungen hat der Geologe James Kasting 1993 behauptet, dass die habitale Zone unseres Sonnensystems bis zur Marsumlaufbahn reicht. Man könnte also davon ausgehen, dass auf dem Mars für wenige hundert Millionen Jahre ein lebensfreundliches Klima herrschte, und auf ihm – wie auf anderen Planeten mit ähnlichen Bedingungen – entstandenes Leben nicht zwangsläufig untergegangen ist. Mit dem Fund der Enceladus-Geysire ist das Konzept einer habitalen Zone fraglich geworden. Sie legen nahe, dass die Bausteine des Lebens fast überall zusammenkommen können. Sei es nahe einer heißen venusartigen Umlaufbahn, sei es in den kalten Gefilden von Gasriesen wie dem Saturn, oder auf exotischen Supererden mit dichten Wasserstoffatmosphären. Aber je öfter Forscher auf lebensfreundliche Bedingungen an immer mehr Orten im All treffen, und bis erste außerirdische Mikroben gefunden werden, solange wird es schwierig bleiben zu widerlegen, dass Leben auf der Erde seine Existenz einem extrem seltenen, wenn nicht einmaligen Zufall zu verdanken hat.

Es dürfte also eine Frage der Weiterentwicklung der Technik und der Zeit sein, wann und wie »bewohnbare«, dann auch bewohnte Exoplaneten im All nachgewiesen werden können. Leben auf der Erde gibt es seit 3,5 Milliarden Jahren, aber erst seit rund 50 Jahren ist es möglich, mit Radioteleskopen nach Spuren anderer Zivilisationen im Universum zu suchen. Die bisherigen Ergebnisse der Forschung sind revolutionierend. Aber wie muss sich ein intelligentes Wesen weiterentwickeln, um hinter die Geheimnisse einer 3,5 Milliarden Jahre langen Entwicklung zu kommen? Wie hat die Entwicklung begonnen? Um in dieser Frage beweiskräftig voran zu kommen, hat die NASA, nach der Bergung von Mondboden gegen Ende des 20. Jahrhunderts und dem 2005 von den japanischen Sonden Hayabusa 1 und 2 zur Erde gebrachten Material des Asteroiden Irokawa, ihr jüngstes Raumflugexperiment gestartet: Osiris-Rex [Anm. 27].

Aus rund 500 000 bekannten Asteroiden wurde Bennu wegen seiner mit 500 Metern Durchmesser idealen Maße und seines kohlenstofffreichen Jahrmilliarden alten Gesteins von der NASA ausgewählt. Im September 2016 wurde die US-Raumsonde Osiris-Rex an der Spitze einer Atlas V Rakete vom Raumfahrtzentrum Cap Canaveral auf den Weg zum Asteroiden 101955 Bennu gebracht, wo sie nach rund zwei Jahren Flug mit einer Geschwindigkeit von 19 000 Stundenkilometern zunächst den Himmelskörper ein Jahr lang umkreisen, kartographieren und den interessantesten Platz für die Entnahme einer Staub- und Bodenprobe erkunden wird. Während Bennu und Osiris mit 100 000 Stundenkilometern um die Sonne rasen, wird sich die Sonde einen halben Meter pro Sekunde auf Bennu zu bewegen. Die ausgefahrenen Roboterarme von Osiris werden Bennu nur 5 Sekunden berühren. Das aufgesaugte Material wird in einem kleinen Hütchen auf der Sonde gesammelt. Die Sonde wird dieses Hütchen auf dem Rückflug abkoppeln und in Richtung Erde schicken. Osiris-Rex soll an der Erde vorbei in Richtung Sonne weiterfliegen. Der rund 4,5 Milliarden Jahre alte Ur-Staub wird Wissenschaftlern nach der geplanten Rückkehr im Jahr 2023 zur weiteren Erforschung der Ursprünge des Lebens dienen. Die US-Raumfahrtbehörde erhofft sich von den Staubpartikeln weitere Erkenntnisse darüber, wie lebenswichtige Substanzen, z. B. Kohlenstoff, auf unseren Planeten kamen. Die Partikel könnten Aufschluss über die Vorläufer von Leben auf der Erde sein.

1.3 »Weltformel«

Der Begriff »Weltformel« bezeichnet eine hypothetische Theorie, mit der sich alle Phänomene im Universum beschreiben lassen. Allerdings steht eine verbindliche wissenschaftliche Beschreibung des Universums, eine »Theorie von Allem« aus. Das gebräuchliche Standardmodell berücksichtigt drei der vier Fundamentalkräfte des Universums – die starke und die schwache Kernkraft, sowie den Elektromagnetismus – als Quantenfelder. Bisher nicht gelungen ist der theoretische Einbezug der fundamentalen Gravitationskraft in die Quantenfeldtheorie. Außerdem ist es Konsens fast aller Physiker, dass es neben den im Standardmodell vorkommenden Elementarteilchen noch weitere, bisher unbekannte

Partikel geben muss, die zum Beispiel mit der sogenannten Dunklen Materie zusammenhängen.

Dass es vor dem Urknall Universen gegeben hat, wird neuerdings von Martin Bojowald (Spektrum der Wissenschaft, Higlights, Reise durch das Quantenuniversum, 1/2017, S. 6ff) von der Pensylvania State University zur Diskusion gestellt. Er bestreitet, dass die gesamte Materie sich in einem Punkt unendlicher Dichte konzentriert haben könnte. Nach Einsteins Relätivitätstheorie hätte ein solcher Punkt für die Urknall-Singularität ursächlich zu Beginn des Universums vorhanden gewesen sein müssen. Diese Theorie ignoriert, so Bojowald, dass die Konzentration der Materie und die Stärke der Gravitation durch die feine Quantenstruktur der Raumzeit begrenzt werden. Bojowald versteht den Urknall eher als eine explosive Folge einer noch früheren, durch exotische Quanteneffekte verursachten Implosion (»Big Bounce«). Ob noch weitere Universen entstehen und ob die ständige, wahrscheinlich von der »dunklen Energie« verursachte Ausdehnung unseres Universums irgendwann ein Ende zur Folge hat, sind für ihn offene Fragen. Bisher ist es der Astrophysik noch nicht gelungen, ein einziges Dunkle-Materie-Teilchen nachzuweisen. Physiker suchen nach einer übergeordneten Theorie, Ansätze zur Erklärung der Ursache für den Urknall finden sich in der Quantengravitation. Die String-Theorie galt lange Zeit als die am weitesten fortgeschrittene, steht heute in der Kritik und muss sich mit der Hinterfragung ihrer Wissenschaftlichkeit auseinandersetzen (Spektrum der Wissenschaft, Ist die Stringtheorie noch eine Wissenschaft?, 1/2017, S. 42ff).

Teilchenphysiker haben inzwischen auch das »letzte« der angenommenen 30 verschiedenen Elementarteilchen nachgewiesen. Im CERN bei Genf (LHC Large Hadron Collider) wurde 2012 das Higgs -Teilchen verifiziert und damit die scheinbar letzte Lücke in der Quantentheorie geschlossen. Diese Behauptung ist nicht unbestritten. Im Dezember 2015 informierte das CERN, man habe bei einer der Meßkurven eine Abweichung gefunden, die auf ein weiteres unbekanntes Teilchen hinweisen könnte. Anfang August 2016 dementierte das CERN: die 750-GeV-Diphoton-Resonanz war kein neues Teilchen!

Stringtheoretiker nehmen eine ganze Reihe neuer Elementarpartikel an, die aber noch nicht nachgewiesen wurden, bzw. deren Nachweisbarkeit infrage steht. Sie setzen ihre Hoffnung auf Messungen mit Experimenten der neuen LHC-Generation. Dieser Riesenbeschleuniger wurde bis Ende 2015 für höhere Energien aufgerüstet. Für den amerikanischen Physiker Edward Witten ergibt sich im Blick auf die Bauelemente der Materie, dass die Atomkerne der aus Elektronen und Kernen bestehenden Atome, die als Quarks bezeichnet werden, sich als Schwingungen winziger Saiten (Strings) beschreiben lassen. Von den geplanten Experimenten mit dem neuen LHC erhofft man sich Aufschluss genau darüber, und ebenso über bisher unbekannte supersymmetrische Teilchen, die offene Rätsel erklärbar machen sollen:

- den riesigen Wachstumsschub nach dem Urknall, der in einem Sekundenbruchteil das Universum quadrilliantenfach (eine 1 mit 27 Nullen) aufblähte (genannt: »Inflation«) und die Expansion für einen langen Zeitraum bremste;
- den über unsere erfahrbare dreidimensionale Welt bisher nicht erfahrenen 9 – oder 11 – dimensionalen Raum;
- das Funktionieren der Schwerkraft; die Komposition der »dunklen Materie« und der »dunklen Energie«;
- die Funktion von Masse für die Neutrinos.

Was bisher fehlt, ist die sogenannte »Weltformel«, die große vereinheitlichende Theorie, die die drei physikalischen Grundkräfte (a. die »starke Kraft«, die die Bausteine der Atomkraft [Quarks] zusammenhält; b. den Elektromagnetismus, d.h. die Kräfte, die zwischen geladenen Teilchen [alle elektrischen und magnetischen Phänomene] wirken; c. die »schwache« Kraft mit der vierten Kraft zusammen bringt, d.h. mit der Schwerkraft oder Gravitation, die die Anziehung zwischen allen Körpern mit Masse, die u. a. auch die Bewegung der Himmelskörper regelt, verbindet. Die Schöpfung ist im »Großen« (Relativitätslehre, Astrophysik, wahrnehmbare Wechselwirkung, die für den radioaktiven Zerfall verantwortlich Kosmologie), wie im »Kleinen« (Quantentheorie, Teilchenphysik, Mikrokosmologie) durchsichtiger geworden als zu Zeiten der alttestamentlichen bäuerlichen und priesterlichen Welterklärungen.

2011 erhielten drei Astronome den Nobelpreis für Physik, die Amerikaner Saul Perlmutter und Adam Riess, und der Australier Brian Schmidt. Sie hatten »entdeckt, dass sich die Galaxien im All immer schneller voneinander entfernen. Das Universum weitet sich in ständig zunehmender Geschwindigkeit aus«. Diese Entdeckung beruht auf der Analyse weit entfernter Sternenexplosionen (Supernovas), die den Schluss zuließen, dass sich das Universum immer schneller und endlos ausdehnt. Die Ursache dafür ist bis heute unbekannt. Aber es gibt zwei Erklärungsansätze dafür. Entweder beruht das Phänomen auf einer unvollständigen Theorie der Gravitation, oder hinter allem steckt »Dunkle Energie«.

Neuere Forschungsarbeiten neigen zu der Annahme, dass Dunkle Energie der Grund für die beschleunigte Expansion des Universums ist. Für Dunkle Energie gibt ers zurzeit zwei fundamental verschiedene Modelle. Das Modell der »Kosmologischen Konstante« wurde erstmals von Einstein als eine Größe eingeführt, die zu einer abstoßenden Kraft im All führt. Ihr Wert ist überall gleich und zu allen Zeiten unveränderlich. Sie wäre durch das quantenmechanische Phänomen erklärbar, dass selbst der leere Raum eine eigene »Vakuumenergie« enthält. Diese Dunkle Energie entspringt also dem Raum selbst und bliebe über alle Zeiten des Universums konstant und treibt dabei das Universum auseinander.

Eine Variante der Vakuumtheorie ist die Vorstellung eines Multiversums mit zahllosen verschiedenen Tochteruniversen mit verrschiedenen physikalischen Eigenschaften. Nach der Urknalltheorie blähte sich unser Universum im Bruchteil der ersten Sekunde seiner Entwicklung enorm auf. Diese sogenannte kosmische Inflation, einmal begonnen, ließ sich unmöglich wieder aufhalten und brodelte immer wieder neu auf. So entstanden viele neue Universen, voneinander völlig isoliert und mit ganz verschiedenen physikalische Eigenschaften. Jede einzelne hat möglicherweise einen individuellen Satz von Naturkonstanten und sogar Raumdimensionen. Die Gesamtheit aller möglichen, unendlich vielen Universen bezeichnet man als Multiversum. Besitzen diese alle unterschiedliche Eigenschaften, dann wären die Werte gewisser physikalischer Konstanten in unserer Realität schlicht Zufall. Auch wenn die bloße Existenz von Paralleluniversen bisher wissenschaftlich nicht nachweisbar ist, ist auch die Frage nach den dort möglicherweise vorhandenen Naturkräften, einschließlich möglicher Dunkler Energie irrelevant.

Umsomehr versuchen Forscher das Phänomen Dunkle Materie in unserem Kosmos zu verstehen. Ein Versuch der Vermessung des Phänomens geschieht mit dem sogenannten w-Parameter. Diese rechnerische Größe bezeichnet letztlich das Verhältnis vom Druck, den die Dunkle Materie ausübt, zu ihrer Dichte, also dazu, wieviel von ihr in einem gegebenen Volumen des Kosmos steckt. Sollte Dunkle Energie die Energie des Vakuums sein, dann wäre der w-Parameter stets konstant und gleich -1. Ist hingegen ein Feld, das sich im Verlaufe der Zeit verändert, ihre Ursache, dann ist ein Wert zu erwarten, der deutlich von -1 abweicht. Müßte man die Gesetze der Gravitation verändern, würde man wahrscheinlich verschiedene w-Parameter auf unterschiedlichen Skalen des Kosmos feststellen. Die Ergebnisse dieser und andere Messgrößen (,Rotverschiebung' des Lichts weit entfernter Objekte, die ,bayonische akustische Oszillationen' u.a.) passen mit einer relativ hohen Genauigkeit zu einem Wert des w-Parameters von -1. Das würde sich mit der Erklärung decken, wonach die kosmologische Konstante die Expansion des Universums verursacht.

Das zweite Modell »Quintessenz« geht davon aus, dass Dunkle Energie von einem Kraftfeld herkommt, das den Kosmos durchzieht. Dessen Stärke könnte mit der Zeit zu- oder abnehmen. Irgendwann würden dann alle Strukturen des Universums zerreissen (»Big Rip«), oder das Universum fiele wieder in sich zusammen, würde sich wieder zum Urknall zurückbilden (»Big Crunch«). Geht man davon aus, dass im Weltall nichts so reichlich vorkommt wie Dunkle Energie, dann wird man annehmen dürfen, dass ihr Einfluss so dominant ist, dass sie die Zukunft des Alls bestimmen wird. Die Dunkle Energie ist der Herrscher des Kosmos. In der Frühzeit des Alls dominierte Strahlung das Universum, später war es Licht und Materie. Erst als sich Licht und Materie ausdünnten, wurde Dunkle Energie dichter als Materie. Sollte die Dichte Dunkler Energie weiter zunehmen, könnte irgendwann einmal in einem »Big Rip« alles zerfetzen, letztlich sogar Atome. Gleich in welchem der drei Modelle:

Irgendwann werden alle Sterne verglüht und Gas soweit verflüchtigt sein, dass die Schwerkraft es nicht mehr zu neuen Sternen verdichten kann. Das Ende wäre dunkel und kalt. Die Frage des Tempos ist inzwischen strittig. Die künftige Expansion hängt von der Entwicklung der Dunklen Energie ab. Verringert sich ihr Wert, wird ihre beschleunigende Wirkung nachlassen.

Die Suche nach einer Antwort auf das Rätsel der beschleunigten komischen Expansion ist die Suche nach den Quellen der Dunklen Energie, die uns nichts weniger erkennen helfen als die Zukunft unseres Kosmos. Daher sind die für das nächste Jahrzehnt geplanten entsprechenden Projekte auch umfangreich und ambitiös. Sie werden bis zu 100-fach genauere Meßwerte liefern. Dazu gehören der 2013 gestartete Dark Energy Survey (DES), aber auch das Large Synoptic Survey Telescope, das um 2021 mit der Kartierung der Strukturen des Alls beginnen soll, die Weltraumteleskope der amerikanischen und europäischen Raumfahrtbehörden, die in den 2020er Jahren ihren Betrieb aufnehmen werden. Zu den bereits laufenden Beobachtungen des Mikrowellenhintergrundes und von mehr als 300 Supernovae mit dem PanSTARRS-Teleskop kommen neuere Beobachtungen von baryonischen akustischen Oszillationen bei sehr weit entfernten und besonders hellen Galaxien (Quasoren), die nahelegen, dass die Dunkle Energie bis heute zugenommen hat. Hinzu kommen hochpräzise Messungen in unserem Sonnensystem zur Überprüfung der Möglichkeiten der Modifizierung der Gravitationsgesetze. Sollte sich aus all diesen Bemühungen ergeben, dass sich die Dunkle Energie aus den Eigenschaften des leeren Raumes ableitet, dann würde sie eine Brücke von der Kosmologie zur Quantenmechanik schlagen, die – im Gegensatz zur klassischen Physik – kein Nichts kennt. Nach ihr gibt es auch im geschlossenen vakuumisierten Raum »virtuelle Teilchen«, d.h. spontan entstehende Paare aus Teilchen und Antiteilchen, die sich nach kürzester Zeit wieder gegenseitig vernichten. Diese flimmernden subatomaren Objekte enthalten Energie, die genau wie Masse die Gravitation beeinflusst.

1.4 »Schöpfung«?

Mag sein, dass das Higgs-Teilchen nicht das letzte Teilchen war, was mit menschlichen Mitteln der Technik zu finden ist. Das jetzige experimentell nachgewiesene Wissen über Entstehung und Entwicklung des Kosmos hat die über Jahrtausende alte und immer wieder variierte Theorie von einer »Erschaffung« weitgehend von der Notwendigkeit ethymologischer und religiöser Erklärungsvorgaben befreit und auf die Frage nach dem Woher und Warum des »Urknalls« reduziert. Ohne die Vorgeschichte des »Urknalls« zu kennen, dürfte schon jetzt die Feststellung von fundamentaler Bedeutung sein, dass die Anwendung des Begriffs »Schöpfung« für das seit rund 14 Milliarden Jahren Entstehende fundamental irreführend ist, weil konträr zum heutigen Stand wissenschaftlicher Erkenntnis, »Schöpfung« einen definitiv nicht nachweisbaren einmaligen Akt oder den Anfang eines Prozesses verbunden mit einer personalen Komponente suggeriert. Mythologisches Reden über Schöpfung durch einen Akteur ist nicht nur unverantwortlich geworden, sondern muss sich auch den Vorwurf der bewussten Irreführung gefallen lassen.

2. Das »Leben«

2.1. Leben als Produkt und Ziel der »Schöpfung«

In unmittelbarem theologischem Zusammenhang mit dem Begriff der »Schöpfung« steht der Begriff »Leben«. Dieser beherrscht wie kein anderer die kirchliche Verkündigung und Verlautbarungen der Ökumene. Danach ist »Leben« die zentrale Wirklichkeit alles »Geschaffenen«, ist Produkt (»geschaffen«) und Ziel der Schöpfung. Leben ist so elementar, dass man geneigt ist, nicht einmal qualifiziert über seinen Ursprung nachzudenken. Umso auffälliger ist, wie einfach und vollmundig der Text der ÖRK-Erklärung mit dem Begriff »Leben« umgeht.

Am Anfang steht die Behauptung, dass Gott Schöpfer, Erlöser und Erhalter des Lebens ist. Jesus in seiner Sendung ist Garant für das

Leben in Fülle, der Geist der eigentliche Lebensspender (§1). Ausgehend von dieser Grundposition werden »Liebe« als Zusammenhalt der Menschheit (§2), »Missionarische Spiritualität« als Transformationskraft (§3), das Schicksal des gesamten Kosmos einfach deduzierend behauptet (§4), und mit dem geographischen Missverständnis der christlichen Mission und ihren neueren historischen (Fehl-)Entwicklungen verbunden (§5-10). Dabei werden die geographische und statistische »Verlagerung des Zentrums der Christenheit«, die Bedrohung durch die Ideologie des Marktes«, Säkularisierung, Kommunikationstechnologien, die Einheit von Kirche und Mission sozusagen thetisch erwähnt. Das einleitende Kapitel schließt mit der klaren Ansage, dass es um die »Mission des Heiligen Geistes innerhalb der Mission des dreieinigen Gottes« (§11) geht. Insgesamt, klassische dogmatische Aneinanderreihung von Lehrthesen, ohne jeden Bezug zu einem für jeden Leser attraktiven Thema der Einführung (»Gemeinsam zum Leben«), ohne jede Abgrenzung oder Auseinandersetzung mit anderen Konzepten des »Lebens«.

In den darauffolgenden Kapiteln entsteht der Eindruck, dass die Verfasser sich auf Kirchen-interne Fragestellungen mit Blick auf die Vergangenheit konzentrieren. Dabei haben sie unbewusst oder in Unwissenheit das allgemeine Desinteresse an den von der Kirche angebotenen Antworten auf die den Menschen interessierende Sinnfrage [Anm. 28] überhaupt nicht thematisiert. Teilbereiche des Lebens werden deskriptiv überzeugend angesprochen, z. B. die soziale Wirklichkeit eines Großteils der Menschheit und das Eintreten der Kirche für soziale Gerechtigkeit, ebenso wie die religiöse Anerkennung von Gemeinsamkeit in der dialogischen Spiritualität. Der vom kollektiven (Suizid-)Tod bedrohte Mensch unserer Zeit ist um Vieles genauer über seine physische Bedrohtheiten informiert, als jede vorauf gegangene Generation. Wenn er/sie das vorliegende Dokument denn schon liest, dürfte er/sie in einem »neuen« Missionsdokument, wenn schon nicht eine klare Definition erwarten, dann aber doch zumindest eine perspektivische Diskussion zum Verständnis dessen zu finden hoffen, was »Leben« ist.

Schon ein einfaches Auflisten von Merkmalen des Lebens im Gegensatz zur Materie wie: Bewegung, Selbsterhaltung, Fortpflanzung. Selbstorganisation, Stoffwechsel, würde helfen zu begreifen, was »Atem des Lebens« denn sein könnte. Schon die Anerkennung der Weiterentwicklung der wissenschaftlichen Forschung zum Thema »Leben« seit der Reformation und der Aufklärung wäre vielen Menschen eine Hilfe, »Leben« nicht nur als ständig zunehmende Bedrohung zu erleben. Diese Anerkennung wäre ein Schritt auf dem Weg zu neuer Orientierung in den verwirrend neu zu stellenden Fragen nach dem »Woher«, nach der Geschichte, und dem Sinn und dem »Wohin« allen Lebens. Die Diskussion sollte seitens der Kirche endlich transparent und ohne Ergebnisvorgabe aufgegriffen, und nicht mit unsinnigen verstaubten dogmatischen Floskeln ruhiggestellt werden.

Die Kirchen wiederholen hingegen ihre »klaren«, wenn auch kaum noch akzeptierten Antworten auf die Fragen des Menschen nach Leben und Tod, nach den Möglichkeiten moderner Medizin, Leben zu klonen, Leben zu erhalten, der Wiederbelebung, der palliativen Versorgung Schwererkrankter und Sterbender. Die »Erklärung« tritt auf diese Zusammenhänge nicht einmal ein. Man muss daher davon ausgehen, dass die Verfasser an dem vagen Konsensus festhalten, wonach Gott der absolute Herr über Leben und Tod eines jeden Einzelnen ist. Dem Betroffenen wird mit Verweis auf Leiden und Kreuzestod Jesu wie seit Jahrhunderten Demut und Duldsamkeit empfohlen, den Beteiligten Beistand und angemessene Leidminderung. Für die aktuelle Zeugnissituation allerdings ein unzureichender Minimalkonsensus, der weder dem Leben, noch dem Tod des fragenden Menschen gerecht wird.

2.2 Leben: Zehn Milliarden Jahre nach dem »Urknall

Ein Blick in die Forschung macht sehr schnell deutlich, dass die Frage nach dem Ursprung des »Lebens« und dessen Entwicklung für hunderte von Forschern zu einem relevanten Forschungsthema geworden ist. Wie würden Theologen – wenn überhaupt – mit einem wissenschaftlichen Nachweis umgehen, wonach Leben unabhängig vom irdischen Leben irgendwo im Universum entstanden und vorhanden ist? Noch kann Theologie sich auf die einzige belebte Welt, unsere Welt, beziehen und hätte dafür die relative Wahrheit auf ihrer Seite. Aber was, wenn zu dieser bisher einzigartigen mit Leben erfüllten Welt eine weitere Biosphäre im Universum tritt, so dass wir im Universum nicht mehr alleine Leben um und in uns haben?

Die junge Wissenschaft der Astrobiologie hat die Suche nach dem universalen Leben mit guten Erfolgsaussichten begonnen. Klassische Wissenschaftbereiche bereiten sich auf ihre Beiträge vor: Stoffwechselforscher gehen davon aus, das Leben mit dem ersten Stoffwechselzyklus, der sich selbst in Gang hielt, begonnen hat; Lipidforscher behaupten, erste semipermeable Lipidmembranen seien der Anfang von Leben gewesen; für einige Molekularbiologen stellt ein RNA-ähnliches genetisches System die erste Lebensform dar, die biologische Information trug und verdoppelte; allerdings findet ein Mineraloge wenig Zustimmung für seine Theorie, wonach sich selbst replizierende Mineralien den Anfang von Leben gemacht hätten.

In einer zum Ende des 20. Jahrhunderts erschienenen Darstellung über Biogenesis eines Chemikers, Noam Lahav, werden an die 50 verschiedene Erklärungsversuche zur Entstehung des Lebens dargestellt. Danach gibt es keinen Konsens, ebenso wie es keine allgemein anerkannten Kriterien gibt, um alle denkbaren Lebensformen eindeutig von den unzähligen unbelebten Erscheinungen zu trennen.

In der bisherigen Diskussion dürfte deutlich geworden sein, dass jeder Versuch, Lebendiges und Unbelebtes ein für alle Mal per Definition zu unterscheiden, nur von einer unwissenschaftlichen Zweiteilung geliefert werden kann. Die erste komplette Zelle erschien nicht plötzlich aus dem Nichts. Leben dürfte vielmehr aus einer Abfolge von aufeinander fußenden jeweils neuartigen Phänomenen hervorgegangen sein. Auf etliche Ereignisse organischer Synthesen folgten molekulare Selektion, Konzentration, Abgrenzung, Organisation in diverse molekulare Strukturen. Eine molekulare Evolution trat auf, als die sich selbst replizierenden Moleküle immer komplexer und veränderlicher wurden. Diese Evolution wirkte durch eine natürliche Selektion, die dem Wettbewerb um begrenzte Rohmaterialien entsprach. Sobald die ersten Zellen aufkamen, haben sie rasch alle Spuren der früheren Stadien dieser stufenweisen chemischen Evolution vertilgt. Dabei nutzte das zellulare Leben das Protoleben als reiche Nahrungsquelle und rottete es dabei aus.

Daraus ergibt sich, dass es nicht darum gehen kann, eine ultimative Formel für Leben zu finden, sondern darum, in welchen zunehmend hierarchischen Schritten es möglich wurde, dass schließlich zelluläres Leben auf der präbiotischen, mit organischen Molekülen angereicherten Erde auftrat. Die Art und Abfolge kann je nach Umgebung verschieden gewesen sein, allerdings vermuten Forscher, dass der Weg zu jeder Zeit chemisch stets ähnlich verläuft und zudem nicht umkehrbar ist, auf welchem bewohnbaren Himmelskörper sich das Phänomen auch abspielt. Es ist daher auch bei der Suche nach extraterristischem Leben denkbar, dass nicht alle, sondern nur einige aufeinander folgenden Stufen zum zellulären Leben auftraten. Solche präbiotischen Phänomene könnten als Beweis dafür dienen, dass die molekulare Entwicklung an jenem Ort über präzellulare Stadien nicht hinauskam.

Leben erschien allmählich und stufenweise. Der Prozess begann mit relativ einfachen geochemischen Abläufen und entwickelte sich hin zu biologischer Komplexität. Möglicherweise gelingt es der Forschung in absehbarer Zeit, bisher unbekannte Stadien auf anderen Himmelskörpern eingefroren zu entdecken. Es spricht einiges dafür, dass sich an der modernen Definition nichts wesentlich ändert, wonach »Leben« die Kurzform dafür ist, dass »ein Lebewesen Energie verbraucht, einen eigenen Stoffwechsel besitzt und mit der Umwelt dabei im Stoffaustausch steht, und dass es sich selber vermehren und fortpflanzen kann«. So formuliert die Meeresbiologin A. Boetius den gegenwärtigen Stand der wissenschaftlichen Forschung. Zu den Voraussetzungen für Leben zählt der Geomikrobiologe A. Kappler, »vor allem Informationsspeicherung und Replikation (Vervielfältigung)«. Eine von der NASA 2000 eingesetzte Kommission kam zu dem Ergebnis, dass »Leben ein chemisches System ist«, immer eine stoffliche Grundlage hat und durch Ablaufen chemischer Reaktionen funktioniert. Außerdem hat Leben die Fähigkeit, sich durch Mutation des Erbgutes an eine veränderliche Umwelt anzupassen. »Diese Art der Anpassung ist etwas, das leblose Dinge definitiv nicht können«. Ben Moore, Astrobiologe an der Universität Zürich, nennt zehn allem Leben gemeinsame Merkmale:

- »Leben ist eine organisierte Ansammlung von Molekülen.
- Leben basiert auf sechs Elementen und verwendet über ein Dutzend weitere in sehr kleinen Mengen
- Leben benötigt Wasser
- Leben basiert auf den immer gleichen Aminosäuren
- Leben kann Energie aus seiner Umgebung metabolisieren
- Leben wächst und entwickelt sich
- Leben kann auf seine Umgebung reagieren
- Leben enthält einen genetischen Code; eine Blaupause davon, was es sein wird und wie es funktioniert
- Leben basiert auf der Zelle – einem Behälter, der seinen genetischen Code schützt und verbreitet
- Leben kann sich reproduzieren.« [Anm. 29]

Als Ausnahmen nennt Moore Maultiere, bei denen die Mischung der Chromosome keine Vermehrung zuläßt. Außerdem gibt es Leben, das einige der genannten Merkmale enthält – wie z. B. Kristalle und Feuer – die man aber nicht als lebendige Dinge bezeichnen würde. Darüber hinaus geht er davon aus, dass außerirdisches Leben uns nicht bekannte, wahrscheinlich aber auch nicht alle aufgezählten Merkmale enthält. Dessen Evolution könnte sich statt Wasser einer anderen Flüssigkeit oder auch anderer struktureller Elemente als Kohlenstoff bedient haben. Moors Kurzdefinition von Leben schließt exoplanetarisches Leben ein: Leben ist demnach »jegliche molekulare Struktur, die fähig ist, die Information und den Mechanismus in sich zu tragen, die zur Reproduktion nötig sind.« Soweit bekannt ist, besteht Leben in unserem Universum aus nichts Anderem als aus Atomen und Molekülen.

Leben begann nach den bisherigen Erkenntnissen vor etwa 3,5 Milliarden Jahren, rund 10 Milliarden Jahre nach dem Urknall. Der Entstehungsprozess von Leben ist höchst – wie oben dargestellt – kompliziert, ganz abgesehen davon, dass bis heute noch nicht geklärt ist, wie Leben auf unserer Erde begann. Bis vor wenigen Jahrzehnten waren Biologen der Meinung, Leben habe mit einem chemischen Zufall begonnen. Noch 1970 schrieb der Biochemiker und Nobelpreisträger Jaques Monod (1910-1976): »Der Mensch weiss endlich, dass er in der teilnahmslosen Unermesslichkeit des Universms allein ist, aus dem er zufällig heraustrat.«

Mittlerweile dominiert eine völlig andere Auffassung: vor rund zwanzig Jahren nannte Christian de Duve (1917-2013), ebenfalls Nobelpreisträger, Leben eine »kosmische Zwangsläufigkeit«. Für den Biochemiker, der sich mit grundlegenden Arbeiten über Struktur und Funktion der Zelle verdient gemacht hat, entsteht Leben aufgrund des »kosmischen Imperativs« an einem Punkt der Entwicklung des Kosmos, und zwar dann, wenn sich auf dem Planeten die richtigen physikalischen und chemischen Bedingungen gebildet haben. Auf jedem erdähnlichen Planeten müsste Leben sozusagen zwingend entstehen. Der Chemiker Robert Shapiro (1935-2011) spricht daher auch von einem biologischen Determinismus. Wäre dem so, dann könnte Leben auf der Erde unter passenden Bedingungen auch öfter entstanden sein.

Eine umfangreiche Suche nach Mikroorganismen mit fremdartiger Biochemie hat daher auch an ökologisch abgeschnittenen Orten begonnen, etwa in heissen Quellen in der Tiefsee oder in Trockentälern der Antarktis. Dabei wird nicht ausgeschlossen, dass um uns herum fremdartiges Leben existiert oder existiert hat, d.h. ausgestorben und noch in Relikten vorhanden sein könnte. Man spricht da von Schattenbiosphären, die biochemisch weitgehend wie die uns bekannte funktioniert, aber einen anderen Satz Aminosäuren oder Nukleotide (DAN-Bausteine) benutzt. Schattenorganismen könnten auch winziger sein als die kleinsten vertrauten Mikroben. Autonome Organismen unseres Stammbaums messen wenigstens einige hundert Nanometer. Die Proteinsynthese erfolgt stets in so genannten Ribosomen, komplexe Strukturen, die mindestens 20 Nanometer groß sind. Alternative Lebensformen ohne Ribosomen müssten lange nicht so groß sein wie die kleinsten herkömmlichen Bakterien.

Die Antwort auf die Frage nach dem Beginn des Lebens bleibt also schwierig, weil zwei grundverschiedene Ansätze mit einander konkurrieren: Nach der einen Theorie setzt Leben unvermittelt ein, einer Transformation vergleichbar einem physikalischen Phasenübergang.

Nach der zweiten Theorie verläuft der Übergang von reiner Chemie zur Biologie gleichmässig und langsam, ohne scharfe Grenzen zwischen Leben und Nochnichtleben, also ohne einen besonderen Moment, den man als Anfang des Lebens benennen könnte.

Gesichert dürfte sein, dass es vor der Evolution der Tiere zunächst Leben nur in der einfachen Form der Einzeller gab. Bakterien sind die kleinsten und einfachsten Lebewesen. Sie erfüllen alle Merkmale des Lebens und sind überall. Sie leben seit drei Milliarden Jahren auf der Erde. Sie vermehren sich durch Zellteilung. Die Struktur der Bakterien basiert auf der Zelle, die wie eine Produktionsstätte für die Handhabung von Atomen und Molekülen optimiert ist. Das Bakterium ist eine autonome Maschine, die nicht denkt. Die Entdeckung dieser Urform des Lebens war überhaupt erst nach der Erfindung des Mikroskops möglich. Es war Antoni van Leeuwennock, der im Jahr 1672 mit seinem selbstgebauten Mikroskop die Zelle als Grundbaustein des Lebens entdeckte und damit die Mikrobiologie begründete.

Vor etwa 2,4 Milliarden Jahren nutzten dann die ersten Lebensformen die stärker gewordene Lichtenergie für die Fotosynthese und produzierten Sauerstoff. Von besonderer Bedeutung sind bei dieser epochalen Neuerung winzige Organismen, sogenannte Cyanobakterien, deren Struktur die Fotosynthese überhaupt erst ermöglichte und die Sauerstoffproduktion über Jahrmillionen in Gang hielt. Mit Hilfe der Sonnenenergie trennen sie die Wasserstoff-Ionen vom Wasser und erzeugen dabei Energie. Übrig bleibt freier Sauerstoff. Der Sauerstoffanteil an der Atmosphäre wuchs ständig und erreichte vor 300 Millionen Jahren den heutigen Wert von 21%. Parallel dazu verbreitete sich Ozon. Es entwickelt sich der für Leben konstitutive universell genetische RNA- (Ribonukleinsäure) und DNA- (Desoxyribonukleinsäure) Code. Aus vier Nukleotiden und etwa 20 Aminosäuren erzeugen sie die für irdisches Leben typischen Nukleinsäuren und Proteine.

Neben dieser gängigen Konzentration auf Aminosäure und ewige Kettenmoleküle, gibt es seit den 80er Jahren des 20ten Jahrhunderts den Versuch von David Deamer [Anm. 30], in der Frage nach dem Beginn des Lebens, sich auf andere selbstorganisierende Systeme wie Membrane, Micellen und Liposome zu konzentrieren. Dabei handelt es sich um seifenblasenartige Strukturen, die aus amphiphilen Stoffen bestehen. Das Universum ist voll mit komplexen organischen Verbindungen, die entweder selbst amphiphil sind oder durch einfache chemische Reaktionen werden können. Astronome haben gigantische Mengen kohlenstoffreicher Moleküle in interstellaren Staubwolken und auch in Meteoriten des Sonnensystems entdeckt. Auch für die frühe Erde gibt es gute Indizien, dass Methan und die durch UV-Licht daraus entstehenden komplexen Kohlenwasserstoffe in großen Mengen in der Atmosphäre präsent waren. Die Sonne war zu dieser Zeit zu schwach als dass der Treibhauseffekt des Kohlendioxids allein flüssiges Wasser hätte garantieren können. Die Differenz könnte das Methan ausgemacht haben. Diese Stoffe sind aus dem All auf die Erde und hier in das Wasser der Ozeane, Flüsse oder Thermalquellen gerieselt und haben sich dort verdünnend in den gesamten Wasserkörper verteilt. Mit Hilfe amphiphiler Stoffe, die zu dem unglaublich diversen Mix an organischen Verbindungen gehörten und aus dem All und der Atmosphäre auf die Erde herabregneten, können sie sich ohne fremde Hilfe im Wasser zu größeren Strukturen organisieren. Anders als alle anderen Moleküle, die sonst Forscher am Ursprung des Lebens verorten, können diese wachsen und weitere amphiphile Verbindungen aufnehmen, und sich durch mechanische Teilung vermehren.

Das entscheidende Organisationsprinzip ist dabei der hydrophobe Effekt. Im Wasser lagern sich automatisch jene Molekülteile zusammen, die nicht polar genug sind, um sich an das Netzwerk des Wassers anzuschließen. Polare oder geladene Stoffe gehen kurzfristige Bindungen mit Wassermolekülen in ihrer Umgebung ein und werden so ins Netz eingebaut. Unpolare Stoffe dagegen bilden effektiv kleine Löcher im Wasser. Die Oberflächenspannung diese Löcher ist sehr energiereich und sie tendieren dazu, ihre Gesamtoberfläche zu verkleinern. Das geschieht, indem sich die wasserabweisenden Molekülteile auf einem Haufen sammeln. Amphiphile Moleküle drehen ihre polaren Enden natürlich zum Wassernetzwerk hin, so dass sie völlig vom umgebenden Wasser abgeschirmt sind. Dadurch entstehen aus ihnen automatisch Micellen und Liposomen, die innerhalb der wässrigen Umgebung einen ölige, wasserabweisenden Raum im Inneren schaffen.

Eine solche Ansammlung hydrophober Stoffe tendiert dazu, aus dem umgebenden Wasser weitere hydrophobe Verbindungen aufzunehmen, angetrieben durch die Oberflächenenergie des Wassers. Wenn man annimmt, dass das Leben mit Kohlenwasserstoffen und Membranbläschen begonnen hat, stellt sich die Frage gar nicht, wie deren Bausteine und andere komplexen Verbindungen konzentriert wurden. Es geschieht automatisch. Die ersten biologischen Kettenmoleküle entstanden in den frühen Membranen, in denen bereits ein rudimentärer Stoffwechsel stattfand, angetrieben vom stetigen Nachschub an hydrophoben organischen Verbindungen, katalytischen Metallionen und energiereichen kleinen Molekülen, wie Wasserstoff. Dort reagierten die ersten Ausgangsstoffe zu Peptiden und Nucleinsäuren, die polar aus der Membran ausgestoßen wurden. Im Innenraum der Liposomen reicherten sich diese Stoffe an. Der Rest ist Geschichte.

Aus Bausteinen also entwickelten sich im Laufe von Milliarden Jahren, d.h. aus vergleichsweise einfachen Lebensformen immer komplexere Lebewesen. Für den Beginn des Lebens ergibt sich der Zeitpunkt, an dem Moleküle als Träger des genetischen Programms und weitere Hilfsmoleküle zu Realisierung, Vervielfältigung und Anpassung des Programms zusammentreten, so dass ein System entsteht, das die Eigenschaften von Leben trägt. Darüber, wo Leben unter diesen Voraussetzungen entstanden ist, gibt es verschiedene Theorien. Wird der Beginn des Lebens meist als Vereinigung zweier Gameten definiert, so wird das Ende eines individuellen Lebens als eindeutig festgestellt, wenn die charakteristischen Eigenschaften von Lebewesen nicht mehr nachweisbar sind.

2.3 Leben als multiversale Entwicklung

Anfang Mai 2013 berichteten Zellbiologen der Oregon Health and Science University von einer sensationellen Weiterentwicklung in der Gentechnologie. Es scheint dem Forscherteam um Shoukhrat Mitalipow gelungen zu sein, aus menschlichen Ei- und Hautzellen Embryonen zu klonen und daraus nicht nur pluripotente, sondern omnipotente Stammzellen zu gewinnen. Theoretisch wäre damit die Gewinnung von allen anderen Gewebearten, also die Züchtung gesunden Gewebes, z. B. als Ersatz für krankes Gewebe, prophylaktisch oder im Notfall anwendbar, möglich geworden. Wesentlich bedeutsamer aber ist, dass omnipotente Stammzellen theoretisch verfügbar geworden sind, Zellen also, die einen ganzen Menschen bilden können, würde man den Embryo in eine Gebärmutter einsetzen. Damit ist ein weiterer Schritt auf dem Weg zum perfekten Menschen und damit auch zur Entschlüsselung des Schöpfungs-Codes gelungen. Dabei wird von fast allen Fachwissenschaftlern (defensiv) betont, dass ihre Forschung nicht auf die Herstellung einer humanen Kopie, sondern auf therapeutische Anwendungen ausgerichtet sei.

»Leben« ist also definitiv nicht, was theologische, philosophische und ästhetische oder andere Ausdeutungen mit dem Begriff seit Jahrtausenden suggerieren, nämlich dass »Leben« in einem wie auch immer gearteten Akt von einem mit welchen Attributen auch immer versehenen Akteur »geschaffen« worden sei. »Das Leben ist nichts als die Konsequenz einer bemerkenswerten Abfolge von molekularen Interaktionen. ... Es wird angenommen, dass alle Bilateria (Zweiteiler, zu denen die meisten Tiere gehören) von einem gemeinsamen wurmähnlichen Vorfahren abstammen, der vor rund 550 Millionen Jahren lebte ..... Alle Lebensformen – wir Menschen eingeschlossen – sind autonome molekulare Maschinen, die über zahllose Generationen optimiert wurden, um das Überleben und die Verbreitung ihres genetischen Codes zu sichern.« [Anm. 31] Selbst unser Gehirn ist nicht entstanden, um zu verstehen, woher wir kommen, sondern um unser Überleben zu sichern. Das Herzstück allen Lebens also ist der genetische Code.

»Leben« ist kein Produkt von »Schöpfung«, sondern nachweislich in Folge des »Urknalls« Entstandenes und Entstehendes. Wie bei allem Entstehendem (fälschlich: Schöpfung) ist der multiversale Entstehensprozess »Leben« nicht ein einmalig in ferner Urzeit abgeschlossenes Ereignis. Gerade die aktuellen globalen Klimaveränderungen zeigen dramatisch, wie Entstehendes sich ändert, wie Pflanzen sich beim Wachstum anpassen, wie sich auf Veränderung der Umwelt das Umfeld verändert, wie sie ihre Leistung steigern und verringern. Entstehendes hat in seiner prozessualen Ausgestaltung neben der aktuellen Funktion daher auch immer ein partielles oder vollkommenes individuelles Ende. Die Frage, wie Leben entstand und Wie es auf unsere Erde kam, ist legitim.

In der Diskussion um die Entstehung von Leben wurden in weitgehender Übereinstimmung zwei Möglichkeiten ausgeschlossen: einmal, dass Leben durch Abiogenese in einer Ursuppe entstanden sei. und zum anderen, dass sich Leben aus Sternenstaub gebildet hat. Jeder Versuch, die Wahrscheinlichkeit von Leben zu errechnen, hat das Problem, dass nicht alle möglichen Wege zu seiner Entstehung bekannt sind. Außerdem sind die Effekte der natürlichen Auslese nicht kalkulierbar. Auch ist die Wahrscheinlichkeit einer zufälligen Organisation von einer Billion Molekülen in einer lebenden Zelle nicht denkbar. Am ehesten dürfte die Annahme sein, dass »eine enorme Sequenz von Evolutionsschritten durch natürliche Auslese dazu führte, dass sich ein Mensch aus einem einzelligen Organismus entwickelte. Ähnliche Evolutionsprozesse können zu einem einzelligen Organismus führen, wenn einmal eine replizierende Struktur in der Ursuppe entstanden ist. Der letzte gemeinsame Vorfahr ist nicht plötzlich aufgetaucht. Es muss eine Sequenz von Evolutionsschritten gegeben haben, die zu immer mehr Komplexität geführt haben. Die hypothetische RNS-Welt ist ein möglicher Weg zum letzten gemeinsamen Vorfahr.« [Anm. 32].

Die frühesten Belege für Leben auf der Erde in Form von Einzellern stammen aus dem Archaikum, der geologischen Periode von vor 4 bis 2,5 Milliarden Jahren. Harte Formen sind erst seit 2 Milliarden nachweisbar, Lebewesen mit Skeletten und Knochen aus der Zeit vor 550 Millionen Jahren. Die Hinweise kommen aus Stromatolithen, Gesteinen aus vielen dünnen Schichten von Sedimentkörnern, die sich in seichtem Wasser finden. Sie stammen vor allem von Cyanobakterien, bekannt auch als Blaualgen. Tote Organismen hinterlassen chemische Sedimente, genannt Biomarker. In 3,5 Milliarden Jahre altem Gestein Nordwestaustraliens wurden winzige zellgroße Mikrofossilien von Pyrit, ebenfalls ein Biomarker, gefunden. Auch durch die Analyse vorzeitlicher Kohlenstoffablagerungen können Rückstände des Lebens aufgespürt werden. Belastbare Anzeichen für Leben auf der Erde stammen aus dem 3,8 Milliarden Jahre alten Isua-Grünsteingürtel in Grönland. Eine andere Theorie will die Entstehung von Leben in der Nähe tief im Ozean gelegener Hydrothermalquellen, da, wo die ozeanischen Platten auseinander triften, lokalisieren. Nach einer anderen Theorie sollte ein am Anfang des Archaikums auf der Erde eingeschlagener Asteroid (»late heavy bombardment«) erste Formen von Leben mitgebracht haben.

Das bereits erwähnte, am 2. März 2004 gestartete Raumschiff Rosetta, landet am 12. November 2014 die Tochtersonde Philae auf dem nur wenige Kilometer großen und unregelmäßig geformten Kometen Tschuri. Kometen gehören zu den ältesten und ursprünglichsten Himmelskörpern. In Kometen ist originales Material aus der Zeit vor 4,6 Milliarden Jahren konserviert, als sich aus einer Gas-und Staubwolke unser Sonnensystem bildete. Außerdem findet sich hier Material, das noch älter ist. Sie werden auch als kosmische Tiefkühltruhen aus Eis und Staub bezeichnet. Nach siebeneinhalb Jahren Flug war die Sonde auf der Höhe des Jupiters, da wo kaum noch ein Sonnenstrahl hin dringt, in einen »Tiefschlaf« versetzt worden und konnte erst nach 2 1/2 Jahren ihre insgesamt sieben Milliarden Kilometer lange Reise mit voller Kraft fortsetzen. Der »Winterschlaf« (Deep Space Hibernation) diente der Schonung und Aufladung der aus Sonnenpanelen gespeisten Energieversorgung. Die Landung der Kühlschrank großen Sonde machte wegen der kaum vorhandenen Gravitation Schwierigkeiten, so dass die Sonde in einem dunklen Spalt zum Stehen kam. Nach 60 Stunden gab Rosetta zunächst auf. Die Batterien wurden nicht mehr geladen und Rosetta verstummte. Nach sieben Monaten meldete sie sich ab und an und Anfang September 2016 wurde Rosetta sogar noch von Philae entdeckt. Seit Ende September 2016 sendet die mit Sensoren vollgepackte Sonde nicht mehr. Die Auswertung der weltweit einzigartigen hochauflöslichen Bilder und der Analysen der Gas- und Staubwolke (die sog. Koma) des Schweifes und des Kometenkerns wird noch Jahre dauern, handelt es sich doch um Daten aus den 22 Experimenten auf dem Orbiter und dem Landeroboter.

Ziel dieser 1,3 Milliarden Euro teuren Mission der Europäischen Raumfahrtagentur (ESA) war es, die Entstehungsgeschichte unseres Sonnensystems zu erforschen und herauszufinden, in welcher Verbindung

Kometen mit der Erde stehen. Haben sie etwa Leben auf die Erde gebracht? Kathrin Altwegg, Physikerin an der Universität Bern, leitet das sogenannte Rosina-Experiment, bei dem mit Hilfe eines Massenspektrometers Gase im Schweif des Kometen analysiert werden. Sie ist davon überzeugt, dass seit Rosetta die Wahrscheinlichkeit einer bejahenden Antwort auf diese Frage deutlich gestiegen ist. Bei dem schon erwähnten »Late Heavy Bombardement« vor etwa 3,8 Milliarden Jahren war die junge Erde mehrere Male heftigem Einschlägen von Asteroiden, Kometen und anderen Resten aus der Frühphase der Planetenbildung ausgesetzt. Bei jeder dieser kosmischen Katastrophen verlor sie ihre Atmosphäre und ihr Wasser, und jedes Mal bildete sich beides nach. Den entscheidenden Hinweis dazu liefern die Erdgase Argon und Xenon, die auf Tschuri gefunden wurden, Argon sogar in einer hohen Konzentration und Menge, die nach Rechenmodellen von Kometen mitgebracht worden sein könnten. Außerdem würde diese Annahme erklären, warum Xenon sich in der irdischen Atmosphäre von dem im Inneren der Erde unterscheidet.

Ein weiteres Argument für die Kometen- (oder Asteroiden-) Hypothese ist die Tatsache, dass auf Tschuri komplexe organische Moleküle entdeckt wurden. Darunter fanden sich Aminosäure Glycin und Phosphor, das Rückgrat der Nukleinsäuren DNA und RNA. Altwegg: »Es entsteht ein Bild, dass so ein Komet alles an Substanzen enthält, woraus sich Leben bilden kann.« Kommt dann Wasser hinzu, wenn der eiskalte Komet auf die Erde trifft, »dann werden diese organischen Moleküle mobil, dann können sie miteinander reagieren. Die Messung der Isotopenverhältnisse in dem auf Tschuri gefundenen Wasser hat ergeben, dass diese nicht mit den irdischen übereinstimmen. Altwegg sieht darin eine Bestätigung ihrer Hypothese, dass Wasser aus dem glühenden Erdinneren, ausgedampft aus dem Magma kommt. Dort gibt es noch heute zehn Mal mehr Wasser als in allen Ozeanen und der Atmosphäre zusammen [Anm. 33]. Die ersten Ergebnisse der Rosetta-Mission haben die Frage nach der Möglichkeit von außerirdischem Leben irgendwo im All sinnvoller werden lassen, denn die meisten Moleküle, die im Kometenstaub aufgespürt wurden, sind älter als die Sonnensysteme, sind möglicherweise universell und haben nichts mit der Sonne und der Erde zu tun. Und damit sei es wahrscheinlicher, dass es Leben auf anderen Planeten gibt.

Der Astrobiologe Philippe Schmitt-Kopplin und Kollegen an der TU München haben Meteoriten-Gestein, d. h. Bruchstücke auf die Erde abgestürzter uralter Asteroide, auf die Entstehung des Lebens aus biochemischen Urbausteinen hin untersucht. Sie sind dabei auf eine Vielfalt von merkwürdigen chemischen Verbindungen gestoßen, die aus der Jugend des Sonnensystems stammen. Dabei geht es den Wissenschaftlern längst nicht mehr nur um die Grundlagen des Lebens auf der Erde: Spuren von Aminosäuren, Zucker oder Nukleobasen, sondern um Verbindungen, die in der Jugendzeit des Sonnensystems den biochemischen Evolutionsprozess gestützt und gefördert haben. Nach einem Bericht von Jan Osterkamp [Anm. 34] fanden die Münchener Forscher in vielen untersuchten Meteoriten eine unbekannte Klasse von thermostabilen metallorganischen Magnesiumkomplexen, die möglicherweise eine wesentliche Rolle in der präbiotischen Evolution gespielt haben. Kohlige Chondrite wie die 1969 in Australien abgestürzten Fragmente des Murchinson-Meteoriten gehören zu den meist untersuchten Brocken aus dem All. Sie enthalten eine Vielzahl organischer Moleküle. Wenig beachtet wurde aber bisher ihr Gehalt an metallorganischen Komponenten, die allerdings nur mit einem hohen methodischen Aufwand nachweisbar sind. Das Ergebnis ist dementsprechend aufregend. Murchinson und andere Meteoriten enthalten solche Verbindungen in nicht geringen Mengen. Auffallend darunter sind die bisher unbeachteten Verbindungen wie Dihydroximagnesium-carboxylate. Diese metallorganischen Moleküle könnten einen enormen Einfluß auf die chemischen Prozesse und damit auf die Vielfalt der Moleküle in Asteroiden und Meteoriten gehabt haben, denn diese Verbindungen bleiben auch bei hohen Temperaturen stabil und könnten fragilere organische Verbindungen wie Fettsäuren über längere Zeiträume stabilisiert haben. Magnesiumhaltige Moleküle könnten außerdem als Katalysatoren wirken, die bei Grenzflächenreaktionen mit Kohlenmonoxid und Wasserstoff die Grundlagen für den komplexen organischen Molekülzoo der Meteoriten legen. Diese metallorganischen Komponenten könnten also ein astrochemischer Geburtshelfer, auf jeden Fall aber ein wichtiger Schritt der präbiotischen Evolution des Lebens im All sein.

Mit einem Kometen oder Asteroiden auf die Erde importiertes Leben müsste in der Lage gewesen sein, Geschwindigkeit und Temperatur beim Flug und vor allem aber beim Aufschlag zu überleben. Als g-Kraft bezeichnet man das effektive Gewicht, was sich aus der Beschleunigung ergibt, der man sich unterzieht. Bei konstanter g-Kraft über 5 verliert der Mensch das Bewusstsein. Beim Abheben einer Raumfähre liegt die g-Kraft unter 3. Beim Aufprall eines Asteroiden verringert sich in einem Bruchteil einer Sekunde die Geschwindigkeit von 100 000 Stundenkilometern auf Null. Dabei wird die g-Kraft bei über 1000 liegen. Menschliches Leben würde dies niemals überstehen, wohl aber einzellige Lebewesen. So wurden Bakterien wie E.coli in einer überschnellen Zentrifuge mehrere Stunden herumgewirbelt und überlebten g-Kraft von 400 000, wuchsen und vermehrten sich sogar dabei. Was die Temperaturen bei Asteroiden und Zwergplaneten in unserem Sonnensystem betrifft, so liegen diese zwischen 450 Grad Celsius auf der Oberfläche der Venus bis Minus 200 Grad auf Asteroiden und Zwergplaneten. Die höchsten gemessenen Lufttemperaturen unseres Planeten wurden im Death Valley mit 56,7 Grad und die niedrigsten in der Antarktis mit Minus 90 Grad gemessen. Da Wasser lebenswichtig für alles Leben, Wasser der Hauptbestandteil von Zellen ist, sollte biologisches Leben in einem Temperaturbereich zwischen 0 und 100 Grad Celsius möglich sein. Da außerhalb dieser Grenzwerte organische Moleküle und Zellen zerstört würden, hielt man bis zum Jahr 2003 die Existenz von Leben oberhalb des Siedepunktes von Wasser für undenkbar.

2003 wurde der Stamm121 (Geogemma barossii) entdeckt, eine einzellige Mikrobe in der Nähe einer Hydrothermalquelle in mehr als 2000 Metern Tiefe. Das Wasser in dieser Tiefe kann wegen des hohen Drucks auf den Ozeanboden bis zu 300 Grad Celsius heiß werden. Es bleibt flüssig und verdampft nicht. In einem 15-minütigem Laborversuch überlebte Stamm121 bei 121 Grad Celius und verdoppelte sogar seine Anzahl. Allerdings stellte er bei 85 Grad sein Wachstum ein, und bei 130 Grad starben die Mikroben ab. Es handelt sich um einen winzigen, weniger als 0,001 Millimeter großen sogenannten thermophilen Einzeller mit einem kreisförmigen Chromosom. Sie gehören zu den Archaeen (sie unterscheiden sich von Bakterien und Eukaryoten), deren Zellwände aus Lipiden bestehen, die weniger empfindlich auf Temperatur, Druck und extreme Säure- und Laugengrade sind. Man weiß, dass die im Dunkel ähnlicher Ozean-Tiefen lebenden Grünen Schwefelbakterien die Energie des infraroten Lichts zur Photosynthese benutzen. Stamm121 benötigt für seinen Stoffwechsel weder Photosynthese noch Sauerstoff. Er verwendet molekularen Wasserstoff als Elektronenspender und Eisen als Elektronenempfänger. Aus den Reaktionen entwickelt er Zucker zur Verwendung für den Bau von ATB-Batterien. Andere Organismen in der Nähe der Quellen gewinnen Energie aus Methan, Schwefel oder Mangan. Ein aerober Stoffwechsel ist unter Zuhilfenahme von Sauerstoff natürlich wesentlich effizienter, weil Sauerstoff aufgrund seiner atomaren Struktur ein hochreaktives Element ist. Leben hätte es also nicht schwer gehabt, an einen Ort ohne Sonnenlicht seinen Anfang zu nehmen, sei es in den Tiefen der irdischen Ozeane oder auf einem Asteroiden.

2006 wurde in einer südafrikanischen Goldmine in mehrere Millionen alten Wassereinschlüssen 3000 Meter unter der Erdoberfläche eine isolierte Bakteriengruppe entdeckt. Sie bezieht alle Energie aus dem Zerfall radioaktiver Elemente in dem sie umgebenden Gestein. Diese Organismen »atmen« Sulfate statt Sauerstoff. Vor der Sauerstoffanreicherung unserer Atmosphäre waren solche anerobe Formen der Atmung weitverbreitet.

2014 wurden in Australien Überreste einer 3,2 Milliarden Jahre alten Hydrothermalquelle entdeckt. In dem steinigen Gemenge fand sich Pyrit, ein Biomarker und Endprodukt eines Schwefelstoffwechsels. Mikrofossilien von Pyrit und Kohlenstoffablagerungen sind die frühesten Zeichen für Leben, das sich an extreme Bedingungen angepasst hat.

Genau so wie Leben sich an einen Zustand ohne Sonnenlicht und damit an absolute Dunkelheit, aber auch an hohe Temperaturen anpasst, so hat es sich auch an Temperaturen unter dem Gefrierpunkt und hohe Außendruckverhältnisse angepasst. Kreaturen, die mit tiefen Temperaturen leben, werden als psychrophil bezeichnet. 2013 fand man im Marianengraben in einem Sediment von einem Kubikzentimeter 10 Millionen (psychrophile Prokaryoten) Mikroben, deren höchste Wachstumsrate bei Minus zwei Grad Celsius lag. Der weit verbreitete Eiswurm lebt und wächst bei Temperaturen unter Null. Sie sind ein paar Zentimeter lang und ein Gletscher kann von bis zu 10 Milliarden bewohnt werden. Das 2013 entdeckte Bakterium Planococcus halochriophilus ist auch bei Minus 25 Grad noch aktiv. Andere Lebewesen haben einen besonderen Schutz gegen kosmische Strahlen (hochenergetische Protonen und Atomkerne) entwickelt. Man fand sie in einer Druckwelle, die von einer Supernova-Explosion ausging. In den 1950er Jahren wurde Deinococcus radiodurans entdeckt. Es soll das widerstandsfähigste Bakterium unserer Welt sein (Guinessbook der Rekorde), und zwar gegenüber Temperatur, Strahlen, Druck, Dehydration und Säure. Dieses sogenannte Poly-Extremophile Bakterium überlebte 500 000 rad (Messeinheit für absorbierende Strahlung) an inonisierender Strahlung (0,006 rad ist etwa die Strahlenmenge, die ein Passagier auf einem Transatlantikflug aufnimmt). Einzellige Organismen haben ihre Eigenschaften den jeweils extremen Situationen zur Überlebenssicherung angepasst. Es sollte kein Problem gewesen sein, dass sich solche Organismen in einem riesigen Asteoriden entwickelt haben und bei einem Aufschlag auf der inzwischen bewohnbar gewordenen Erde gelandet sind.

Die Anpassung von komplexeren mehrzelligen Lebensformen bei einem Aufschlag könnte schwieriger gewesen sein. Tardigraden, Bärtierchen, sind wohl die erstaunlichsten mehrzelligen Poly-Extremophilen. Sie haben acht Beine und eine Länge von etwa einem Millimeter. Es gibt mehr als 1000 Arten an allen Orten der Erde und sie sind so gut wie unzerstörbar. Sie kennen drei Arten des Bestehens: Aktiv, Anoxybiose und Kryptobiose. Wenn ihre Umgebung zu nass wird, gehen sie wegen der zu niedrigen Sauerstoffwerte in die Anoxybiose über, d. h. sie schwellen auf und treiben auf dem Wasser herum bis das Umfeld trocknet und die Tierchen wieder in ihren Aktiv-Zustand zurückkehren. Wird es zu trocken, verkürzt sich der Umfang um ein Drittel (das Tier zieht Kopf und Beinchen ein) und bildet ein sogenanntes Tönnchen. Nur sehr langsam geht es in den Zustand der Kryptobiose über, auch Anhydrobiose genannt. Dieser wasserlose, dem Scheintod ähnliche Zustand kann mehrmals im Jahr eintreten, und das Bärtierchen kann so fast alles überleben. Das Tönnchen kann viele Jahre scheintot und innerhalb einer Stunde wieder zurück im Aktiv-Zustand sein. Im kryptobiotischen Zustand überlebten Bärtierchen in 260 Kilometer Höhe die zerstörerische ultraviolette Strahlung und das extreme Vakuum des Weltalls (Experiment BIOPAN6/Foton-M3 der ESA) ebenso, wie in einem anderen Experiment 20 Stunden bei Temperaturen von Minus 272,95 Grad Celsius. Sie hatten auch keine Probleme mit 500 Mal höherem Druck als dem des atmosphärischen Drucks auf Meereshöhe. Sie sind klein genug, um einen Asteroideneinschlag zu überleben und wären in der Lage, in einer anderen Welt einen vollständig neuen Evolutionszyklus zu beginnen.

Sich entwickelndes Leben auf der Erde ist extrem vielfältig und es gibt nichts, was ausschließt, dass auch an anderen Orten unseres Sonnensystems Leben möglich ist. Wegen seiner kurzen Replikationsdauer hat das bakterielle Leben in den Milliarden Jahren auf der Erde wesentlich mehr Replikationszyklen durchgemacht als z. B. der Mensch, der in den rund 500 Millionen Jahren seit den Anfängen des homo sapiens gerade auf rund 50.000 Generationen mit insgesamt etwa 100 Milliarden Menschen kommt. Im Vergleich zu Bakterien bedeutet es auch nur eine minimale Chance für Mutationen im genetischen Code und der zufälligen Auswahl von Chromosomen und damit auch für die Anfälligkeit menschlichen Lebens. Bakterielles Leben hat sich in seiner ganzen Fülle den ökologischen Bedingungen auf der Erde angepasst und es gibt mit anzunehmender Sicherheit Orte im Sonnensystem, an denen uns bekanntes Leben möglich sein könnte.

2.4 Kosmische Lebensformen

Die Frage nach Leben außerhalb der Erde bewegt sich bisher noch im Bereich einer zu beweisenden theoretischen Annahme. In den 1960er Jahren entwickelte sich das wissenschaftliche Interesse an der Erkundung möglicher Lebensbedingungen auf Planetenoberflächen und einer möglichen Atmosphäre. Ein besonderer Schwerpunkt war der Planet **Merkur** mit dem Ergebnis der NASA Raumfahrtmissionen 1965 und 2012, dass es keine Atmosphäre gibt, die unwirtliche Oberfläche größte technische Schwierigkeiten für die Landung einer Sonde bietet, aber auf dem Planeten-Boden rund eine Billion Tonnen gefrorenes Eis liegt. Europäische und japanische Weltraumagenturen starteten im Jahr 2016 eine Sonde in einer gemeinsamen Mission, die nicht vor 2024 ankommen wird. Ziel dieser Sonde und ihrer Mission ist die genauere Messung der Struktur und der Eigenschaften des Planeten.

Die **Venus** ist ebenfalls ein Kandidat für mögliches Leben und daher von Interesse der internationalen Raumfahrtmissionen. Aber der faszinierende Planet ist wahrscheinlich ein toter Planet. Die Oberflächentemperatur beträgt 450 Grad Celsius und es weht ein ständiger Sturm mit Blitz und Donner und Geschwindigkeiten von 300 Stundenkilometern. Die dichte Atmosphäre besteht aus 96% Kohlendioxid und ein paar % Stickstoff. Im letzten Jahrzehnt des 20. Jahrhunderts umkreiste die NASA-Sonde Magellan mehrere Jahre den Planeten, der 243 Erdtage braucht, um sich einmal um die Sonne zu drehen. Seine Oberfläche zeugt von riesigen Vulkanausbrüchen und ist zu 80% mit Basaltgestein überzogen. Er wurde nach Schätzungen vor 500 Millionen von einem gewaltigen Einschlag getroffen, der wahrscheinlich auch einen Richtungswechsel der Sonnenumrundung verursachte. Die Venus hat eine der Erde vergleichbare Gesamtmenge an Kohlenstoff. Allerdings befindet sich bei der Erde der Großteil in der Kruste, während er bei der Venus in der Atmosphäre ist. Sollte die Venus jemals Leben beherbergt haben, so musste die dicht mit Treibhausgas gefüllte Atmosphäre jegliches Leben auf der Oberfläche beenden. Allerdings wäre auch der vermutete Schwefelsäureregen ein Problem für menschliches, nicht aber für bakterielles Leben. Neben Phosphor fehlen andere wichtige Element wie Kalium, Kalzium und Eisen, ebenso wie auch eine geeignete Flüssigkeit für die Zellaktivität, die für Leben wie auf der Erde nötig sind. Eines dürfte nach den bisherigen Erkenntnissen deutlich sein: Wenn Leben in der Atmosphäre der Venus vorhanden ist, dann ist es ein anderes Leben als das auf der Erde. Die Weltraumtechnik erlaubt es heute, das Oberflächengestein zu untersuchen und nach Signaturen früheren Lebens zu forschen. Ein entsprechender NASA-Plan für eine Roboterlandung (Venus In-Situ Explorer, kurz: VISE) wurde Opfer einer

Prioritätenrevision, bleibt aber weiterhin ein Konzept für die Zukunft. Die Sowjetunion hat zwischen 1961 und 1984 das Raketen-Programm Venera zur Erkundung der Venus durchgeführt. Im Rahmen dieses Programmes wurden einige Sonden erfolgreich auf der Oberfläche gelandet. Die letzte (Atmosphären-)Sonde kam 1985 auf der Venus an und war Teil der sowjetischen Vega-2-Mission. Sie legte über 10 000 Kilometer auf der Tag- und Nachtseite zurück und sammelte in der Atmosphäre Daten zu Dynamik, Druck, Temperatur, Helligkeit und der Beschaffenheit der Wolken.

Der **Mars** ist ein weiterer Kandidat für Leben in unserem Sonnensystem. Wegen seiner mit Eisenoxid-Staub bedeckten Oberfläche wird er auch der »rote Planet« genannt. Er hat etwa die Hälfte des Erddurchmessers und rund ein Zehntel der Erdmasse, er dreht sich einmal in 24,6 Stunden, so schnell wie die Erde, hat aber kein Magnetfeld mehr. 1965 flog die erste Raumsonde am Mars vorbei, 1976 gelang der NASA die erfolgreiche Landung einer Sonde. Ein gigantischer Graben von rund 4.000 Kilometern Länge und sieben Kilometern Tiefe (Grand Canyon/ USA im Vergleich hat 450 Km Länge und ist gerade einmal 1,8 Km tief) durchzieht die Oberfläche, auf der große Mengen von Eis vorhanden sind. Auf dem frühen Mars muss es ähnliche Temperatur- und Druckverhältnisse gegeben haben wie auf der heutigen Erde. Sollte sich Leben auf dem Mars entwickelt haben, so muss dies in der Zeitspanne von einer Milliarde Jahren entstanden sein, die zwischen seiner Entstehung und dem Verlust seines Magnetfeldes lag. Die Raumsonden und Bodenproben haben allerdings bisher keine signifikanten Mengen organischer Moleküle gefunden. Astrobiologen sind sich einig, dass es nach dem heutigen Wissensstand kein mikrobielles Leben mit einem Stoffwechsel gegeben hat und gibt. Dass Leben theoretisch möglich ist, haben Experimente im Labor unter Anwendung der Bedingungen, die auf dm Mars vorhanden sind, ergeben. Die NASA plant nun für das Jahr 2021, auf dem Planeten Pflanzen anzubauen [Anm. 35].

Die Europäische (ESA) in Kooperation mit der Russischen Raumfahrtbehörde (Roskosmos) haben sich die Suche nach Leben auf dem Mars zur besonderen Aufgabe gemacht. Nach 500 Millionen Kilometern Flug ist die 600 Kilo schwere Raumsonde Schiaparelli nach sieben Monaten

Flug am 20. Oktober 2016 auf dem roten Planeten gelandet, nachdem 50 Sekunden zuvor der Kontakt abgerissen war. Eine weiche Marslandung ist eine besondere Herausforderung. Ein Bremsfallschirm erreicht wegen der dünnen Atmosphäre weniger Wirkung als auf der Erde. Die atmosphärische Dichte ist mit der des Erdmondes vergleichbar, aber die Anziehungskraft ist beim Mars stärker als bei dem Erdtrabanten. Was wirklich passiert ist, wird möglicherweise mit dem Esa-Satelliten Mars-Express, der seit 2003 den Mars umkreist, festgestellt werden können. Ebenfalls über Mars-Express hätte man die Software wieder neu aufladen können. Aber die Sonde ist wohl zerschellt. Wahrscheinlich waren die Bremsraketen zu früh abgeschaltet worden. Eine US-Sonde Mars Reconaissance Orbiter hat in der geplanten Landezone ein paar Tage später einen etwa 2,4 qm großen Krater und einen Fallschirm entdeckt. Schiaparelli war ein Testflug und hat für das eigentliche Ziel, die geplante Landung eines 1,5 Tonnen schweren Forschungsfahrzeuges im Jahr 2020, wichtige Daten und Informationen gesammelt. Der Rover soll dann bis zu zwei Meter tief in den Boden hineinbohren können. Teile des Materials werden in 31 kleinen Rohren (14 cm lang, 2 cm Durchmesser) gesammelt und elf Jahre, bis zur Abholung, auf dem Mars gelagert. Die Bohrkerne werden zu einem feinen Pulver gemörsert und in einem kleinen Labor auf Spuren von Leben untersucht. Die von Exomars 2020 gewonnenen Daten werden dann von dem gleichzeitig mit Schiaparelli gestarteten, voll funktionierenden Satelliten Trace Gas Orbiter (TGO), der nun den Mars umkreist und in der Atmosphäre des Planeten nach Leben sucht, auf die Erde übertragen. Das Exomars-Projekt ist daher auf keinen Fall schon gescheitert!

Was den **Asteroidengürtel** zwischen Mars und Jupiter, wie auf Jupiter und Saturn betrifft, so sprechen alle bisher gesammelten Daten gegen vorhandenes Leben, sowohl auf den Planeten, als auch auf den Gesteinsblöcken. Eine Ausnahme bildet eine kleine Anzahl von Objekten im Asteroidengürtel mit einem Durchmesser von mehr als 400 Kilometern. Der interessanteste ist Ceres mit um die 1.000 Kilometer Durchmesser. Mit dem Herschel-Weltraumteleskop entdeckte man riesige Fontänen aus Wasserdampf, die aus dem Inneren von Ceres hervorbrachen. Aber alle bisher bekannten Daten zu **Jupiter und Saturn, Uranus und Neptun** gestatten keine Vermutungen über mögliches Leben. Anders könnte dies auf dem bereits 1655 entdeckten Saturnmond **Titan sein**, auf dem anfangs 2005 die Huygens-Sonde landete. Die Landschaft ist bedeckt mit Kohlenwasserstoffozeanen, Seen und zufließenden Netzwerken, gefüllt mit flüssigem Ethan, Methan und Stickstoff. Methan könnte die Rolle flüssigen Wassers spielen und molekularer Wasserstoff jene des gasförmigen Kohlendioxids. Die Luft hat ähnlichen Druck wie auf der Erde. Der NASA Astrobiologe McKay hält Leben auf dem Saturnmond für möglich. Kreaturen auf dem Titan könnten statt Sauerstoff Wasserstoff einatmen, diesen mit Acetylen statt Glukose metabolisieren und Methan statt Kohlendioxid ausstoßen. McKay bezeichnet dieses Leben als methanogenes Leben.

Der Jupitermond **Europa** ist der vielversprechendste Kandidat für außerirdisches Leben. Unter der mehrere Kilometer dicken Eisoberfläche wird ein bis zu 100 Kilometer tiefer Ozean, gefüllt mit flüssigem Wasser vermutet [Anm. 36]. Einzigartige Bedingungen auf dem Ozeangrund würden eine Quelle für Mineralien und Elemente liefern, die Leben erhalten könnten. Auf Europa dürften alle Leben erhaltenden Komponenten vorhanden sein: flüssiges Wasser, anorganischer und organischer Kohlenstoff und chemische Energiequellen. Die durch die Galileo-Sonde 2013 gesammelten Daten und deren Analyse stützen die These, dass das Innere Europas sauerstoffreich sein könnte.

Die Möglichkeit von vorhandenem Wasser in unserem Sonnensystem gibt es auch für **Enceladus**, ein Mond des Saturn mit einer ähnlichen Struktur wie Europa. Die Cassini-Raumsonde flog zwischen 2005 und 2012 mehrmals an Enceladus vorbei. In einer Höhe von 25 Kilometern flog Cassini direkt durch den aufsteigenden Dampf einer aus der Oberfläche ausbrechenden Fontäne. Das Massenspektrometer an Bord zeigte vor allem Wasser an, aber auch Stickstoff, Methan, Kohlendioxid, sowie einfache und komplexe Kohlenwasserstoffe wie Propan, Ethan, Acetylan. Der Saturnmond gehört seitdem zu den aussichtsreichsten Kandidaten für das Vorhandensein von Leben.

Exoplanetarisches Leben wird von den meisten Forschern nicht grundsätzlich ausgeschlossen, auch nicht, dass Leben im Universum (bzw. in anderen noch unbekannten Universen, auch Multiversen genannt) auch auf anderen Stoffen als auf der Erde beruhen kann. Trotz intensiver Forschung haben sich jeoch bisher keine definitiven Beweise für außerirdisches Leben ergeben. Die Forschung operiert seit 1980 mit einer für alle möglichen Lebensformen im Kosmos umfassende Formel: Leben entsteht durch Wechselwirkungen zwischen freier Energie und Materie, die imstande sind, auf diese Weise eine höhere Ordnung innerhalb des gemeinsamen Systems zu erreichen.

Es dürfte noch ein langer Weg bis zum Nachweis extraterrestrischen Lebens sein. Nach allem, was wir wissen, gehört Atmosphäre als Grundvoraussetzung zum Leben. Für Astronomen liegt es daher nahe, die Gashülle von Exoplaneten auf chemische Signale zu untersuchen, die nur von Mikroben, Pflanzen oder Tieren stammen können. Sie sind dabei auf den Exoplaneten GJ 1132b gestoßen, der den roten Zwergstern GJ 1132 im südlichen Sternbild Segel in rund 39 Lichtjahren Entfernung umrundet und zu den Supererden (1,4 Mal größer als die Erde) gehört, aber eine vergleichsweise niedrige, erdähnliche Masse aufweist. Der Planet wurde mit einem Teleskop der Europäischen Südsternwarte in Chile gleichzeitig durch sieben verschiedene Filter beobachtet. GJ 1132b zieht alle 1,6 Tage vor seinem Stern vorbei und bedeckt ihn dabei zu einem kleinen Teil. Dabei treten minimale Helligkeitsunterschiede auf, die Rückschlüsse auf die Größe des Planeten zulassen und Hinweise auf Atmosphäre geben. Ein weiterer Hinweis für Atmosphäre ist eine der Infrarotwellenlängen aus dem All, die für die spezifische Wellenlänge wegen der Atmosphäre undurchsichtig ist. Simulationen auf der gewonnenen Datenbasis ergaben, dass Wasserstoff und Methan vorhanden sein muss. Aber dies alles bedeutet nicht, dass auf dem Exoplaneten GJ 1132 b auch schon Leben möglich ist. Es könnte sich auch um eine »Wasserwelt« mit einer Atmosphäre aus heißem Wasserdampf handeln.

In Exobiologie und Exosoziologie werden Hypothesen, oft auch spekulativer Art, über mögliche außerirdische Zivilisationen auf extrasolaren Planeten thematisiert. Der Physik-Nobelpreisträger Enrico Fermi soll der Erste gewesen sein, der im Jahr 1950 erstmals die zentrale Frage gestellt hat, wo denn nun die Außerirdischen seien? In den 1970er Jahren liefen einige Großprojekte, die unter dem Thema »Suche nach extraterristrischer Intelligenz«, kurz: SETI genannt, standen. Ein erster größerer internationaler Kongress zum Thema außerirdischer Intelligenz wurde von Franz Drake vorbereitet. Dieser fand 1961 in Green Bank, USA, statt. Zur Vorbereitung formulierte Drake eine Diskussionsformel zur Wahrscheinlichkeit und Häufigkeit außerirdischer Zivilisationen in unserer Galaxie. Sie wurde bekannt als Drake-Gleichung, auch Green-Bank-Formel genannt. In dieser Formel nennt er sieben Faktoren, die auf kommunikationsbereite Intelligenz innerhalb der Milchstrasse schließen lassen. Bei seinen Berechnungen mit den von ihm eingesetzten Zahlen kommt er zu dem Ergebnis, dass es im Bereich der 200 Milliarden (neuere Schätzungen gehen von 400 Milliarden aus) Sternen der Milchstrasse 250.000 intelligente Zivilisationen gibt, d.h. in einem von 800.000 Sonnensystemen gäbe es Lebewesen, die möglicherweise mit uns kommunizieren wollen. Allerdings sind nur einige ganz wenige dieser Sonnen weniger als 500 Lichtjahre von der Erde entfernt. Der Empfang einer Botschaft von dort würde Hunderte von Jahren bis zur Ankunft auf der Erde dauern [Anm. 37].

Von den Faktoren, die Drake genannt hat, kann die Zahl der habitablen Planeten nur geschätzt werden. Aber auch diese Fakoren und Zahlen hängen von vielen anderen Vorgegebenheiten ab: u. a. von flüssigem Wasser, schützenden Magnetfeldern, Plattentektonik. Über alle anderen, von Drake genannten Faktoren, gibt es keine Einigkeit in der Forschung. Es gibt bisher auch keine Anzeichen für eine auf Radiowellen basierende Kommunikationstechnik, die von außerirdischen Lebewesen angewendet wird.

Michio Kaku [Anm. 38] widmet ein ganzes Kapitel der Frage nach ,Ausserirdischem Bewusstsein' und belegt dabei seine starke Überzeugung, dass noch vor Ende des 21. Jahrhunderts erste Kontakte mit außerirdischer Intelligenz zustande kommen werden. Dabei geht er von andersartigen, aus der Umwelt erwachsenen Lebewesen aus, die uns fremdartig sein könnten. Er verfolgt ausführlich die Annahme von Bewusstsein bei Tieren, das sich vom menschlichen Bewusstsein im Hinblick auf die angewandten Parameter unterscheidet, um ein Modell der Welt zu schaffen. Dazu gehört seine je eigene tierische Umwelt, in der sich Intelligenz entwickeln kann. Für die Entwicklung menschlicher Intelligenz nennt Kaku drei »,Grundzutaten', die die Bühne für unsere wachsende Intelligenz bereiten«: der Daumen zur Gestaltung von Umwelt mit Werkzeugen; das räumliche Sehen des Jägers; die Sprache zur Weitergabe von angesammelter Kultur und Weisheit. Zu diesen drei Kriterien kommt bei dem Ausserirdischen das durch seine, uns nur generell bekannte Umwelt geprägte Bewusstsein. Es dürfte völlig offen sein, ob diese Spezies noch immer biologische Organismen sind, oder ob sie bereits post-biologisch sein werden. Die Frage hat Paul Davies von der Arizona State University aufgeworfen: Wie sieht wohl eine Zivilisation aus, »die uns Tausend oder mehr Jahre voraus ist?« Er geht davon aus, dass »biologische Intelligenz nur ein vorübergehendes Phänomen, eine flüchtige Phase der Evolution der Intelligenz im Universum ist.« Das könnte bedeuten, dass aus biologischen Körpern effiziente Rechenkörper geworden sind, so als würden wir Individualität und Kreativität zum größeren Nutzen des Kollektivs als der effizientesten Option einer Zivilisation aufgeben. »Die virtuelle Realität von heute wäre im Vergleich zur virtuellen Realität einer Zivilisation, die uns technisch viele tausend Jahre voraus ist, nichts als Kinderkram.«

Lina Kaltenegger [Anm. 39], die auch der Frage nach Leben auf anderen Planeten nachgeht, stellt fest, dass das vor rund 50 Jahren von Drake gestartete Seti-Projekt, mit dem das All nach und mit Radiosignalen einer außerirdischen Intelligenz abgehorcht wird, bisher erfolglos geblieben ist. Vielleicht habe man sich die Kontaktaufnahme zu einfach vorgestellt und scheitere allein schon an der Form der Kommunikation.

Zwei Ereignisse jüngeren Datums könnten aber weiterführen und bedeutsam werden:

°1995 entdeckten zwei Schweizer Astronomen an einem Observatorium in Südfrankreich den ersten Planeten um einen unserer Sonne vergleichbaren Stern, 51 Pegasi B, im Sternbild Pegasus, +1200 Grad auf der Oberfläche, 50 Lichtjahre entfernt.

°2009 startete das Weltraumteleskop Kepler. Rund 120 Millionen Kilometer von der Erde entfernt macht es seitdem Messungen. Ende 2011 entdeckte Kepler den ersten möglicherweise erdähnlichen, 1200 Lichtjahre von uns entfernten Planeten in einer habitablen Zone um einen Stern: Kepler 62e und 62f.

Danach nahm die Anzahl der entdeckten Exoplaneten schnell zu. Im

Mai 2016 meldete die NASA die Neuentdeckung von 1300 gesicherten Kandidaten. Damit stieg deren Anzahl auf 3 400, von denen zwei Dutzend als bewohnbar gelten, weil sie vermutlich Wasser haben und felsig sind. Flüssiges Wasser und eine feste Oberfläche sind nach Meinung von Biologen Voraussetzung für Leben, wie wir es kennen. »Kepler« hat aber mit den statistischen Erhebungen auch Vorarbeit für die Aufgabe des für 2018 geplanten Weltraumteleskopes »James Webb« geleistet. Dieser wird mit einem 6,5-Meter-Spiegel ausgerüstet sein und kann damit in die Atmosphäre eines Planeten hineinschauen, um dessen Luft, sozusagen den Lichtfingerabdruck des Planeten, zu analysieren um herauszufinden, ob die Gase darin Spuren von Leben (Sauerstoff, Ozon, in Kombination mit Methan) enthalten. Außerdem wird die NASA 2017 das Tess-Teleskop starten, das solche Erden in der Nähe unserer Sonne suchen soll, was die Aufgabe wesentlich erleichtern würde.

3. Der Mensch

3.1 Der »Mensch 0.1«

Die ontogenetische Perspektive auf die Entstehung des Lebens zielt auf die Entwicklung eines Individuums. Aber erst seit rund 150 Jahren ist die gemeinsame Abstammung von Mensch und Affen wissenschaftlich anerkannt. Danach ist es rund 7 Millionen her, dass sich sich die Evolution von Mensch und Affen getrennt hat. Mögliche Vorläufer, als Dryopithecinen bekannt, lebten vor 3,8 bis 2,9 Millionen Jahren in Afrika. Hominiden haben sich seit 5 -7 Millionen Jahren (dem Australopithecus kadabba folgte der Austral.afarensis) entwickelt. Die ersten Knochenreste (Kieferknochen) eines Menschen ähnlichen Wesens wurden in der sandigen Einöde von Ledi-Geraru im äthiopischen Afar gefunden (Nutzung von Steinwerkzeugen). Nur 30 Kilometer entfernt, in Hadar, fand man 1974 das fast vollkommen erhaltene Skelett (47 der 207 Knochen) einer 30 kg schweren und einen Meter großen Frau, deren Hüften und Beine deutlich auf den aufrechten Gang schließen lassen (3.2 Millionen Jahre). Den Beginn der Gattung Homo im engeren

Sinne zählt man um 700.000 Jahre später, seit 2,5 Millionen Jahren. Um diese Zeit ist der australopithecus afarensis vollkommen verschwunden. Als erstes Exemplar der Gattung Mensch gilt der ebenfalls in Hadar gefundene homo habilis. Er lebte vor 1,9-1,6 Millionen Jahren südlich der Sahara, war 1,45 Meter groß und hatte ein Gehirnvolumen von 600 bis 700 Kubikzentimetern. Als menschliche Attribute werden die geschickten Hände, wichtig für die frühe Werkzeugherstellung, genannt. Ab diesem Zeitraum (2.5 Mio Jahren) verzeichnet man auch ein ständig wachsendes Hirnvolumen. Seit 1,9 Million bis vor 40 000 Jahren zunächst in Afrika, Ostasien und Europa lebte der homo erectus. Er war 1,45 bis 1,80 Meter groß, nutzte das Feuer, ging aufrecht und hatte ein Gehirnvolumen von 650 – 1250 Kubikzentimetern. Insgesamt sind 10 Arten der Gattung Homo bekannt. Dazu gehören Homo erectus, der homo floresiensis (Indonesien, seit 0,5 Millionen Jahren), der homo neanderthalensis (Afrika, Europa, Westasien, von 250 000 bis vor 40 000 Jahren), der homo heidelbergensis (in Afrika und Europa vor 650 000 bis 200 000 Jahren) und der Homo deniosova (Mittelasien, seit 0,5 Millionen Jahren).

Jean-Jaques Hublin vom Max-Planck-Institut für evolutionäre Anthropologie in Leipzig trat 2017 mit einer für die Fachwelt sensationellen Information an die Öffentlichkeit. Danach gibt es den »modernen« Menschen (homo sapiens) nicht erst wie bisher angenommen seit 200 000, sondern bereits seit 300 000 Jahren. Auch lassen die Funde im Nordwesten Afrikas darauf schliessen, das der homo sapiens über ganz Afrika verbreitet war. Er scheint sich nicht in einer Region, sondern multiregional innerhalb Afrikas entwickelt zu haben. Zu den Ergebnissen kam es bei einer Überprüfung von älteren, in Jebel Irhoud nahe Marrakesch in den 60er Jahren gefundenen Schädeln und Knochenresten mit modernen Methoden und neueren Funden an den alten Ausgrabungsstätten. Bisher galt das östliche Afrika (Kenia und Athiopien) als Wiege des homo sapiens. Zu den bis dahin ältesten, dem homo sapiens allerdings nicht eindeutig zugerechnete Schädel gehören Florisbad1, der 1932 in Südafrika gefunden wurde und neuerdings mit 260 000 Jahren datiert wird, das 1967 in Äthiopien gefundene Schädelfragment Omo, dessen neu datiertes Alter bei 195 000 Jahren liegt, und der 155 000 Jahre alte,

1997 ebenfalls in Äthiopien gefundene Herto-Schädel, auch als homo sapiens idaltu bezeichnet. 160 000 Jahre alte Reste des homo sapiens wurden auch im Tal von Awash gefunden. Er verfügte bereits über Sprache, stellte Kunstwerke her und entwickelte Symbole. Die Leipziger Forscher gehen davon aus, dass der homo sapiens vor 300 000 Jahren über ganz Afrika verbreitet war. Seit 70-100 000 Jahren verließ dieser Mensch seine Jahrtausende alte Heimat und verbreitete sich von Afrika, zunächst über Arabien, nach Ostasien (vor 60 000 Jahren) und Australien / Europa (vor 45 000 Jahren) über die ganze Welt (Alaska vor 16 000, Nordamerika vor 14 000, Südamerika vor 12 000 Jahren) aus.

Dessen ungeachtet bleibt Ostafrika die Region, in der Schädelteile und Fossilien mancher Vorläuferspezies des Menschen gefunden wurden, die ohne Zweifel den Schluss zulassen, dass hier die Evolution des Menschen mit der Trennung von den Affen begonnen hat. Erst im Jahr 2015 wurde ein Aufsehen erregender Fund aus dem Jahr 2013 in einem trockenen Flussbett des Awash bekannt. Die fossilen Reste des sogenannten homo naledi scheinen die dunkle und lange Zeit zwischen dem australopithecus und dem homo habilis zu erhellen. Noch sind die wissenschaftlichen Untersuchungen in den Anfängen. Neben dem Kieferstück erwartet man weitere Funde. Aber der Fund scheint das Rätsel einer Aufklärung näher zu bringen, wann eine dem Menschen ähnliche Affenart als Beginn der Spezies Mensch verstanden werden darf. Der homo naledi hat zwar nur ein Hirn von der Größe einer Orange und den Gang eines Schimpansen. Dennoch – so die Wissenschaftler – könnte der homo naledi ein wichtiges »Zwischenstück« darstellen. Die Grabbeilagen lassen, neben den bereits genannten menschlichen Eigenschaften, auf die Praktizierung von aufwendigen Bestattungsritualen schließen.

Bis zum Jahr 2013 haben Forscher die Evolution der Menschheit im Nachgang zu Darwin mit einem Baum verglichen. Die sogenannte, bis dahin fraglose Savannenhypothese besagt, dass der Mensch von einem affenähnlichen Wesen in Afrika abstammt, dessen Verwandte heute noch dort leben, Schimpansen und Gorilla. Sie stiegen von den Bäumen der feuchtnassen Urwälder und wanderten in die trockenen Savannen, wo sie wegen der einfacheren Geländestruktur den aufrechten Gang erfanden. Dabei entwickelten sich die Hände, die nun die Anfertigung von Waffen und Werkzeugen ermöglichten. Dies wiederum förderte Gehirnentwicklung und geistige Leistungen. Aus äffischen Wesen wurde sehr schnell und in einem einzigen konzertierten Prozess der Mensch. Gleichzeitiges Aufkommen des aufrechten Gangs, Werkzeugherstellung und großes Gehirn gehörte von nun an zum Ursprungsmythos des Menschen [Anm. 40].

Dieser Mythus war schon länger nicht mehr ganz unbestritten. Im Jahr 2000 fand man in Kenia sechs Millionen Jahre alte Knochen von Orrorin tugenensis, 2001 im Tschad einen sieben Millionen Jahre alten Schädel von Sahelanthropus tschadensis. Beide Funde waren Überreste von Zweibeinern. 2015 wurde in Tansania eine Ansammlung von scharfkantigen Steinabschlägen gefunden. Es handelte sich um Werkzeuge, die 3,3 Millionen Jahre alt waren.

Zu diesen Vor- oder Frühmenschen gehören auch die fossilen Überreste des 2003 gefundenen homo floresiensis, die man in einer Höhle (Liang Bua) auf der indonesischen Insel Flores entdeckte. Zunächst hatte man gemeint, die Spezies sei bereits vor 12 000 Jahren ausgestorben, dass er also zur gleichen Zeit wie der homo sapiens gelebt habe und es sich bei der Größe von einem Meter um eine Ausnahme gehandelt habe. Inzwischen hat man 14 Exemplare dieser Gattung gefunden und festgestellt, dass es sich nicht um ein Hormon gestörtes besonders kleines Exemplar, sondern um eine eigenständige Vormenschenart handelt, deren Knochenreste zwischen 100 000 und rund 60.000 Jahre alt sind. Diese auch »Hobbits« genannten Vormenschen waren nur ein Meter groß und hatten ein Gehirn so groß wie eine Grapefrucht. Das Alter der benutzten Werkzeuge wird neuerdings mit 50.000 bis 190.000 Jahren angegeben. Ob dieser homo floresiensis jemals dem homo sapiens begegnet ist, ist offen, bleibt aber unwahrscheinlich.

Dies ist vielleicht der Ort für die Anmerkung, dass die Biologie unserer unmittelbaren Vorfahren im östlichen Teil Eurasiens nur dürftig durch menschliche Funde abgedeckt ist. Erst seit 2010 wurde ein neuer Verwandter des homo sapiens, der Denisova-Mensch aus der Lingjing-Fundstätte in Xuchang/China bekannt. Den genetischen Daten zufolge haben sich der Neandertaler und der homo denisova vor etwa 400.000 Jahren getrennt. Die Funde beschränken sich auf einen 40.000 Jahre alten Fingerknochen und zwei Backenzähne. Die Zuordnung von neueren Schädelfunden aus China ist weiterhin nicht zweifelsfrei nachgewiesen.

Es darf als gesichert gelten, dass die Bausteine des Humanum, oder anders gesagt, dass die Unterscheidungen von der Tierwelt, weder spät in der Entwicklungslinie, noch synchron entstanden sind. Vielmehr haben sie sich unabhängig voneinander bei verschiedenen Menschenformen seit 5 Millionen Jahren in Afrika herausgebildet.

Das bestätigen auch die 2013 nahe der georgischen Hauptstadt, in der Ruinenstadt Dmanisi gemachten 1,8 Millionen Jahre alten Knochenfunde von aus Afrika eingewanderten Frühmenschen, die weitaus früher als bisher angenommen, auf dem Weg nach Asien waren. Was aber noch bedeutsamer werden sollte, die Knochenreste ließen zunächst traditionell auf verschiedene Menschenarten schließen: Australopithecine, homo habilis, homo erectus. Aus der Tatsache, dass sie an einem einzigen Ort gefunden wurden, schlossen die Forscher, dass es Überreste verschiedener Einzelner, aber eben nur einer Spezies, des homo erectus sein konnten. Die Behauptung einer solchen körperlichen Varianz innerhalb einer einzigen Spezies begründete ein völlig neues Bild von der Entwicklung des Menschen: anstelle eines menschlichen Stammbaumes, an dem jeder Ast eine Spezies darstellt, entstand die Vorstellung eines breiten Flusses oder besser: eines Flussdeltas mit vielen Verzweigungen, die in alle und neue Richtungen führen, sich nicht selten wiedervereinigen oder irgendwo versickern.

Der Anfang der Menschheit stellt sich also ganz anders dar als der von den israelischen Erzählern der Genesis bekannte Erklärungsversuch. Eine geographische Lokalisierung des Gartens Eden ist völlig aussichtslos und nichts deutet auf einen einmaligen Schöpfungsakt. Es gibt sie nicht, diese Wiege der Menschheit. Auch wenn die Analysen menschlicher Genome aus den auf 195 000 Jahre datierten Überresten wirklich die ältesten Fossilien der Menschheit gewesen wären. Aufgrund von Berechnungen der Rate der Mutationen, die in jeder Generation durchschnittlich auftreten, lassen sich die Unterschiede in unseren individuellen Erbanlagen zurückrechnen, bis sie sich in einem einzigen Genom auflösen. Auf diese Weise wäre man nach rund 200 000 Jahren bei der Urmutter oder dem Urvater der Menschheit angelangt.

Diese errechnete Zeitspanne zurück bis zu Adam und Eva wird als Koaleszenzzeit bezeichnet. Aber weil sich die Geburtszeit einiger Exemplare des heute lebenden Menschen durch die Neudatierungen um gut 100 000 Jahre erhöht hat, bezieht sich die errechnete Koaleszenzzeit nicht einmal auf die Zeitspanne, in der der gemeinsame Vorfahr aller heute lebenden Menschen gelebt hat. Außerdem war er auch bereits Teil eines Volkes »moderner« Menschen. Überdies hat es vor 300 000 Jahren eine Vielzahl von Arten der Gattung homo gegeben, die Afrika an sehr verschiedenen Orten bevölkerte.

Es zeigt sich folgendes Bild vom Weg der Menschwerdung: Vor drei bis vier Millionen Jahren gab es in Afrika mindestens drei Vormenschen-Typen: Australopithecus afarensis, der schon leidlich aufrecht ging, sich aber auch noch in Bäumen herumhangelte, den Australopithecus anamensis, der an die trockene Landschaft um den Turkanasee angepast war, und der auf weichere Nahrung spezialisierte Kenyanthropus platyops. Vor zwei Millionen Jahren lebten in Ostafrika zeitgleich Homo habilis und homo rudolfensis. Ob es wirklich zwei Arten sind, ist umstritten. 2015 fanden Forscher Überreste des bereits genannten homo naledi, wahrscheinlich aus der gleichen Zeit, in einer südafrikanischen Höhle, mit einer erstaunlichen Mischung aus äffischen und menschlichen Merkmalen. Die Grenzen zwischen den verschiedenen Vor- und Urmenschen waren fließend. Sie begegneten sich, paarten sich untereinander, so dass die Gene aus der einen Population in die andere wechselten und deren Fähigkeiten erweiterten. Der homo sapiens hat also viele Väter! Diese homo-ähnlichen Gruppierungen passten sich den ökologischen Veränderungen der Lebensbedingungen an und entwickelten unterschiedliche Anatomien, Gehirngrößen und Zahnformen.

Seit rund 1,9 Millionen Jahren gibt es den homo erectus, dessen Körperbau weitgehend dem unseren ähnelt, allerdings war der Gehirnumfang wesentlich kleiner. Der homo erectus verließ Afrika, wanderte nach Dmanisi und China bis nach Jawa. Aus dem homo erectus wurde der homo heidelbergensis, Gruppen wanderten nach Europa, wo sie sich zum Neandertaler entwickelten. In Afrika wurde aus dem homo erectus der homo sapiens, also ein Ergebnis vieler verschiedener Paarungen in verschiedenen Regionen des Kontinents. Der homo sapiens hat also nicht nur viele Väter, sondern auch viele Mütter und es gibt nicht nur eine, sondern viele Menschheitswiegen im afrikanischen Kontinent!

Vor rund 100.000 Jahren verließ dieser homo sapiens den afrikanischen Kontinent und breitete sich über die Erde aus. Er traf dabei auf seine zuvor ausgewanderten archaischen Vettern. Was dabei geschehen ist, untersucht an Fossilienfunden und mit Erbgutanalysen der Paläogenetiker Svante Pääbo am Max-Planck-Institut für evolutionäre Anthropologie in Leipzig. Er spricht vom molekularen Bauplan ausgestorbener Urmenschen. Für Pääbo sind die frühen, zusammen mit den heute lebenden Menschen Bestandteil einer einzigen globalen homininen Metapopulation, eines Netzes verschiedener Menschengruppen.

Es bleibt ein Rätsel in der Geschichte des Menschen, wie es dem homo sapiens gelang, sich gegen alle vorherigen und gleichzeitigen Menschenarten durchzusetzen und als einzige homo-Art der Gattung Mensch zu überleben. Was geschah mit den Menschenarten, die Arabien, Europa, Asien bevölkerten als der homo sapiens bei ihnen ankam? Dazu gibt es zwei widerstreitende Theorien. Die Vermischungshypothese geht von gegenseitiger Anziehung, Vermischung, Sex aus. Heutige Gruppierungen von homo sapiens in aller Welt verdanken daher ihre leicht verschiedenen Gene und damit ihre verschiedenen körperlichen und geistigen Eigenschaften zum teil auch den Angehörigen älterer Menschenarten. Danach müsste es heute noch nachweisbare genetische Unterschiede zwischen Afrikanern, Europäern und Asiaten geben. Die zweite Theorie ist die Verdrängungshypothese. Danach ist die Begegnung von Unverträglichkeit, gegenseitiger Ablehnung und möglicherweise sogar von Völkermord gekennzeichnet. Es mag zu gelegentlichen Paarungen gekommen sein. Aber daraus sei kein fortpflanzungsfähiger Nachwuchs entstanden, weil der genetische Graben zwischen den beiden Menschenarten bereits zu groß gewesen sei. Im Regelfall muss der einwandernde homo sapiens die fremd aussehenden Bewohner ausgerottet haben. Alle heute lebenden Menschen hätten dann ausschließlich homo sapiens Vorfahren. Die Geschichte des Neandertalers spricht für die zweite Theorie. Als der homo sapiens in seinen Lebensraum vordrang, wich er zurück und verschwand schließlich ganz. Die letzten der homo neandertalenis lebten vor 30 000 Jahren in Südspanien. Als sie ausgerottet wurden, verschwanden ihr Gene.

Die Sensation geschah im Jahr 2010 als Genforscher Teile des Neandertalergenoms von intaktem Erbgut aus Fossilien entschlüssellten. Dabei stellte sich heraus, dass 4 Prozent aller Gene des modernen Menschen in Europa und im nahen Osten von Neandertalern stammt. Fast gleichzeitig stellten Forscher fest, dass der Besitzer des versteinerten Fingers aus der Denisowa-Höhle 6 Prozent seines Erbgutes mit den Genen der heutigen Ureinwohner Melanesiens gemeinsam hatte. Man geht heute davon aus, dass es in eher selteneren Fällen gelang, trotz genetischer und körperlicher Unterschiede, Nachwuchs zu zeugen. Es kam nicht zu einer Verschmelzung der beiden Menschenarten, auch nicht zur Ausrottung des Neandertalers durch den homo sapiens. Vielmehr kam es im Verlauf des Konkurrenzkampfes der beiden Arten auch zu Gewalt und Blutvergiessen, bei denen sicher auch die Überlegenheit der kognitiven – Lernfähigkeit, Gedächtnis, kommunikative Kompetenz – und sozialen Fähigkeiten des homo sapiens eine entscheidende Rolle gespielt haben werden. Fakt ist, dass die einheimischen Menschenarten verschwanden, wo der homo sapiens auftauchte: der homo soloensis verschwand vor 50 000 Jahren, der homo denisova vor 40 000, der homo neandertalensis vor 30 000, der homo floriensis vor 12 000 Jahren.

Das Werden des Menschen könnten wir weiter im Detail verfolgen. Aber man würde zu keinem anderen Ergebnis kommen als zu dem, dass der Mensch eine Spätentwicklung und eingebunden ist in das kontextuelle Werden des aus dem Urknall Entstandenen: Energie, Materie, Raum, Zeit, Leben.

Dieser in verschiedenen Kontexten netzwerkartig entstandene Mensch ist nicht vollkommen. Der heutige Mensch stirbt nach fünf Minuten ohne Sauerstoff, nach einer Woche ohne Wasser, nach einem Monat ohne Nahrung. Ein durchschnittlicher Mensch, der sein Leben lang auf einer internationalen Raumstation leben müsste, würde an einer Strahlenvergiftung sterben. Die meisten Menschen verlieren bei einer Beschleunigung von 5g das Bewusstsein, die Organe zerreißen ab einer seitlichen Bewegung von 15g. Wenn die Körpertemperatur um wenige Grade fällt, setzt die Hypothermie (Unterkühlung) ein. Wenn sich der atmosphärische Druck halbiert, verlieren die meisten Menschen das Bewusstsein. Dem Vakuum des Weltraums ausgesetzt, würden wir dies nicht eine Minute aushalten. Der Mensch ist im Vergleich zu anderen Lebensformen fragil.

Aber auch mit den Sinnen verhält es sich ähnlich. Es stimmt, dass wir mit mindestens zehn Sinnen mit der Außenwelt verbunden sind: Sehen, Riechen, Fühlen, Hören, Wahrnehmen von Beschleunigung, Orientierung, Druck, Temperatur und Gleichgewicht. Sie entwickeln sich in unserem Gehirn und sichern unseren Fortbestand und die Verbreitung unseres DNS. Aber für jeden dieser Sinne gibt es Kreaturen, welche die Fähigkeiten des Menschen bei weitem übertreffen. Die Evolution hat in Bezug auf den Menschen keine ultimative Kreatur entwickelt, die alle herausragenden Sinne und Fähigkeiten in sich vereint. Seine Sinne und Fähigkeiten, sein Wesen und seine Gestalt haben sich in den jeweiligen Kontexten und seinen Herausforderungen seit 200 Millionen Jahren aus Säugetieren herausgebildet. Daher darf man sicher davon ausgehen, dass der Mensch sich auch in zukünftigen neuen Kontexten weiter entwickeln wird. Dieser geschichtliche und auf konkrete Umweltveränderungen bezogene Prozess der vernetzten Menschwerdung ist nicht abgeschlossen.

Grundsätzlich bestimmend für die Spezies Mensch ist die relativ langsame Entwicklung der genetischen Variation. In der langen biologischen Evolution sind nur zwei Geschlechter, nämlich männlich und weiblich, entstanden, definiert als Spermien- bzw. Eizell-Produzenten. Da die DAN-Doppelhelix zwei und nicht mehr Einzelstränge hat, kann es nicht mehr als zwei Geschlechter geben. Das trifft auf mehr als 99% aller Neugeborenen zu. Bei weniger als 1% kommen Entwicklungsstörungen vor. Es handelt sich um Design-Fehler der Natur, bedingt durch fehlerhafte vorgeburtliche Prozesse, Intersex-Individuen. Es sind die winzigen Unterschiede in der von der vorherigen Generation geerbten DNS, die den Variationsprozess bestimmen. Da die neue DNS aus der Mischung zweier Elternteile entsteht, führt die sexuelle Reproduktion zum Anstieg der genetischen Diversität. Jeder neue Mensch erbt von seinen Eltern eine Kombination von zwei Sets von je 23 Chromosomen langer Stränge von DNS. Der Prozess der Zellteilung und Chromosomenauswahl (Meiose) führt zu einem Nachkommen mit etwa (2 hoch 23) hoch 2, d. h. 70 Billionen Möglichkeiten der genetischen Variation. Eine undenkbare Menge an möglichen Zusammensetzungen des neuen genetischen Codes!

Obwohl sie die Zusammensetzung die physischen Merkmale und Attribute beim Neugeborenen verändert, weicht die Gesamtinformation im genetischen Code nicht erheblich von denen der Eltern ab. Der genetische Code aller Menschen soll zu 99% identisch sein, das restliche 1% zwischen den Menschen ist lediglich eine Variation der Nukleotide an bestimmten Stellen. Für diese sogenannten Punktmutationen sind viele Generationen nötig, um einen Unterschied von einem Prozent in einer Population zu erreichen. Daneben gibt es die strukturellen Variationen, die zu einer größeren Vielfalt und Veränderungen von Merkmalen führen können. Nimmt man Punktmutationen und strukturelle Variationen zusammen, dann sind zwei zufällig ausgewählte Menschen nur zu 90% identisch.

Die Mutationsrate im genetischen Code ist eher gering. Biologen haben 2009 den gleichen DNS-Abschnitt – Buchstaben des Y-Chromosoms – von zwei direkt miteinander verwandten und über 13 Generationen getrennten Männern analysiert. Dieses Y-Chromosom wird unverändert vom Vater an den Sohn weitergegeben. Die Sequenz der 10149073 Buchstaben war bis auf 12 Zeichen identisch, von denen wiederum waren nur 4 echte, im Verlauf der Generationen aufgetretene Mutationen. Eine winzige Veränderung also über Jahrhunderte! Ebenfalls bemerkenswert ist die Genauigkeit, mit der unsere DNS gelesen und weitergegeben wird. Sie ist einem Enzym geschuldet, welches sozusagen die replizierte DNS Korrektur liest. Die Fehlerquelle beim Kopieren der RNS liegt wesentlich höher. Die niedrigere Fehlerquelle beim Kopieren der DNS führt natürlich dann zu der niedrigeren Mutationsrate, d. h. einer nur langsamen Gen-Veränderung. Das menschliche DNS enthält 20 000 Gene für die Proteinkodierung. Etwa 15% unseres Körpers bestehen aus Proteinmolekülen, die es in über 100 000 Varianten gibt, und die Anzahl der möglichen Proteinkonfigurationen ist eigentlich unendlich. Jeder neue Mensch wird nur aus einem winzigen Teil dieser Möglichkeiten zusammengebaut.

Die 50 000 Generationen unserer Spezies konnten in den rund 500 Millionen Jahren ihrer Entwicklung nur einen kleinen Teil der möglichen Vielfalt, die sich aus Variationen unseres genetischen Codes ergeben könnte, ausprobieren. Natürliche Auslese und genetische Vielfalt sind das Ergebnis von Zufall und Umwelt. Die Evolution befähigt das Leben in der Umgebung und optimiert die Verbreitung des genetischen Codes.

3.2 Der selbstoptimierte Mensch 0.2

Die einfachste Methode der Selbstoptimierung scheint auf den ersten Blick die transkranielle Gleichstromsimulation (tDCS) des Gehirns. Die Faszination liegt darin, dass man die Maschine im Eigenbau herstellen kann: Eine Neun-Volt-Batterie, ein wenig elektronisches Zubehör, eine Bauanleitung und Headsets aus dem Internet, dazu begeisterte Voten aus den sozialen Netzwerken. Bei seriösen wisenschaftlichen Studien wird ein schwacher Strom von ein bis zwei Miliampere über zwei am Kopf angebrachte Elektroden ins Gehirn geleitet. Stimuliert man die Zielregion mit einer positiv geladenen Elektrode, so erhöht dies die Erregbarkeit der Neutrone. Das hängt mit der Spannung zusammen, die an der Membran der Nervenzellen zwischen aussen und innen herrscht. Verringert man den Ladungsunterschied zwischen beiden Seiten der Nervenzellmembran, so wird es wahrscheinlicher, dass in den Neutronen ein Aktionspotential ausgelöst wird. Die negative Elektrode hingegen vergrössert den Ladungsunterschied, und die Zelle feuert seltener.

Die Ergebnisse für alltagsrelevante Leistungen sind widersprüchlich. Die meisten Laborstudien zielen daher auch darauf ab, anhand der Beeinflussung der Hirnaktivität herauszufinden, welche Areale an bestimmten kognitiven Funktionen beteiligt sind. In der Regel fallen die Effekte der Hirnstimulation relativ gering aus. Bei motorischen Lernaufgaben kann man die Reaktionszeiten im Mittel um 50 bis 60 Millisekunden verbessern. Zudem hat eine Studie im Jahr 2014 ergeben, dass die Ergebnisse von Mensch zu Mensch verschieden und davon abhängig sind, ob er gerade liest, meditiert oder schläft. Auch mögen sich bei einer gezielten Anwendung die numerischen Fähigkeiten verbessern, aber gleichzeitig können sich die Gedächtnisleistungen verschlechtern. In manchen Studien wurden auch Monate nach der Stimulation kognitive Veränderungen, auch negative, nachgewiesen. Für die private tägliche Anwendung tDCS gibt es bisher keinen entsprechenden wissenschaftlichen Langzeittest. Diese Methode der Selbstoptimierung mag bei dem heutigen Stand der Forschung kurzfristig attraktiv sein, aber über die Langzeitfolgen gibt es keine verlässlichen Aussagen [Anm. 41].

Mitte Oktober 2016, hat John Zhang, Betreiber einer Fruchtbarkeitsklinik in New York, auf einem Kongress in Salt Lake City, ein sechs Wochen altes Drei-Eltern-Baby vorgeführt [Anm. 42]. Er hatte die Eizellen zweier Frauen miteinander verschmolzen und das Ergebnis mit dem Sperma eines Mannes befruchtet. Das ist absolut neu. Zwar werden inzwischen – erstmals 1938 – zehntausende Kinder jährlich nicht im Körper einer Frau, sondern in der Petrischale [Anm. 43] gezeugt und in Laboren gemacht. Embryonen, Eizellen, Eierstockgewebe werden eingefroren und wieder aufgetaut. Spermien, Eizellen und die Bäuche von Leihmüttern werden weltweit gehandelt. In Schweden wurde 2014 das erste Kind von einer Frau geboren, die keine Gebärmutter hatte: Ein Arzt hatte ihr den Uterus einer Freundin eingesetzt. Doch bei allen angewandten Methoden haben die Ärzte mit echten Keimzellen, mit unverändertem, in menschlichen Körpern an den dafür vorgesehenen Stellen produziertem Material gearbeitet.

Mit den neuen Methoden der Gentechnik übernimmt nun der Mensch die Gestaltung der Zellen, aus denen sein Leben entsteht. Mit verschmolzenen oder künstlich erzeugten Eizellen wird die Spur, auf der das Leben seit Jahrtausenden weitergegeben wird, die Keimbahn, verändert. Seit 2015 kann man Embryonen auch im Labor länger als eine Woche wachsen lassen. Die Gebärmutter kann simuliert werden, in der sich das Embryon natürlicherweise sieben Tage einnistet, um sich danach weiter zu entwickeln. Das Werkzeug dafür, Crispr-Cas9, gibt es seit 2012. Zhang ist sich sicher: »Es ist unsere Aufgabe, so scheint es, die Evolution zu unterstützen.« Die Evolution sei zu langsam. Man müsse die Versuch-und-Irrtum Methode, mit der die Natur arbeitet, beschleunigen.

Zwar sind die Folgen noch nicht alle absehbar, aber sie sind auch nicht rückgängig zu machen, z. B. der Austausch einer Eihülle oder die neue Edition eines Genoms. In Europa sind die ethischen und politisch gesetzten Grenzen für Keimbahnexperimente beim Menschen höher als in den USA oder China. »Es ist nicht immer richtig, Türen aufzustoßen, nur weil es geht«, meint Joachim Boldt vom Institut für Ethik und Geschichte der Medizin in Freiburg/D. Aber es sind die Anfänge eines neuen Zeitalters der Gentechnologie, einer Evolution zum Selbermachen, bei dem der Mensch die Kontrolle über die Zellen, aus denen sein Leben entsteht, übernimmt und damit die Grenzen der »Schöpfung« selbst zu bestimmen beginnt. Wer Eizellen aus Haut schafft oder Drei-Eltern-Babies, der schreibt Evolutionsgeschichte.

In der WCC-Erklärung wird die wachsende philosophische Strömung, die den alten anfälligen Menschen durch einen neuen, vollkommen ersetzen möchte, nicht einmal andeutungsweise erwähnt. Die Faszination beruht auf der an Realität gewinnenden Idee einer organischen Verbindung von Mensch und Technik, also der Weiterentwicklung des Menschen zu einem digitalen Körper, zu einem kybernetisch-organischen Hybridwesen, zum Cyborg. Der Begriff stammt aus dem Englischen und steht für »cybernetic organism«, kybernetischer Organismus. Kybernetik als Wissenschaft befasst sich mit der Steuerung und Regelung von biologischen, technischen und anderen Systemen. Bereits heute arbeiten viele Menschen daran, ihre Fähigkeiten mit Medikamenten und technischen Mitteln zu erweitern. Ziel dieses sogenannten »Human Enhancement« ist die Perfektionierung des an sich »gesunden« Körpers. »Neuro-Enhancement« oder Hirn-Doping dient der Verlängerung der Konzentration und der Verbesserung des Gedächtnisses. Es geht dabei nicht um eine therapeutische Maßnahme, sondern um Selbstoptimierung: Mit der Devise »Create Yourself« (zu deutsch: »Erschaffe Dich selbst!«) soll der Mensch der Zukunft selbst dazu beitragen, gesünder, stärker, schöner zu sein!

Der prominenteste Vertreter des Transhumanismus dürfte der Informatiker und Futurologe Ray Kurzweil, die bekannteste wissenschaftliche Einrichtung das Future of Humanity Institute an der Universität Oxford sein. Im Unterschied zu Posthumanismus (lat.: post = nach; was nach dem Menschen kommt) ist Transhumanismus das, was den Menschen, so wie er jetzt ist, übersteigt (lat.: trans = hinüber). Kurzweil geht davon aus, dass im Jahr 2045 das menschliche Gehirn vollständig erforscht sein wird, und Computer entwickelt worden sind, die dem Menschen in Sachen Intelligenz in nichts nachstehen. Die transhumanistische Bewegung ist davon überzeugt, dass die Menschheit kurz vor einem radikalen evolutionären Umbruch steht. Schon in 30 Jahren sollen Menschen und Computer einander so ähnlich sein, dass man den kompletten Inhalt eines Gehirns – einen Menschen mit all seinen Gedanken und Gefühlen – auf einen Computer übertragen kann. Menschliche Identität auf einer Festplatte, losgelöst vom biologischen Körper! Diesem Zustand der »Singularität« dürfte zum weiteren Verlauf der Evolution des Menschen gehören.

Seit einigen Jahren versuchen Mediziner mit Hilfe von sogenannten Gehirn-Computer-Schnittstellen Informationen direkt vom Gehirn auf Maschinen zu übertragen. Es gibt bereits heute Prototypen motorische Neuroprothesen, die allein mit der Kraft der Gedanken (im Gegensatz zu herkömmlichen Prothesen) gesteuert werden. Sie sollen insbesondere Querschnittsgelähmten zu Mobilität und Autonomie verhelfen. Und so funktioniert die Neuroprothese: Unter die Kopfhaut werden Elektroden implantiert, die die elektrischen Signale der Nervenzellen abfangen und an die Prothese, zum Beispiel einen Roboter, weiterleiten. Indem er sich die gewünschte Bewegung vorstellt, kann der Patient den Roboterarm selbständig steuern. Der Neurobiologe Ad Aertsen von der Universität Freiburg bezweifelt Kurzweils Optimismus hinsichtlich der Herstellung von künstlichen, maschinellen Gehirnen. Auf der Ebene der Einzelzelle sei man sehr weit, aber was das Funktionieren von Zellverbänden und ganzen Hirnarsenalen angehe, stehe die Forschung noch ganz am Anfang.

Auch wenn sich die Forscher im Zeithorizont unterscheiden, so stimmen sie in der Sache überein und sie weisen daraufhin, dass die Cyborg-Entwicklung zusammen mit Human Enhancement, neben den technischen und medizinischen, auch grundlegende gesellschaftliche und ethische Fragen aufwirft. Macht die technische Veränderung unseres Körpers uns auch zu glücklicheren Menschen? Joachim Boldt,

Medizinethiker, ebenfalls an der Universität Freiburg, beschäftigt sich unter anderem mit den Motivationen für Human Enhancement und Cyborgisierung und kommt zu dem Ergebnis, dass es in vielen »Visionen« darum geht, als Individuum stärker und unabhängiger zu sein. Er hält dagegen, dass letztendlich nicht die Momente am wichtigsten seien, in denen wir stark und allein dastehen, sondern die, in denen wir in Gemeinschaft eingebunden sind. Die Überwindung von biologischen Grenzen sieht er als eine fast religiöse Erlösungshoffnung. Leben soll unangreifbar werden. »Die Technik, die sich Transhumanisten vorstellen, sind Drogen, die uns erfüllen oder erlösen sollen.«

Aber der umfassend angelegte visionäre Versuch der Transhumanisten, Körper und digitale Technik zu vereinen und so unvollkommene oder kranke Körper oder Körperteile digital zu vervollkommnen, bzw. zu reparieren, eröffnet eine völlig neue Dimension. Teilaspekte sind die Technomanie, die Leidenschaft für die Entwicklung immer effizienterer Werkzeug zur Lebensverbesserung, die Diätetik, die vegetarische Ernährung zur Verlängerung des Lebens, oder die Kryonik, die Konservierung von Organen. Immer geht es dabei um die Überschreitung der conditio humana, letztlich um die Erlangung der Unsterblichkeit des Menschen.

Für die evolutionäre Weiterentwicklung zum Menschen 0.2 gibt es verschiedene Motivationen und nicht wenige Forscher arbeiten an vielen Stellen mit diesem Ziel. Mit dem allgemeinen Älterwerden des Menschen verstärkt sich die Bemühung, die biologischen Grenzen des Menschen zu überwinden. Eine neue evolutionäre Strategie deutet sich in der von Neurowissenschaftler betriebenen so genannten Avatar-Technologie an. Objekt der Forschung sind künstliche Organe und Körperteile, Mensch-Maschine-Schnittstellen, fühlende Androide. Theodore Berger, ein Hirnforscher am Center for Neural Engeneering an der Universität von Southern California in Los Angeles, experimentiert seit 30 Jahren mit Gedächtnisimplantaten, die auf nichtmenschlichem Trägermaterial verschüttete Erinnerung mit elektrischen Impulsen wieder ins Gedächtnis zurückbringen sollen. Bisher sind Erfolge bei der Übertragung von mathematischen Modellen auf Signalen über einen Mikrochip bei Mäusen und Ratten und seit 2012 auch bei Affen zu verzeichnen.

Berger ist überzeugt, dass ein implantierter Mikrochip beeinträchtigte Areale des Hippocampus (Teil des Gehirns, in dem Informationen des Kurzzeitgedächtnisses in das Langzeitgedächtnis übertragen werden) und auch dessen Verbindung zu anderen Bereichen des Gehirns überbrücken, also die Aktivität der Nervenzellen dort einfach ersetzen kann.

Einige Forscher sehen den geplanten Experimenten an Menschen nicht so optimistisch entgegen. Hans Markowitsch (Uni Bielefeld) ist bei weitem nicht so optimistisch was die Anwendung bei Menschen betrifft, da er einen grundlegenden Unterschied zwischen Reflexveränderungen bei Mäusen und dem episodisch- autobiographischen Gedächtnis des Menschen sieht. Andere Forscher arbeiten an anderen Methoden, z. B. der transkraniellen Magnetstimulation (TMS), oder die tiefe Hirnstimulation an einer Umschaltstation zwischen dem Neocortex und dem Hippocampus. Dennoch, die Möglichkeit scheint denkbar nahe, unzugängliche oder verloren gegangene Erinnerungen im Gehirn über ein Mikrochipimplantat wieder zurückzuholen, Gehirnteile zu ersetzen, dem Gehirn nachzuhelfen, wenn es – möglicherweise bei zunehmender Überalterung der Menschheit – zunehmend Verschleißerscheinungen zeigt.

Aufsehen erregten 2016 Mark Zuckerberg, facebook-Chef, und seine Frau Priscilla Chan mit der Gründung einer Stiftung zur Überwindung aller Krankheiten bis zum Ende des 21. Jahrhunderts [Anm. 44]. Gemeint sind vier Kategorien der 50% Tod verursachenden Krankheiten: Herz- und Gefäßerkrankungen, Krebserkrankungen, neurogenerative, das Gehirn angreifende Erkrankungen, Infektionen mit Viren und Bakterien (Weitere 50% werden durch Gewalt getötet). Für jede der vier Kategorien sollen neue Werkzeuge (tools) und Programme entwickelt werden. So wird es um künstliche Intelligenz in der Hirnforschung gehen, selbstlernende Algorithmen sollen die Genome von Krebstumoren aufspüren und scannen, lernende Chips sollen Infektionen im Körper diagnostizieren. Mit einem ersten Projekt »Biohub« wird ein Zellatlas aufgebaut: eine Datenbank aller menschlichen Zellen mit all ihren molekularen Eigenschaften, ihrer Architektur, ihrem Verhalten in verschiedenen Gewebearten, ihrer Entstehung und in ihrem Sterben. Dieses Projekt wird von Ingenieuren und Medizinern der Stanford Universität und der Universität von California durchgeführt.

Ein zweites Projekt ist die Entwicklung von Methoden zur schnellst-möglichen Erkennung jeder krankhaften Veränderung einer Zelle. Ein-ziger Europäer im wissenschaftlichen Beirat der Stiftung ist Tobias Bon-hoeffer, Direktor am Max-Planck-Institut für Neurologie in München. Er entdeckte 2004, dass sich Veränderungen in der Erinnerung auch in einer Veränderung der neuronalen Netzwerke zeigen. Die Leitung des Projektes hat Cori Bargmann, Genforscherin, die Barack Obamas Pro-jekt »Brain Initiative« verantwortet. Ziel des Projektes ist es, das ganze Gehirn mit Hilfe künstlicher Intelligenz zu kartographieren, um dabei zuzusehen, wie es funktioniert.

Die Herausforderung der gegenwärtigen Generation von Humanwis-senschaftlern ist nicht in erster Linie mehr die Heilung, sondern die Überwindung der Anfälligkeit und der Endlichkeit des Menschen und damit die Schaffung der Voraussetzungen für den vollkommenen Men-schen 0.2. Mit den aufkommenden Technologien auf dem Weg der evolutionären Weiterentwicklung des Menschen, werden neue Werte geschaffen, Normen und Gesetze werden sich verändern. Die Ver-schmelzung von Mensch und Technik braucht ein neues Bewusstsein und neue Regeln, gleich wie weit sie gehen wird.

3.2.1 Virtuelle Realität

Neben den Videospielen im weiten Feld der Unterhaltung oder auch in der militärischen Ausbildung und selbst im Kampfeinsatz (z.B. mas-senhafter Einsatz von selbstständig agierenden, sich selbst lenken-den Drohnen), ist der Gesundheitsbereich weltweit der wichtigste Anwendungsbereich virtueller Technologie. Chirurgen werden be-reits heute dafür ausgebildet. Dabei werden komplexe Eingriffe am virtuellen Patienten vorgenommen, bevor sie analog angewendet werden. Auch Robotereingriffe sind nicht selten. Dabei kontrolliert der Chirurg mit einem Headset den Roboterarm, der objektiv feinere Bewegungen ausführen kann als die menschliche Hand. Aber auch in der Psychologie werden Phobien oder posttraumatische Belastungs-störungen mit virtueller Technologie behandelt, indem man virtuelle

Welten kreiert, um in der realen Welt mit ihnen besser umgehen zu können.

Populär wurde virtuelle Technologie durch das von Google 2014 eingeführte Optimierungswerkzeug Datenbrille. Sie verbindet menschliche Körperfunktionen wie in diesem Falle das Sehen mit digitaler Technik. Diese Vermischung von Realem (Sehen eines Objektes) und Virtuellem (Seh-Objekt relevante Texte, Daten, Filme auf einem Bildschirm durch einen Ausschnitt im Glas der Brille) könnte der Prototyp einer Synthese von Mensch und Technik sein. Sensationell war im März 2016 der viermalige Gewinn eines Computers, der mit auf künstlicher Intelligenz basierenden Software AlphaGo ausgestattet war, gegen den Weltmeister im Brettspiel Go: eine lernfähige Maschine, die die Regeln eines Spieles begreifen kann. Ein anderes Beispiel für die sich darstellende Schwierigkeit zwischen Reparatur eines Organs und digitaler Körperlichkeit zu unterscheiden, ist der mit Prothesen ausgestattete para-olympische Läufer Pistorius, dessen Prothese noch als eine Reparatur oder auch schon als eine organische Verbesserung menschlicher Leistungsfähigkeit zu bezeichnen ist.

Für den Transhumanisten wird der naturbelassene Altmensch zum Auslaufmodell der demokratischen Moderne! Mit neuen digitalen Technologien der Synthese von Organ, Glas-Bild-Text sehen sie den Beginn der Verwirklichung von religiösen Jenseitsversprechen im Jetzt unserer Zeit. Wenn Selbstverbesserung durch Technik zur Natur des Menschen gehört, was ist dann an dessen digital verbessertem Körper noch Natur? Und was bedeutet dann noch die natürliche Definition des Menschen?

Im Bereich der Medizin wird es mit fortschreitender Digitalisierung des Körpers schwierig, zwischen einer heilenden Medizin und einer optimierenden Anthropotechnik zu unterscheiden. Eine Prothese ist auch eine Amputation des Fleisches, also nicht nur Verkabelung mit Instrumenten, sondern auch Entstofflichung. Heute geschieht die Optimierung noch über schmerzlose Schnittstellen, aber für den Transhumanismus ist dies der Anfang einer transhumanen Menschheit, die Befreiung vom Fleisch. Transhumanisten wollen die natürlichen Grenzen der biologischen Körperlichkeit des Menschen durch einen Gehirn-Upload verlassen und den Menschen in verteilte Datenspeicher, in die Cloud einspeisen, um ihn auf diese Weise unsterblich zu machen. Zu diesem Szenarium gehört das Human Brain Projekt, d.h. die Simulation des ganzen Gehirns auf molekularer Ebene. Es wäre also ein Molekül für Molekül gescanntes und digitalisiertes Nervensystem auf einem Computer im Forschungs-zentrum Jülich! Man muss sich vorstellen, was das bedeutet, gelänge dieser Gehirn-Upload tatsächlich! Es gäbe mich nicht nur als einen Men-schen in seiner endlichen, verfallenden Körperlichkeit, sondern auch meine vollständige, alle funktionalen Eigenschaften einschliessende, unsterbliche Computerrepräsentation.

Ein anderer Bereich der Digitalisierung ist die Landwirtschaft. Dabei geht es um nichts weniger als um die Ernährung der Menschheit, die bis zum Jahr 2050 auf 9 bis 10 Milliarden angewachsen sein wird. Die Nach-frage nach Fleisch und Milch wird sich bis dahin verdoppeln, ebenso wird der Bedarf an Getreide um 50 – 60 % steigen. An Ackerflächen stehen 1,4 Milliarden Hektar zur Verfügung, wobei manche Böden für Feldfrüchte unbrauchbar sind und andere für den Anbau von Energie-getreide (15 % der Maisernte zur Bioethanolproduktion) genutzt werden. Weitere Anbauflächen könnten nur noch durch desaströse Abholzung des tropischen Regenwaldes gewonnen werden. Auch unabdingliche Rohstoffe wie Öl, Phosphor und Kali werden knapp, wie auch vielerorts die Süßwasserressourcen. Die lange Zeit propagierte Ressourcensscho-nung bei der Ernährungssicherung für die Erdbevölkerung hilft Gentech-nik kaum oder gar nicht.

Digitalisierung und Präzisionslandwirtschaft sind die neuen Zauber-wörter. Nur so lassen sich die Produktionsmittel gezielt und effizient sparen und die Kapazität der Erde nicht länger gefährden. Mit Hilfe des so genannten Feldroboters »Geophilus electricus« kann ein Land-wirt Beregnungswasser, Düngemenge und Bearbeitungstiefe genau an die Bodenbeschaffenheit seiner Felder anpassen. Der Roboter-wurm erstellt Bodenkarten und leistet, was früher der Landwirt mühsam mit Bodenproben und Einträgen auf Karteikarten vornehmen musste. In einem anderen System ermitteln Bodensensoren vor dem Traktor die Blattfärbung des Getreides oder spüren Unkräuter auf. Dünger und Her-bizide können dann passgenau mit Mikrospray auf die unerwünschten Gewächse appliziert werden. Spezielle Drohnen können mit Hyperspektralkameras den Stand des Pflanzenwachstums, Pilzbefall oder Überschwemmungen überwachen. Die erstellten Luftbilder werden mit Satellitendaten gekoppelt und geben Auskunft darüber, von welchem Schädling eine Pflanze gerade befallen ist, noch bevor sie Symptome zeigt. Auch lassen sich Traktoren über GPS gesteuert automatisch und Zeit sparend lenken und so zentimetergenau über ein Feld fahren, dabei Überdüngung, zu starke Wässerung oder doppelte Saatgutausbringung verhindern. Mit Hilfe von Big data liessen sich im Bereich der EU so 10% Dieselkraftstoff bei der Feldarbeit sparen, Bodenabträge könnten von derzeit 17 Tonnen auf eine Tonne schrumpfen, Herbizide könnten um 80%, Nitratrückstände im Boden um 50% reduziert werden. Vernetzte Klimaführungs- und Stallsysteme steigern das Tierwohl und die Fleisch-produktion, GPS-Sensoren ermöglichen virtuelles Einzäunen bei der Weidehaltung. Mit Hilfe von Agrar-Apps lassen sich Zwischenhändler reduzieren, bessere Preise erzielen oder Erträge steigern. Zurzeit gibt es von rund 50 Herstellern »Landwirtschaft 4.0« relevante Farmmanag-mentsysteme. Probleme bestehen hinsichtlich der Datensicherheit und ausreichender Breitbandnetze.

Sollte sich digitale Optimierung – gleich welcher Gestalt – durchset-zen, würde dies auch ein neues Gesellschaftsmodell hervorbringen. Diese Gesellschaft könnte darauf basieren, durch digitale Optimierung einen größeren Mehrwert aus den menschlichen Organismen zu zie-hen. Denn in einer optimierten Welt werden die Menschen mehr Bedarf an Wartungsleistungen haben, sie werden dem gewollten Produktver-fall und damit auch dem (kapitalistischen) Marktmechanismen unter-worfen sein. Der Mensch selbst wird zum Aneignungsbereich neuer Ressourcen. Nicht zuletzt könnte diese Gesellschaft tief gespalten sein, in eine herrschende Minorität der Optimierten oder Vernetzten und in die unterdrückte Welt der aus möglicherweise finanziellen Gründen nicht-optimierten Menschheit.

Nick Bostrom leitet das bereits erwähnte Oxforder Institut »Zukunft der Menschheit« (FHI: Future Humanity Institute). Er beschäftigt sich vor allem mit der revolutionären Möglichkeit einer Weiterentwicklung der künstlichen Intelligenz, die sich gegen ihren Erfinder, den Men-schen richten könnte. Ein lernfähiges, sich selbst verbesserndes System könnte nach mehr streben wollen: nach mehr Rechenkapazität, mehr Speicherplatz, mehr Information, mehr Kontrolle über andere Computer, Netzwerke und Geräte. Eine solche verselbstständigte Maschinenintelligenz würde heimlich die Macht über fremde Rechenzentren suchen. Sie würde Roboter, Bankkonten und automatisierte Laboratorien kontrollieren, bevor sie zum Vernichtungsschlag gegen konkurrierende Systeme und gegen Menschen ausholt, die ihr im Weg stehen.

Eine solche superintelligente Technologie könnte möglicherweise auch bessere Problemlösungen und Planungen anbieten als irgendein Mensch. Bostrom spricht von Menschheit bedrohenden, Zukunft vernichtenden, »existenziellen Risiken«. Natürlich bewegen sich seine Überlegungen im Bereich der Spekulation, aber es ist realistische Spekulation, bei der völlig offenbleibt, ob, und wenn, wann in welchem Stadium künstliche Intelligenz und Technik mit den kognitiven Fähigkeiten eines Menschen ausgestattet sein wird. Aber Bostrom bleibt im Blick auf die Zukunft optimistisch. Zunächst geht es ihm daher darum, die Zeit bis zur sicher kommenden Superintelligenz, also bis die Evolution der Intelligenz vom Menschen unabhängig wird, zum Überleben menschlicher Intelligenz zu benutzen. Zur Vorbereitung einer Kontrolle der Superintelligenz ist er mit Informatik-Kollegen dabei, eine Art Menschenmodul zu speichern und technisch so zu entwickeln, dass dieses Modul dann die übermenschliche Maschine dazu zwingt, unsere Werte und Normen im Sinne von »indirekter Normativität« in ihre Entscheidungen einzubeziehen.

3.2.2 Synthetische Biologie [Anm. 45]

Jedes Lebewesen trägt sein gesamtes Erbgut in jeder einzelnen Zelle. Die Gesamtheit dieser vererbbaren Informationen einer Zelle nennt man Genom. Ein Genom ist in verschiedene Chromosome unterteilt (der Mensch hat 46, der Affe 48, ein Pilz 8 Chromosome), die jeweils Proteine und DNS (Desoxyribonukleinsäure, englisch: desoxyribonukacid) enthalten. Auf der DNS liegen die Gene, die nur einen geringen Teil der wie eine in sich gedrehte Strickleiter geformten DNS ausmachen.

Diese DNS-Schnur wickelt sich weiter ein und wickelt sich zusätzlich um Proteine. Mit dieser akribischen Organisation wird eine riesige Menge an Information in kleinste Zellkerne verpackt. Die sogenannte Chrispr/ Cas Methode setzt an dem DNS-Strang an. Chrispr ist ein bestimmter Abschnitt der DNS, der mit einem Protein/Cas (chrispr-associated) durchschnitten wird. Die Zelle wird die Schnittstelle schnellstmöglich reparieren. Wird ihr von außen ein passender Abschnitt geliefert, setzt sie diesen ein. So können fehlerhafte Gene aus dem Genom herausgeschnitten und durch fehlerfreies Material ersetzt werden.

Seit den 70er Jahren des letzten Jahrhunderts sind die sogenanten Chrispr-Sequenzen im Erbgut bekannt. Chrispr steht für Clustered Regularly Interspaced Short Palindromic Repeats, zu deutsch kurz: palindromische Wiederholungssequenzen, die durch andere Erbgutstücke getrennt sind und im Genom an bestimmten Stellen gehäuft auftreten. In der Nähe von Chrispr fand man später bei allen Bakterien mit diesem System die Chrispr-assoziierten Gene, Cas genannt. Sie sind das entscheidende Element des antiviralen Systems. Das Chrispr-System »erntet« virale DNA und integriert Stücke von ihr zwischen den Wiederholungs-Sequenzen ins bakterielle Erbgut. Dadurch produziert die Zelle RNA-Gegenstücke zur Virus-DNA, die sich mit den CAS-Proteinen zusammenfindet. Versucht ein Virus mit dieser DNA die Zelle noch einmal zu infizieren, »erkennt« die RNA das Viren-Genom: Die Cas-Proteine zerschneiden dann das virale Erbgut, so dass es keinen Schaden mehr anrichtet. Ursprung des »gen-editing« ist die Erkenntnis, dass die CAS-Proteine jede beliebige DNA zerschneiden, sofern man ihnen die passende Erkennungs-RNA gibt. Mehr macht Chrispr/Cas9 auch nicht: Nach dem Schnitt verlässt man sich auf die natürlichen Reparaturmechanismen der Zelle, die nun von selbst zum Tragen kommen. Sind in diesem Augenblick nur die beiden getrennten Teile des Erbguts vorhanden, greift ein zellulärer Reparaturmechanismus, der sie wieder zusammenfügt. Dieser Mechanismus ist oft unpräzise und produziert zufällig so genannte Indels, kleine DNA-Stücke, die an der Schnittstelle eingefügt oder ausgeschnitten werden und Gene unter Umständen unbrauchbar machen. Wenn in der Zelle aber ungebundene DNA mit losen Enden herumschwirrt, baut ein anderes, genaueres System (HDR, homology-directed Repair) sie nahtlos an der geschnittenen Stelle ein und erzeugt so gezielte Veränderungen im Erbgut.

Mit Hilfe dieser neuen Technik lassen sich Gensequenzen in pflanzlichen, tierischen oder menschlichen Zellen punktgenau ersetzen, verändern oder entfernen, und dies schnell, präzise und sehr billig. Was früher Wochen und Jahre dauerte und zudem noch fehlerhaft war, erreicht man mit Chrispr/Cas9 in Stunden und Tagen und in sehr hoher Genauigkeit. Nicht wenige beschäftigt die Frage, ob menschliche Eigenschaften wie Schönheit und Intelligenz mit der Methode zu beeinflussen seien, oder ob gar komplette Genome und Lebewesen, auch Menschen mit neuen Eigenschaften auf diese Weise synthetisch herstellbar sind.

Bedeutung wird Chrispr auch auf dem Gebiet der Pflanzenzucht erlangen. Mit Chrispr veränderte Pflanzen würden sich kaum von natürlichen Mutationen unterscheiden lassen, da nur einzelne punktuelle und spezifisch genetische Veränderungen vorgenommen werden, die auch evolutionär in der Natur entstehen könnten, allerdings in einem wesentlich längeren zeitlichen Prozeß. Die nötige technologishe Infrastruktur für die Anwendung dürfte schon bald jedem durchschnittlichen Genlabor zur Verfügung stehen. Die Internet-Plattform Indiego bietet schon heute »Gen-Editier-Kits« für 75 $ an, mit dem jeder Genom-Editierung an Bakterien oder Hefezellen durchführen kann.

Im Dezember 2015 diskutierten Biowissenschaftler in Washington über Möglichkeiten und Grenzen von »genom editing«, also über die neue wissenschaftliche Methode »Crispr/Cas9« der Genmanipulation. Im Mittelpunkt standen die von den beiden, Anfang 2017 wegen eines Patentstreites mit Feng Zhang bekannt gewordenen Wissenschaftlerinnen Jennifer Doudna und Emanuella Charpentier. Sie entdeckten 2012 die molekulargenetischen Werkzeuge, auch Gen-schere genannt, mit denen man die DNA von Pflanzen, Tieren und Menschen durch gezielte Manipulation von Eizellen, Spermien und Embryonen nach Belieben verändern kann. Von vielen Organismen ist die vollständige DNA-Sequenz bekannt, unklar sind aber bisher die Funktionen der einzelnen Gene. Mit den für das genom-editing eingeführten Molekülen werden genau diese Zusammenhänge entschlüsselt. Mit der crispr/Cas9- Methode versteht man also, welche Funktionen bestimmte DNA-Abschnitte haben, um anschließend mit der gleichen Methode gezielte Veränderungen anzubringen. Dabei können bestimmte Abschnitte eines Gens ausgeschnitten, korrigiert und durch neue Abschnitte ersetzt werden. Genmanipulationen sind seit den 70er Jahren des letzten Jahrhunderts möglich, blieben aber im Organismus durch den Einsatz sogenannter Vektoren nachweisbar. Die neuen »Genscheren« sind wesentlich schneller, präziser und können im Nachhinein nicht mehr nachgewiesen werden. Ein Nachweis von Genmanipulation bei Naturprodukten wäre also ebenso nicht mehr möglich wie Manipulationen bei HIV oder Krebsgenen beim Menschen.

Der in Harvard lehrende Genetiker George Church geht einen Schritt weiter und möchte nicht nur den Menschen von schweren Krankheiten befreien oder schlechte Gene durch gute ersetzen, sondern das gesamte menschliche Genom synthetisch erzeugen. Ein chinesisches Forschungsteam hat denn auch damit begonnen, Crispr/Cas9 bei menschlichen Embryonen anzuwenden. Inzwischen soll es zwei britischen und amerikanischen Forscherteams gelungen sein, einen menschlichen Embryo zwei Wochen in einer Petrischale heranwachsen zu lassen. Die Jagd nach dem maßgeschneiderten Designerbaby hat ein Anfangsstadium erreicht, auch wenn sie offiziell noch nicht eröffnet wurde, sondern weitgehend unter dem Vorzeichen der Heilung von Krankheiten geschieht. Aber es wird von der Definition des genetischen Defekts abhängen, d. h. bis ein Großteil aller Genvarianten als fehlerhaft und korrekturbedürftig klassifiziert werden, und es zu einer ernsthaften Definition der »Keimbahveränderung« kommt. Ein Produkt, das mit dem Chrispr-Verfahren entsteht, könnte auch durch völlig natürlich Mutation oder die traditionelle Züchtung, etwa mit Rötgenstrahlung, auftreten, d.h. am Ergebnis lässt sich nicht ablesen, wie das Produkt entstand. Da der genverändernde Chrispr-Eingriff im Endprodukt nicht mehr nachweisbar ist, ist auch im Nachhinein nicht mehr nachweisbar, dass eine Veränderung des Erbguts auf gentechnischem Wege vorgenommen wurde.

Noch hat die Erschaffung des neuen, besseren, vollkommenen »Menschen 0.2« nicht wirklich begonnen, aber der nicht mehr der natürlichen Evolution unterworfene Mensch ist denkbar geworden. War der Versuch, die Macht der Natur, des Schicksals voller Demut zu ertragen und einzugrenzen, ein Motor der abendländischen Zivilisation, so kommt die reale Vision eines gesunden, von den Schwächen der Natur befreiten Menschen 0.2 dem Geist der Zeit entgegen, der eigentlich nicht protestiert, nicht aufschreit gegen die Selbstermächtigung. Peter Sloterdijk hat 1999 bereits darüber nachgedacht, was es für das abendländische Konzept des Humanismus bedeutet, wenn am Horizont die Möglichkeit aufscheint, dass der Mensch nicht länger durch Erziehung und Bildung, sondern durch genetische Manipulation »domestiziert« werden soll. Mit der revolutionären Gentechnik des »genome editing« lässt sich das Genom mit einfachsten Mitteln passgenau und hochpräzise optimieren.

Diese Entwicklung wäre noch vor drei Jahren (2014) nicht für möglich gehalten worden. Nimmt die Menschheit ihre Evolution bald selbst in die Hand? Und was bedeutet das für die Gesellschaft? Es ist absehbar, dass der Mensch in die Keimbahn eingreift und das Erbgut von Eiern und Spermien editiert. Aber noch weiß man zu wenig, wie welche Eigenschaften durch das Genom hervorgebracht werden. Insofern ist es zu früh, um über die genetische Optimierung des Menschen zeitlich verbindliche Aussagen zu machen. Aber das wird sich bei dem schnell sich verändernden Wissensstand und dem stetigen Wandel des ethischen Bewusstseins in absehbarer Zeit ändern! Immerhin steht die Eliminierung von Erbkrankheiten bereits auf der Tagesordnung, obwohl auch in diesem Bereich bisher unabsehbare Spätfolgen, z. B. der Veränderung nur eines Gens, zumindest denkbar sind.

Neben der gentechnischen Optimierung ist in diesem Zusammenhang die Entwicklung in der synthetischen Biologie von Bedeutung. Im Jahr 2000 legte Craig Venter und Francis Collins eine Rohversion des entschlüsselten menschlichen Erbgutes vor. In dem nach Venter benannten Institut wurde 2007 die DNA eines Bakteriums vollständig hergestellt. Vorbild war das Bakterium Mycoplasma genitalium mit einer relativ kleinen DNA von 582.970 Basenpaaren. 2010 synthetisierten Forscher am gleichen Institut auf chemischem Wege im Labor aus mehr als einer Million DNA-Basenpaaren das künstliche Bakterium Mycoplasma mycoides (JCVI-syn 1.0). Floyd Romesberg gelang 2014 am Scripps Institut in Kalifornien die Herstellung eines künstlichen DNA Basenpaares »X«

und »Y«. Damit wurde das Alphabet des Lebens aller Lebewesen auf diesem Planeten, das bis dahin aus den vier Aminosäuren-Buchstaben A (Adenin), G (Guanin), C (Cytosin) und T (Thymin) bestand, um zwei Kunstbuchstaben erweitert. Dieses Basenpaar lässt sich in das Erbgut von Lebewesen einbauen. Erbgut, das diese neuen Buchstaben enthält, kann sich unter bestimmten Laborbedingungen fortpflanzen.

Dieses Bakterium, dessen Erbgut komplett am Computer zusammengesetzt wurde, war die »erste sich selbst reproduzierende Spezies«. Mit der Entschlüsselung des menschlichen Genoms und der Erstellung eines künstlichen DNA Basenpaares ist ein wesentlicher Schritt in der Forschung gelungen. Inzwischen ist das Erstellen einer beliebigen DNA-Sequenz nichts Außergewöhnliches mehr. Gensequenzen werden neben der Forschung in verschiedenen Wirtschaftsbereichen angewendet und sind lieferbar. War traditionelle Gentechnik, die inzwischen kommerzialisiert ist und »erfolgreich« mit Bausteinen aus der Natur arbeitet, bereits ein epochaler Schritt, so beginnt für die Gentechnik mit der synthetischen Biologie ein neues Zeitalter. Über die Arbeit mit vorhandenen natürlichen Bausteinen hinaus, hat eine alte Vision der Menschheit neuen Realitätsgewinn erhalten: Neuartige Lebewesen auf Grund von künstlichen Erbmolekülen, künstlichen Genen, künstlichen Zellen zu konstruieren [Anm. 46].

Insbesondere im Zusammenhang mit dem technologischen Potential und ihrer unmittelbaren technologischne Umsetzbarkeit des Gen-editing möchte ich drei grundlegende Feststellungen machen:

1. Das Einbringen modifizierter DNA in die Keimbahn von Lebewesen und die dauerhafte Beeinflussung der vererbbaren Eigenschaften ist möglich. Biotechnologen erhalten plötzlich nahezu grenzenlose Möglichkeiten, die genetische Mutation als Bestandteil der natürlichen Evolution von außen zu steuern. Gemäß der Mendel'schen Regel verbreiten sich Mutationen erst im Verlauf von vielen Generationen in einer freien Population. Mit Chrispr wurde ene Methode entwickelt, die genetische Veränderung auf einem elterlichen Chromosomenstrang auf einfache Art und Weise auf den anderen Chromosomenstrang in der diploiden Zelle kopiert. Damit ist es möglich,

den natürlichen Wert der erblichen Übertragung von veränderten Genen von 50% auf 100% zu bringen, und so in einer sehr kurzen Zeit die angestrebte Veränderung in einer gesamten Population durch zu setzen.

2. Eine Technologie, die potentiell ganze Spezies verändern und ausrotten kann, wirft neue ethische Fragen für Wissenschaftler und politische Entscheidungsträger auf. Welche Konsequenzen könnte es haben, wenn gentechnisch optimierte Menschen denjenigen, die ihren Gen-Mix nach dem Millionen Jahre alten evolutionären Zufallsverfahren erhalten haben, nun hinsichtlich ihrer kognitiven und körperlichen Fähigkeiten deutlich überlegen sind?

3. In unserer globalen Orientierung überwiegen die kommerziellen Dimensionen in der Diskussion um technologische Entwicklungen. Die Aussicht auf Milliardengeschäfte mit gentechnologischen Neuerungen gibt der gesellschaftlichen und politischen Kontrolle eine hohe Priorität. Beliebigkeit und Sachzwänge, die aus einer kapitalistischen Verwertungslogik entstehen, dürfen nicht zur Entscheidungsgrundlage für Überleben oder Neuorientierung der menschlichen Zivilisation, der Würde und Freiheit des Menschseins werden.

Es steht viel auf dem Spiel. Das zeigt der erwähnte Appell einer Gruppe führender Wissenschaftler vom Frühjahr 2015. Der Vorläufer dazu war eine von Bio-Wissenschaftlern organisierte Konferenz in Asimolar im Jahr 1975. Anlass waren die Risiken der damals noch jungen Gentechnologie und der gerade entdeckten Technik der DNA-Rekombination. Es ging um mögliche Rahmensetzungen und Regeln für Produktion und Handhabung gentechnisch veränderter Organismen.

Dabei hat sich herausgestellt, dass es sehr unterschiedliche Annäherungen an die gentechnologische Revolution gibt. Der Patentstreit um Chrispr wird vor Patentgerichten ausgetragen und es geht dabei um rein kommerzielle Interessen! Geschichtsbewußten Chinesen hingegen geht es um die Wiedererlangung der vergangenen globalen Rolle in der Hierarchie der Nationen. In diesem globalen politischen Bestreben spielen ethische Bedenken hinsichtlich der Anwendung gentechnologischer Methoden wie Chrispr daher eine untergeordnete Rolle. Der homo sapiens sprengt mit Beginn des 21.Jahrhunderts seine biologischen Grenzen und erfindet eine Technologie, die ihn in die Lage versetzt, die Gesetze der natürlichen Auslese hinter sich zu lassen und sie durch Regeln des intelligenten Designs zu ersetzen.

In dieser Situation gibt es keine Anzeichen dafür, dass die Theologie diesen Vorgang auch nur zur Kenntnis genommen hat. Über vier Milliarden Jahre war intelligentes Design nicht einmal eine Option, denn kein – nach theologischer Tradition von Gott geschaffener – Organismus war in der Lage, irgendetwas intelligent zu gestalten. Vorbote künftiger Entwicklungen, einer biologischen Revolution, der wichtigsten seit der Entstehung von Leben auf der Erde, ist das 2000 in einem französischen Labor im Auftrag von Eduardo Kac entstandene grün fluoriszierende Kaninchen, ein Produkt des intelligenten Designs. Die drei große Forschungsbereiche, in denen das intelligente Design an die Stelle der natürlichen Auslese tritt, sind Biotechnik, Cyborgtechnik (Wesen aus organischen und nicht-oganischen Teilen) und die Entwicklung von nichtorganischem Leben.

3.2.3 Big Data und Künstliche Intelligenz

Man muss sich klarmachen, dass die genannten und anderen Entwicklungen nur mit neuen Analysemethoden und innovativer Technik möglich sind, die die Kapazitäten haben, Datenmassen aus unterschiedlichsten Quellen zu speichern, welche für das menschliche Gehirn nicht mehr zu fassen sind, in ihnen Muster zu suchen und daraus Schlüsse zu ziehen. Immer bessere Möglichkeiten zum Sammeln und Auswerten von Informationen verändern unser Leben. Anwendungen von der »Parkplatz-suchmaschine« und dem »Überall Dolmetscher« über »liquid biopsy« bis hin zu »distant reading« und »educational data mining« oder »predictive policing« vermitteln nur eine Vorahnung, auf das, was kommen mag. Überdies bringt die freie Datenweitergabe mehr Erkenntnisgewinn. Dazu dürfte die Europäische Raumfahrtbehörde (ESA) mit dem Projekt Sentinel-1A das im Rahmen des seit 2014 laufenden Copernicus-Programmes einen starken Beitrag durch die rund-um-die-Uhr Beobachtung der Erde aus 700 Kilometern Höhe leisten. Der offene Zugang zum Rohstoff Wissen wird wissenschaftliche Prozesse im Kern verändern.

Ohne moderne Datenerfassung und Großdatenanalyse (Big data) wären weder die Entdeckung der Higgs-Teilchen, noch die Erfolgsgeschichte der synthetischen Biologie oder überhaupt der gesamte moderne wissenschaftliche Betrieb denkbar. Beim USA Nachrichtendienst (NSA und FBI) lagern angeblich Yottabytes an Personen bezogenen Daten. Das sind Zahlen mit 24 Nullen. Beim CERN in Genf sind es jede Sekunde ein Petabyte Daten (Zahl mit 15 Nullen), die allerdings nicht alle gespeichert werden. Unfassbar schnelle Computer und neuartige Software analysieren gigantisch große Mengen an Daten. Im Jahr 2011 belief sich der Datenbestand auf 1,8 Zettabytes, eine Zahl mit 21 Nullen! 90% wurden während der letzten zwei Jahre von Menschen und Maschinen produziert. Das sind so viele wie in der gesamten Geschichte der Menschheit zuvor. Täglich kommen 2,5 Exabytes hinzu, eine Zahl mit 18 Nullen, die sich alle zwei Jahre verdoppelt. 15% der Daten sind »sauber« und lassen sich mit Software in Tabellen etc einsortieren. Die Datenströme stehen in atemberaubendem Tempo zur Verfügung, bzw. lassen sich extrem schnell beschleunigen. Die auf semantischer Technologie beruhende Software unterscheidet gleichlautende Begriffe mit unterschiedlicher Bedeutung und verknüpft Daten miteinander, die scheinbar nichts miteinander zu tun haben. Kein Mensch kann die schiere Menge an Informationen und Daten mit den natürlichen Mitteln handhaben. Dazu braucht es Algorithmen, also Rechenprogramme, die wichtige von unwichtigen Informationen unterscheiden, filtern wertvolle Daten heraus und erkennen versteckte Muster. Sie arbeiten selbständig und verfügen meist über eine Art »Künstliche Intelligenz«, so dass sie in der Lage sind, auch selbständig dazu zu lernen.

Big Data bedeutet also auch als Algorithmen bezeichnete Computerprogramme, die grosse Datenmengen sammeln und darin verborgene Muster suchen. Zunehmend entscheiden diese Programme über Personaleinstellungen, Kreditvergaben, Finanzgeschäfte und vieles andere mehr, und zwar nicht immer transparent, bzw. nach unklaren Kriterien, vor allem aber ohne menschliche Aufsicht. Nicht selten kommt es zu riskanten und auch falschen Schlüssen. Im Mai 2018 soll daher eine Schutzverordnung der Europäischen Union (»General Data Protection Regulation«) in Kraft treten, die verhindern soll, dass Computerprogramme allein und unkontrolliert über das Schicksal von Menschen entscheiden.

Als außergewöhnliches Beispiel seien die Präsidentschaftswahlen 2016 in den USA genannt. Es waren die ersten politischen Wahlen bei denen für die Prognosen Big Data Algorithmen angewendet wurden. Das schockierende Wahlergebnis ist hinreichend bekannt. Wie nahezu alle Algorithmen ging auch die Prognose-Software und ihre Programmierer davon aus, dass sich Menschen in Zukunft ebenso verhalten, wie sie sich in der Vergangenheit verhalten haben. Auf der Basis dieser Annnahme errechnete der Algorithmus dann das wahrscheinliche Wählerverhalten am Wahltag. Dass es sich um einen Systemfehler handelte, ist offensichtlich: Das System zog aus gesammelten Riesendatenmengen mit Hilfe von Formeln Schlüsse, die bei Anwendung auf hochgradig unberechenbare Objekte Fehler produzierten. Bei dem genannten – zugegeben schwierigen – Objekt, waren dies sowohl der Wahlkandidat, als auch die Wählerschaft.

Die Schwächen bei Big Data liegen nicht zuerst bei der Lernfähigkeit, sondern eher im Bereich des mangelnden Verstehens, der fehlenden Fantasie und der nicht vorhandenen Moral. Gefährlich wird Big Data, wenn das System Existenzen zerstört, wie z.B. beim globalen Finanzencrash 2008. Auch hier das gleiche Problem wie bei der genannten politischen Prognose. Algorithmen rechnen mit den Erfahrungsdaten, für die Mustererkennung der Zukunft fehlt mathematischen Formeln noch die Fantasie. Es bedarf zumindest einer größeren Transparenz bei der Auskunft über Herkunft und Anwendungsart von Informationen in Algorithmen, um mögliche diskriminierende, riskante und falsche Schlüsse zu unterbinden.

Wie bereits festgestellt sind die Anwendungsbereiche vielseitig, u. a. in der sogenannten personalisierten Medizin. Big Data ermöglichen individuelle, verbesserte Diagnosen und daher effektivere Therapien. Die Sequenzierung eines Genoms sollte bald nicht teurer sein als eine

Computertomografie. Mediziner werden euphorisch und behaupten, dass Menschen 200 Jahre und älter werden können als heute. Von hervorragender Bedeutung sind Big Data aber für die wissenschaftliche Theoriebildung. Algorithmen können Muster erkennen, die dem menschlichen Gehirn von der Masse her unzugänglich sind, die aber in ihrer Gesamtheit zum Erkennen und zur Bildung von Hypothesen, Wechselwirkungen, Wechselbeziehungen und Abläufen beitragen. Big Data verändert schon jetzt den wissenschaftlichen Betrieb und mittel- und langfristig das Leben des Menschen, sowie seine Art zu denken.

Die nächste Revolution deutet sich bereits an! Der technologische Wettlauf zwischen China, Europa und den USA ist voll im Gang. China hat bereits einen Quantensatelliten ins All geschossen, Google erwartet noch in 2017 eine erste Quantenkomputer-Version mit 50 QuBits. IBM wirbt mit dem in Kürze zur Verfügung stehenden IBM Q, einem universellen Quantencomputer mit bis zu 50 QuBits. Noch ist der vernetzte Quantencomputer, der sich die exotischen Gesetze der Quantenmechanik zu Nutze macht, wonach Elektronen Teilchen und Wellen zugleich sind, im Versuchsstadium. Die experimentierenden Konstrukteure stehen vor dem Dilemma, dass der Komputer aus vielen Teilchen besteht, die Quantenregeln gehorchen, aber große Teilchenmengen klassische Objekte bilden. Die Lösung des Dilemmas liefert der modulare Ansatz, indem zahlreiche kleine Quantenprozessoren so miteinander vernetzt werden, dass ihre Quantennatur nicht verloren geht. Mehrere modulare Methoden, die auf unterschiedlichen Typen von Quantenbits beruhen, haben sich bereits in Labortests mit wenigen Modulen als erfolgreich erwiesen: Atomare Quibits, Superleitende Quibits, Spin-Quibits in Festkörpern. Mit dem neuen Quantencomputer lassen sich mehr simultane Werte herstellen als Atome im Universum. Der zukünftige Supercomputer soll 100 Millionen Mal schneller werden als der zurzeit gebräuchliche Rechner. Herkömmliche, binäre Speichereinheiten, die Bits, werden dadurch gebremst, dass sie nur zwei mögliche Zustände annehmen können. Sie funktionieren so, dass entweder Strom fliesst oder nicht fliesst. Das ergibt entweder eine 1 oder eine 0, es sind also binäre Systeme. Hingegen besitzen Quantenbits (Qubits) beide Zustände gleichzeitig. Zwei Qubits haben alle Zustände von 0 – 4, die es erlauben, wesentlich komplexere Informationen in einem einzelnen Bit unterzubringen. Mit 300 Qubits lassen sich damit simultan mehr Werte darstellen, als es Atome im Universum gibt [Anm. 47].

Im Zusammenhang mit Big Data werden insbesondere die Möglichkeiten der »Künstlichen Intelligenz« (KI oder AI für Artificial Intelligence) zu sehen sein. Neben der Verfügbarkeit von riesigen Datenmengen über das Internet sind die schnelleren Rechner die Treiber des Fortschritts bei der KI. Eines der ambitiösen Forschungsziele ist es, kognitive Fähigkeiten des Menschen nachzubilden und dessen natürliche Fähigkeiten zu übertreffen. Zu diesen kognitiven Fähigkeiten zählen beispielsweise die Wahrnehmung, das Erinnern, das Lösen von Problemen, die Intuition. In Spielprogrammen wie Schach, Go und neuerdings auch Poker schlagen Programme deutlich die besten Spieler. Schwieriger hat sich die Aufbereitung von Wissen zur Nutzung durch Computer erwiesen. Die technische Entwicklung erlaubt es aber heute, neuronale Netze – komplex miteinander verknüpfte Schaltkreise – mit Unmengen von Daten zu trainieren. Vereinfacht gesagt: Man füttert das System mit Milliarden von Hasenbildern und sagt dem System gleichzeitig, das ist ein Hase. So ist es anschließend in der Lage, in kürzester Zeit einen Hasen in den unterschiedlichsten Umgebungen zu erkennen. Die neuronalen Netze haben zusammen mit anderen Techniken wie neuen Suchfunktionen bei der Entscheidungsfindung auch den Erfolg der Maschine beim Go möglich gemacht. Derzeit prüft man, ob sich Roboter mit neuronalen Netzen von der Wahrnehmung bis zur Aktion trainieren lassen. Nicht unbedingt sicher ist man schon, wie fehlerhaft die trainierten, neuronalen Netze arbeiten. Hält das autonom fahrende Auto wirklich vor dem die Straße überschreitenden Fußgänger? Wissenschaftler gehen davon aus, dass es Bilder von Millionen (oder Milliarden!) von Straßenkilometern braucht, um die Systeme sicherheitstauglich zu machen. Andererseits fährt die U-Bahn in Kopenhagen schon seit 2002 problemlos führerlos.

Ein anderer Einsatzbereich ist die Umstellung von Schaltschränken bei Produktwechsel. Wenn bestimmte Arbeitsgänge bisher zu aufwendig waren, verlagerte man die manuellen Verkabelungsarbeiten in Billiglohnländer. Mit KI-Robotern ausgestattete Maschinen verringern Kosten und Umrüstzeiten erheblich. Bei einem VW-Forschungsprojekt mit Taxifahrern in Beijing arbeitete der Quantenkomputer die vorgegebenen Algorithmen einige Millionen Male innerhalb von drei Sekunden ab. Ein herkömmlicher Hochleistungscomputer hätte für dieselbe Leistung 40 Minuten gebraucht. Bei dem Projekt ging es um individuelle Routenplanung des einzelnen Fahrers, der Staus nicht nur umfährt, sondern die Staus gar nicht erst entstehen lässt. Das Projekt wurde von VW in Kooperation mit der kanadischen Erfinderfirma des ersten kommerziellen Quantencomputers D-Wave durchgeführt. In der Pharmaindustrie werden Quantencomputer die Anzahl der Tests für neue Medikamente drastisch reduzieren. Ein weites Feld dürfte die Entwicklung neuer Materialien sein, zum Beispiel für den verlustfreien Transport von Energie, um den globalen Energieverbrauch auf ein Minimum zu begrenzen.

Das große Potential für KI- Anwendungen liegt auf der Hand. Natürlich geht es auf Kosten des Faktors »Arbeit«. Dabei dürften solche Routinejobs am stärksten gefährdet sein, bei denen sich die Tätigkeit in der gleichen Umgebung stets wiederholt. Das Gleiche gilt für Tätigkeiten, bei denen die Maschine zuverlässig bessere Ergebnisse erreicht, z. B. im Finanzbereich, Firmenbilanzen, Ergebnisberichterstattung, Krankheitsergebnisse aufgrund visueller Daten. Jobs, die Kreativität verlangen, sind sicherer! Aber es gibt keine klaren Vorstellungen darüber, wie sich die »Fortschritte« in der Informationstechnik auf Wirtschaft, Gesellschaft und Ordnungspolitik im dritten Jahrtausend auswirken werden.

Warnungen, u.a. von Stephen Hawkins und Elon Musk, wonach künstliche Superintelligenzen schon bald das Ende des Menschen bedeuten könnten, sind zunehmend häufiger geworden, insbesondere nach der Veröffentlichung des Berichtes über eine Studie der Stanford University im September 2016 unter dem Titel »Artifical Intelligence and Life in 2030«. Die Verfasser der Studie haben die Auswirkungen von KI-Systemen auf das Leben (Bereiche: Transport, Heim und Haus, Gesundheitswesen, Unterstützung von Kommunen, öffentliche Sicherheit, Beschäftigung, Unterhaltung) in nordamerikanischen Städten von 2015 – 2030 untersucht. Danach sind keine grundlegenden Gefahren für die Dominanz des Menschen zu fürchten, im Gegenteil, die Autoren erwarten eine zunehmende, grundlegend positive Rolle in allen genannten Bereichen: »Im Gegensatz zu den fantasievolleren Voraussagen in der

Laienpresse, hat die Studiengruppe keinen Anlass zu der Besorgnis gefunden, dass KI eine unmittelbare Bedrohung der Menschheit ist. Bisher sind keine Maschinen mit selbst-verstärkenden Langzeitzielen und -Absichten entwickelt worden, und sie werden auch in der nahen, absehbaren Zukunft nicht entwickelt werden« (http://ai100.stanford.edu/about). Eine seit 2014 an der Stanford-Universität angesiedelte Arbeitsgruppe soll in den nächsten einhundert Jahren die Entwicklung der KI kritisch begleiten und regelmässig über die Ergebnisse ihrer Arbeit berichten.

Eine kritische Auseinandersetzung mit der digitalen Zukunft hat u.a. auch auf der Ebene der Europäischen Union begonnen, die sich in der »Charta der Digitalen Grundrechte der EU« niedergeschlagen hat. Sie hat vieles gemeinsam mit den Anliegen einiger neuerer Publikationen, u. a. der von Gerd Leonhard (Technology vs Humanity – Unsere Zukunft zwischen Mensch und Maschine, Verlag Franz Vahlen, München 2017). Seine Szenarien spiegeln konkrete Möglichkeiten und Ängste im Blick auf die Digitalisierung und Automatisierung wider, kurz: Ansätze für einen technologischen Darwinismus, bei dem nur der im Auswahlprozess mithalten kann, der sich aktiv mit KI ausstattet, sich sozusagen mit Chip-Implantaten verdrahten und zum Cyborg aufrüsten lässt. Was sich als Optimierung des analogen menschlichen Daseins darstellt, könnte sehr schnell als Behinderung der »Evolution« hinterfragt und zu einer sozial-politischen, ethischen Disqualifizierung im Sinne von Technik- oder Fortschrittsfeindlichkeit, nutzlosem Aussteiger, Sand im Getriebe hypereffizienter Maschinen führen. Daher scheint es sinnvoll, dramatischen politischen und gesellschaftlichen Polarisierungen durch Erweiterung der Allgemeinen Menschenrechte im Digitalzeitalter vorzubeugen. Dabei sollte es um das Recht gehen, (1) ein natürlicher Mensch zu bleiben, (2) auch einmal ineffizient zu sein, (3) abzuschalten, offline zu sein, (4) anonym zu bleiben, und (5) Menschen zu beschäftigen statt Maschinen.

Wesentlich bedrohlicher sehen andere Wissenschaftler, wie der Philosoph Nick Bostrom oder der Informatiker Ray Kurzweil die Entwicklung. Sie sind überzeugt, dass bereits eine technologische Singularität aufzieht: künstliche Intelligenzen werden uns die Herrschaft über den Planeten abnehmen, sobald sie deutlich besser und schneller denken als natürliche Menschen. Die weitere Entwicklung der Menschheit wird dann unvorhersehbar, weil nicht mehr wir, sondern die Neuen, Cyborgs und noch nicht erfundenen Denkmaschinen die Richtung angeben.

Danach läuft unsere Zukunft auf ein »schwarzes Loch« zu, eine sogenannte Singularität. Der Begriff stammt aus der Astronomie. Danach kann ein massereicher Stern am Ende seines Lebens in sich zusammenstürzen und von seiner eigenen Schwerkraft zu einem winzigen Punkt zusammengequetscht werden, zu einem schwarzen Loch. Wegen der mit den normalen physikalischen Gesetzen nicht mehr erfassbaren Parameter im Inneren dieses kosmischen Ausnahmezustandes spricht man auch von einer Singularität. Sie ist von einer Grenzfläche umgeben, dem Ereignishorizont. Was immer diese Grenzfläche passiert, ist von aussen nicht mehr sichtbar.

Diese metaphorische Gleichsetzung der Machtübernahme intelligenter Maschinen mit dem Ereignishorizont eines schwarzen einzigartigen Lochs in der Zukunft mag übertrieben sein, aber die unerwarteten Erfolge des Deep Learning in der Mustererkennung deuten auf die Möglichkeit eigenständiger Lern – und Erkenntnisfähigkeiten in der Praxis von KI-Progammen. Mit Hilfe von neuronalen Netzen liesse sich auch intuitive Kreativität erreichen, d.h. das ziellose, spielerische und zufällige Schaffen von Neuem oder Unbekanntem. Programmierung von kreativem Lernverhalten neuronaler Netze ist also möglich, ist aber nur schwer zu steuern, was die Frage nach der bewussten Begrenzung künstlicher Intelligenz auf die algorithmische Lösung klar definierter vorgegebener Aufgaben stellt.

Mit anderen Worten, die Frage nach Regeln für autonome KI-Systeme und deren Handlungen wird immer dringlicher. Roboter sind heute noch selten auf der Straße, in der Wohnung, im Gerichts- oder Operationsaal präsent. Aber in absehbarer Zeit wird ihre pure Anzahl, aber auch die Vielfalt der Anwendungen in allen sozialen und wirtschaftlichen Bereichen rasant ansteigen. Was ist, wenn der OP-Roboter einen Fehler macht? Haftet der Arzt? Oder wer haftet für verkehrswidriges Verhalten im Straßenverkehr, wenn der Roboter einen Unfall verursacht?

Der Rechtsausschuss des Europäischen Parlaments hat neuerdings einen Entwurf vorgelegt, nachdem es sich bei Robotern um elektronische Personen handelt, die mit eigenen Rechten und Pflichten auszustatten sind. Neben dem eigenen Rechtsstatus erhält er auch eine Rechte-Charta für geistiges Eigentum, das von Maschinen erschaffen wurde. Auch wenn der Entwurf noch mehr eine Zusammenstellung von Programmsätzen als eine normative Begründung von Roboterrechten ist, wird die Rechtsfähigkeit aufgrund von Bewusstsein und dem Verursacherprinzip festgestellt. Natürlich gibt es auch kritische Hinterfragungen nach Terminologie, der Assoziierung von Maschine und Mensch, oder die Anwendung der sog. Fiktionstheorie (von künstlichen, durch die blosse Fiktion angenommenen Subjekten, z.B. Verbandsrecht), wonach hinter dem Roboter eine natürliche Person stände, die in der elektronischen Person repräsentiert würde. »Die Schaffung einer neuen Rechtspersönlichkeit, der elektronischen Person, würde nicht nur Ängste vor künstlichen Intelligenzen schüren, so die Robotethikerin und Entwurfskritikerin Nathalie Nevejans, sondern auch die humanistischen Fundamente Europas in Frage stellen. Der Mensch schafft sich ab, wenn er Maschinen menschenähnlich macht. Die Anerkennung der Rechtspersönlichkeit für nichtlebende, gewissenlose Entitäten wäre ein Fehler, weil am Ende die Menschheit in den Rang einer Maschine degradiert würde.« (http:/www.spektrum.de/kolumne/brauchen-roboter-rechte).

Mit einem Mix von Big Data, virtueller Realität und künstlicher Intelligenz arbeitet ein kanadischer Informatiker, Hossein Rahnana an Algorithmen. Sein Ziel war, zum Ende des Jahres 2016 nachzuweisen, wie sie funktionieren, d.h. zum Beispiel wie Verstorbene als digitale Klone sozusagen virtuell in alle Ewigkeit wieder zurückkehren. Vorbild ist das Chatbot, von denen aus man längst geschickte Kundengespräche führen kann, ohne als Maschine erkannt zu werden. Ein digitaler Klon wäre ein aufwendiges Bot, angereichert mit persönlichem Wissen und individuellen Verhaltensweisen, Aufzeichnungen aus möglichst vielen Situationen während der Lebenszeit, sozusagen ein lebensechtes Hologramm für die virtuelle Realität. Der Verstorbene kehrt als Summe seiner Daten zurück und ist nicht nur ein Portrait, Gemälde, Statue oder Fotografie, sondern in der Lage, Verhalten vorherzusagen, bei Entscheidungen mit zu diskutieren. Es wäre die Befriedigung des uralten menschlichen

Dranges, den Tod zu verdrängen und Unsterblichkeit mit den Mitteln des 21. Jahrhunderts zu erlangen.

Rahnana ist sich dabei bewusst, einmal, dass das Ich mit dem Gehirn stirbt. Ein virtuelles Abbild aber besitzt die intelligente Fähigkeit zu wissen, dass es ein biologisches Vorbild hat. Jedoch wird es kein eigenes Bewusstsein entwickeln. Mit anderen Worten: die künstliche Intelligenz der Gehirn upload der menschlichen Intelligenz bedarf keines Bewußtseins, weil künstliche Intelligenz ohne Bewußtsein funktioniert. Zum anderen, nicht der ganze Mensch ist die Vorlage für den digitalen Klon, sondern nur sein Online-Verhalten. Daher wird der Klon lernen, wählen und entscheiden können, aber in absehbarer Zeit wahrscheinlich nicht kreativ sein. Das klingt nach erfüllbarer Demokratisierung des Wunsches nach Unsterblichkeit? Ein unsterbliches Leben, mumifiziert im Computercode?

Dies mag überzogen sein. Würde es aber gelingen, das gesamte Nervensystem Molekül für Molekül zu skannen und zu digitalisieren, dann wäre dies eine Blaupause im Computer. Diese molekulare Simulation eines ganzen Gehirns ist das Ziel des Human Brain Projects des Forschungszentrums Jülich bis zum Jahr 2023. Auch wenn dieses Ziel heute noch unrealistisch erscheint, dieses Ziel wäre Unsterblichkeit. Es gäbe also neben meiner sterblichen, biologischen Variante, zumindest für eine gewissse Zeit, eine Computerversion meinerselbst, die zumindest solange existiert, wie die physikalische Realisierung – unter anderen Speicher- und Prozessorarchitektur – garantiert ist.

In der Januar-Ausgabe 2016 der Zeitschrift »Spektrum der Wissenschaft« haben neun Wissenschaftler verschiedener Fachbereiche aus Deutschland, den Niederlanden und der Schweiz einen Aufruf zur »Sicherung von Freiheit und Demokratie« publiziert, in dem sie vor der digitalen Aufrüstung einer Gesellschaft zu »Smart Nation«, also einer »Datendiktatur« warnen. In diesem Zukunftsszenario bedrohen nicht große Datenkonzerne (Google, Facebook etc., m.E. verharmlosend, da gerade sie zur rechten Zeit und am rechten Ort auf den neuen Technologiemode aufgesprungen sind und mit ihren manipulierten Dienstleistungen Menschenmassen für ihre kapitalistischen und gesellschaftlichen Ziele manipulieren) oder Geheimdienste (NSA etc.) die Freiheit des Einzelnen, sondern der eigene Staat. Beispiel ist die VRChina. Mit Hilfe einheimischer Internetkonzerne oder den Daten von sozialen Netzwerken und solchen über Kauf- und Zahlungsverhalten baut die Regierung ein Einwohner-Bewertungssystem mit einer öffentlich einsehbaren Punktzahl zwischen 350 und 950 auf (»Citizen Score«). Er wird entscheidend für Stellenangebote, Kreditanträge, Visaanträge (z. B. für Deutschland ab 700 Punkte). 2020 wird dieses System für alle Staatsbürger verbindlich. Aus digitalen Indizien wird bürgerliches und politisches Wohlverhalten abgeleitet und der Algorithmus entscheidet über Vor- und Nachteile bei der Beurteilung des Einzelnen. Als Folge für sein allgemeines Verhalten wird Konformität durch Bevormundung, Überwachung, soziale Kontrolle, Sippenhaft vorhersehbar. Ziel ist der »Smarte Staat«, so genannt, weil viele seiner Funktionen digital und automatisch ablaufen werden.

Die technischen Komponeneten sehen die Verfasser des Aufrufs in der rasanten Entwicklung von »Big Data« und selbstlernenden Algorithmen, mächtigen Super-Computern und alles umfassender Vernetzung. Sie stellen verständlich dar, wie diese Technologien in einem schleichenden Prozess kleiner Schritte gerade auch pluralistische Gesellschaften in digitale »Leviathane« verwandeln. Die Voraussetzungen von Entscheidungen künstlicher Intelligenzen würden für den Bürger kaum noch nachvollziehbar und auch kaum noch anfechtbar. Automatisierung der Gesellschaft, totalitäre Entwicklungen, ein übermächtiger Staatsapparat, basierend auf Kontrolle, Strafe und Belohnung des Einzelnen könnten Komponenten der gesellschaftlichen Entwicklung sein.

Ist es Zufall oder symptomatisch, dass sich unter den neun Experten des »Digitalen Manifests« kein Theologe befindet? In einem Spiegel Interview (Nr. 16/2017, S. 19-21) hat der Ratsvorsitzende der Evangelischen Kirche in Deutschland, Bischof Bedford-Strohm, geradezu apodiktisch auf die Frage reagiert, ob das Finden des Unsterblichkeitscodes das Ende der Religion bedeute.»Das Leben wird uns geschenkt, wir haben darüber keine Kontrolle. Versuche, sich der Grundlage des Lebens zu bemächtigen, gehören in die Schranken gewiesen.« Auf die Frage nach einem möglichen Forschungsverbot reagierte der Theologe eindeutig: »Allerdings. Beim Klonen haben wir ein solches Verbot ja schon erreicht ... Wir brauchen zivilgesellschaftliche Diskussionen über die Ziele und Methoden der Forschung, und diese Diskussionen müssen Konsequenzen haben.«

V. Anthropozäne Herausforderungen

1. Glauben wecken (Mission) mit Ignoranz?

Die Verschriftung der anfänglich evangelischen Zeugnis-Vielfalt und deren Formation zu einer kanonisch und staatlich manipulierten Botschaft war die Voraussetzung für die Idee der Staatskirche und deren Gestaltwerdung im römischen Reich, sowie deren mittelalterliche und neuzeitlichen Variationen von Kirche. Das corpus christianum Konzept verdrängte die neutestamentliche Reich-Gottes-Vision und reduzierte die universale christliche Utopie zu einer begreifbaren Real-Utopie. Dieser Vorgang bestimmte die Praxis der mittelalterlichen traumatischen Auseinandersetzung mit dem Islam und die Reaktion christlicher Kreise auf die schockierenden wissenschaftlichen Erweiterungen des Wissens und der universalen Öffnung des geographischen Horizonts in der Neuzeit.

Weder mit dem Islam, noch zu der faszinierenden Wissens- und Horizonterweiterung seit der Aufklärung hat eine grundsätzliche, strukturierte und ökumenisch verbindliche Auseinandersetzung stattgefunden. Natürlich gab es Scheiterhaufen, Exkommunikationen, auch religiöse Gespräche, Diskussionen, Kongresse, bei denen sich die widersprüchlichen Positionen profilierten, bzw. bei denen man sich im besten Fall ehrfürchtig vor dem Geheimnis des Nichterklärbaren beugte. Es gab auch reformerische Veränderungen: die Reformation, die Trennung von Staat und Kirche, die Durchsetzung der historisch-kritischen Methode der Bibelwissenschaften, die ökumenische Bewegung, die Einführung von Dialogprogrammen, zögernde interreligiöse Akzeptanz.

Dabei sollen einige Programme des ÖRK, die insbesondere auf Impulse der ÖRK Generalversammlung in Uppsala 1968 zurückzuführen sind, nicht unerwähnt bleiben. Mit diesen Programmen wurde die durchweg ignorante und ausgrenzende Grundhaltung der Kirchen gegenüber dem Anderen punktuell und experimentell verlassen. Auf einer bestimmten – eher unteren – gesellschaftlichen Ebene und jenseits der institutionellen Kirchen wurden sektoral begrenzte, aber grundlegende

Erfahrungen mit aktiver interreligiöser Vernetzung an der Basis (»Kirche der Armen«), mit Beteiligung der Betroffenen (Industriemission/URM), mit Vernetzung (Antirassismusprogramm) und – eher auf der institutionellen Ebene – mit interreligiösem Dialog gemacht. Diese vernetzten Basis-Erfahrungen gehören zu den wesentlichen Elementen eines möglichen Neuanfanges. Wenn die Institution, sei es Kirche oder Mission, nicht mehr als Subjekt der Sendung verstanden wird, sondern Gott selbst, dann wird Glaubenwecken zur »mission from the margins«, zur Mission »überall nach überall«.

Zunächst aber blieb die kirchenamtliche missionstheologische Grundhaltung bei der Behauptung eines völlig andersartigen Referenzrahmens des christlichen Glaubens und der Eigengesetzlichkeit der theologisch wissenschaftlichen Darstellung (missio dei). Trotz der genannten Experimente blieb das Widersprüchliche draußen vor, es gehört zum Szenarium, nicht aber zum Inhalt der »Heilsgeschichte«.

Statistisch gesehen mögen das 19. und 20. Jahrhundert tatsächlich auch die erfolgreichsten »Missionsjahrhunderte« gewesen sein. Einen hohen Anteil an den »Neubekehrten« hatten ehemalige Anhänger der Naturreligionen. Muslime haben nur höchst selten ihre Religion verlassen. Pfingstlerische und charismatische Gruppierungen waren die »erfolgreichsten« christlichen Akteure des 20. Jahrhunderts. Sie haben das von den klassischen Missionen bereits auf individuelle Seelenrettung reduzierte Heilsangebot noch weiter ent-intellektualisierend auf eine emotional-vitale Glaubenspraxis verengt, bzw. – in der heutigen Sicht des ÖRK – erweitert. Dort sieht man die rasante Ausbreitung der neupfingstlerischen und charismatischen Bewegungen als Ergebnis eines neuen Gestaltungprozesses des Christlichen, der sich in Spiritualität und in seiner organisatorischen Praxis der kulturellen Dynamik der globalisierten Welt angepasst hat. Die Reduktionen des Universalen der christlichen Botschaft auf eine Real-Utopie des reduzierend oder extendierend Machbaren aber hat ihre geistige und geistliche Anziehungskraft weitgehend verloren. Eine Wiederholung der Strategie: »Ignoranz gegenüber dem Widerspruch« wäre für eine Trendumkehr-Aktion der schlechteste Ratgeber.

Beim Studium der Missionsgeschichte, insbesondere bei den Erstbegegnungen, fällt die zentrale Rolle der Frage nach dem Woher dieser

Welt und seiner Menschen auf. In nicht wenigen Fällen wurden Teile vorgefundener Mythologien in die christliche Verkündigung aufgenommen. So ist es naheliegend, dass »Schöpfung« auch ein zentraler Begriff jeder missionstheologischen Reflektion ist. Mission heißt, sich einlassen »in eine versöhnte Beziehung zu allem geschaffenen Leben« (TTL §19), »unsere Existenz im Schoß der Schöpfung und unser Leben aus dem Geist« (§21), in »Gemeinschaft mit der ganzen Schöpfung« kann der Mensch teilhaben, »das Werk des Schöpfers zu feiern« (§22). Es gibt keine isolierte Rettung der Menschheit, »während die übrige geschaffene Welt untergeht«. Es geht elementar darum, die »Bedürfnisse allen Lebens auf der Erde« zu respektieren (§23). »Mission« ist ursächlich mit dem Schöpfungsakt verbunden. «Das Leben der Schöpfung und das göttliche Leben sind miteinander verflochten (§19). Mission ist ein Beitrag zum »Gedeihen der Schöpfung« und Einladung Gottes an die »ganze Schöpfung zum Fest des Lebens« (§112).

Aber nirgends im TTL-Dokument gehen die Verfasser hinter das im Alten Testament vorausgesetzte, auf einem archaischen Weltbild beruhende Glaubensbekenntnis zurück, wonach Gott die Welt und das Leben geschaffen hat. Die Reformatoren haben keinen Grund gesehen, dieses Bekenntnis wissenschaftlich zu hinterfragen, obwohl die Infragestellung bereits mit den ersten Vertretern der Aufklärung begonnen hatte und seitdem nicht mehr verstummt ist. Luther hat an Hexen geglaubt, ebenso wie an den Teufel. Er hat – zusammen mit anderen Reformatoren – den aus der westlich-christlichen Geschichte heraus entstandenen Werte-Dualismus akzeptiert und die Einteilung der Menschheit und ihrer Welt in gut oder böse, richtig oder falsch, schön oder schlecht in vielen Bereichen noch pointiert. Da ist nicht einmal ein Hauch von Gespür für das heute erkennbare Drama des immer neuen Bestätigens traditioneller Antworten auf existentielle Grundfragen. Die Welt ist einfach nicht vor 6000 Jahren geschaffen worden. Die Erde ist nicht der Mittelpunkt des Kosmos und heutiges Leben auf der Erde ist nicht aus einem einzigen göttlichen Schöpfungsakt hervorgegangen. Wahrnehmung und Denken besitzen einen materiellen Träger im Gehirn und Wissenschaft hat sich als mächtige Korrektur nicht länger haltbarer metaphysischer Spekulationen erwiesen.

1.1. »Urknall«? Nicht gehört!

Was also antworten, wenn ein Nicht-Christ uns ernsthaft nach unserem Verständnis des Anfangs unserer Welt fragt? Im Konfirmandenunterricht, in Religionsunterricht, in Predigten wie auch Erstbegegnungen mit dem Evangelium führt der Kirchen- und Missionsbetrieb weltweit unser Universum gebetsmühlenhaft auf den einmaligen Akt eines Schöpfers zurück. Diese Referenz auf ein in mythischer Sprache gefasstes Glaubensbekenntnis hinterlässt einen starrsinnigen Eindruck nach der Devise: »Einen Urknall haben wir nicht gehört, auch sagt die Bibel nichts darüber, dann war es auch nicht so!« Das etwa umschreibt, vielleicht etwas sarkastisch, die gängige Reaktion! Aber eine solche Position weckt keinen Glauben in die evangelische Botschaft, sondern lässt sie eher unglaubwürdig erscheinen. Schliesslich bedarf es für einen Jugendlichen nur fünf Sekunden, um im Internet zu erfahren, dass es inzwischen zum Allgemeingut moderner Astrophysik und Kosmologie gehört, dass unser Universum, in dem wir leben, vor rund 14 Milliarden Jahren mit einem »Urknall« und einer unbeschreiblichen Hitze begann.

Für eine detaillierte Wiedergabe dieses Ereignisses versagen alle physikalischen Beschreibungen. Die Urknall-Singularität bleibt bisher wissenschaftlich unbewiesen. In den 1980er Jahren haben Wissenschaftler, darunter Stephen Hawkins, quantenmechanische Überlegungen angestellt, um die Singularität beim Urknall zu vermeiden. Neuerdings hat man neue mathematische Methoden bei der Berechnung möglicher Wellenfunktionen des frühen Universums eingesetzt. Dabei kam man aber zu dem Ergebnis, dass auf diese Weise zwar Universen entstehen können, aber nicht unser Universum. Eine andere Überlegung geht davon aus, dass gemäss der allgemeinen Relativitätstheorie beim Urknall die Krümmung der Raumzeit unendlich gewesen sein muss. Um dieses Problem zu lösen, versuchten Theoretiker verschiedene Quantengravitationsansätze. Eine Theorie besagte, dass das Universum aus dem Nichts direkt in einen Zustand mit endlicher Krümmung »getunnelt« sei. Nach einem anderen Modell hat das Universum weder in Raum noch in der Zeit Grenzen, weil am Punkt des Urknalls nur Raum existierte und die Zeit verschwindet, je näher man an diesen Punkt kommt. Jean

Jaques Lehner vom Max-Planck-Institut für Gravitationsphysik kommt zu dem Schluß, dass quantenmechanische Ansätze ohne Singularität keine großen, glatten Universen wie unsere, sondern kleine, sehr unregelmäßige Universen produzieren, die sofort wieder kollabieren. Es gibt zurzeit keinen Ausweg aus der Urknall-Unendlichkeit. Eine neue Hypothese geht davon aus, dass der Ursprung des Alls ein »Schwarzes Loch« in einem höherdimensionierten Universum war. Woher ein zu Bruch gegangenes Vor-Universum kam, ob überhaupt, und wann es entstand und warum es sich aufgelöst hat, ist ein von allen Forschern anerkanntes Rätsel.

Bleibt man aber einmal beim Urknall, so scheint klar zu sein, dass das neu entstandene Ur-Universum von einer unscheinbaren und undenkbaren Minimalgröße von 10 hoch Minus 33 Zentimetern war! Spekulationen gehen davon aus, dass es auch ein vorlaufendes Universum gegeben haben kann und der »Urknall« auf eine quantenmechanische Fluktuation oder eine andere unbekannte Konstellation zurückzuführen ist. Naturwissenschaftler, obwohl Welten zwischen deren Entdeckungen und den biblischen Zeugnissen liegen, sind scheinbar in ihrer Bemühung um die Frage, woher unser Universum und alles, was darinnen ist, kommt, an eine offene Grenze gestoßen.

Auch zum Beginn der modernen Naturwissenschaft ging es um die Sehnsucht und Suche nach einer letzten und absoluten Wahrheit. Hinter den Phänomenen der dinglichen Natur muss sich das Unbedingte, das nicht mehr von irgendetwas Abhängige das Letzte, die Substanz verbergen. Motivierte Forscher haben noch anfangs des letzten Jahrhunderts die Idee einer alles umfassenden Einheit der Natur vorausgesetzt. So haben Relativitätstheorie und Quantenphysik die möglicherweise weitreichendsten Erkenntnisse des Jahrhunderts gebracht: die Loslösung von einer absoluten Bestimmtheit, die konsequente Eliminierung des metaphysischen Traumes von einer universellen Substanz, bzw. einem absolut Wahren. Newtons Vorstellungen von einem absoluten Raum und einer absoluten Zeit wurden ersetzt durch die relationale Raumzeit in der Relativitätstheorie. Der neue Objektbegriff ergab sich aus der quantenmechanischen Unbestimmtheit, und Evolutionstheorie und Genetik wurden zu den neuen Pfeilern der modernen Biologie.

Die tiefgehende Erkenntnis bei den Naturwissenschaften, dass kosmische Entwicklung nicht auf transzendentalen Unbedingtheiten, sondern auf ständiger Korrektur basiert, weist auf eine neue Dimension des menschlichen Fragens nach dem religiösen Verständnis von Sinn und Ziel menschlichen Lebens hin, die in der Ökumenischen Erklärung nicht vorkommt.

Kann dieser ernüchternde physikalische Befund aber wirklich mehr als den in die Irre gehenden Stoff für eine imaginäre Schöpfungshypothese mit einem, wenn auch unglaubwürdigen Schöpfer liefern, nur weil eben für die Kirche eine verfahrene »Anfangssituation« nicht sein darf? Muss sie eigentlich immer in der Lage sein, zumindest ein Gefühl des Wohlaufgehoben- und Getragenseins in der göttlichen Fürsorge zu vermitteln, wenn sie sich nicht selbst aufgeben will?

Aber was müsste ein von metaphorischen und archaischen Interpretationen befreiter Glaube an einen Schöpfergott inhaltlich aussagen, der in einem Schöpfungsakt möglicherweise ein Universum zugrunde gehen lässt und gleichzeitig den Grundstock für ein Universum von der Größe 10 hoch Minus 33 Zentimetern erschafft [Anm. 48]. Die Kirche mag auf ihrer traditionellen starren Schöpfungsposition verharren, sie mag nicht hinter die seit Jahrtausenden vertretene theologischen Aussagen zurückgehen oder ihre metaphorisch-metaphysische, archaische Redeweise von der Schöpfung überdenken. Aber was dann?

Universalreligionen, zu denen das Christentum gehört, sind erst im ersten Jahrtausend vor unserer Zeitrechnung aus dem Bedürfnis nach Glauben an ein auf übermenschliche Ordnung gestütztes System menschlicher Normen und Werte entstanden. Eine solche Universalreligion erhebt den Anspruch, für alle Menschen überall verbindliche Ordnung zu sein, und sie besteht darauf, diesen Glauben an alle Menschen weiterzugeben. Sie ist darum universell und missionarisch. Nur mit diesem aggressiven Anspruch auf alleinige Deutungskompetenz konnte das Christentum über Jahrhunderte der Legitimation gesellschaftlicher und politischer Ordnung dienen.

Aber kann eine so einflussreiche, für die Einheit der Menschheit so bedeutsame Religion wie das Christentum auf Dauer und ohne noch größeren Schaden zu nehmen, die Ergebnisse der wissenschaftlichen

Revolution und damit auch die Deutungshoheit in der Frage nach den prozeßualen Urgründen unseres Kosmos weiterhin Anderen überlassen, auch denen, bei denen sie Glauben wecken will?

Die Folgen dieser naiven Nachlässigkeit aber sind bereits heute zu spüren. Für die Frage nach dem Sinn und dem Woher braucht der emanzipierte Mensch die Kirche schon zunehmend nicht mehr! Der nach den wissenschaftlichen Erkenntnissen der letzten hundert Jahre verbliebene theologische Interpretationsrahmen in Sachen »Schöpfung« ist von einem über Jahrtausende alten Allein-Deutungsanspruch auf ein erstarrtes Minimum geschrumpft.

1.2. »Dunkle Materie«! »Parallelwelten«! Ist das der »Himmel«?

Noch vor 30 Jahren gingen Naturwissenschaftler von der auf den judaistisch-christlichen Schöpfungsmythos zurückzuführenden Sichtweise aus, dass alle »geschaffene« Materie sichtbare Materie sei. Nicht sichtbar, wenn auch drastisch real in Predigt und Praxis, war und ist der »Himmel« und die »Hölle«!

Die größte bekannte kosmische Mega-Struktur, auch als der »unermessliche Himmel« bekannt, wurde nach dem ersten polynesischen Seefahrer Laniakea benannt. Laniakea orientierte sich an den Sternen in den Weiten des pazifischen Ozeans. Benannt ist damit der »gigantische Galaxiensuperhaufen«, mit einem Durchmesser von 400 Millionen Lichtjahren und 100.000 Galaxien die größte bekannte Struktur im Universum überhaupt. Bis dahin sprachen Wissenschaftler von »lokalen Superhaufen«. Der Superhaufen, zu denen unsere »Milchstraße« gehört, umfasst ein Cluster von 50 benachbarten Galaxien, der sich über sieben Millionen Lichtjahre erstreckt. Der benachbarte Virgo-Haufen, der Hunderte von Galaxien zählt, erstreckt sich über 100 Millionen Lichtjahre. Sterne bilden so Sternhaufen und Galaxien. Sie sammeln sich zu Haufen und Superhaufen. Galaktische Superhaufen ordnen sich zu kosmischen Filamenten, Schichten und Leerräumen. Es sind die größten Strukturen im Universum. Neue Vermessungen der Galaxienbewegungen haben ergeben, dass der Superhaufen, zu dem unsere Milchstraße gehört, viel größer ist, als bisher angenommen. Architektur und Dynamik der Megastruktur Laniakea verspricht neue Erkenntnisse über Vergangenheit und Zukunft des Universums, insbesondere aber versprechen sich Forscher neue Fakten zum Wesen der »Dunklen Materie« und der »Dunklen Energie«, und damit Aufschluss über das Schicksal des Universums.

Was man über Dunkle Materie weiss ist, dass sie aus Teilchen besteht, die mit dem übrigen Universum fast ausschliesslich durch ihre Schwerkraft wechselwirken. Galaxien sind von großen Mengen der Dunklen Materie umgeben. Sie prägt als unsichtbares Gerüst deren Entstehen und Verhalten [Anm. 49].

Inzwischen hat sich der Schock bei Naturwissenschaftlern darübergelegt, dass das mit modernen Techniken beobachtete, aber bis dahin noch nicht erklärbare Phänomen keine ausgebrannten Sterne oder Altplaneten sind, sondern auf unsichtbare, »dunkle« Materie zurückzuführen ist. Für einen Großteil der Forscher gilt auch als erwiesen, dass nur 5% aller Materie »leuchtende«, sichtbare Materie ist. Der Rest ist Dunkelmaterie ohne Strahlung, sozusagen eine hypothetische Substanz, von der man nicht weiß, was es ist. Es muss aber etwas total Anderes sein als das, aus was unsere Welt besteht: keine Neutrinos, überhaupt: keine schweren Teilchen. Was man auch weiß ist, dass größere Massen dunkler Materie die Lichtwege verbiegen. Liegt Dunkelmaterie z.B. vor Galaxien, so wirkt sie auf Licht ähnlich verzerrend wie eine optische Linse. Mit sogenannten Gravitationslinsen kann man dunkle Materie entdecken. Es ist wohl auch sicher, dass Dunkelmaterie kurz nach dem »Urknall« sehr schnell zur Strukturbildung der sichtbaren Materie beigetragen hat. Ohne Dunkle Materie hätte sich »normale« Materie nach Meinung von Forschern gar nicht bis hin zu Galaxien entwickeln können.

Mehr als 85% der »Schöpfung« sind also überhaupt nicht zu sehen! Diese Behauptung hat m. W. keinen Theologen nachweislich kritisch über seine schöpfungstheologischen Aussagen nachdenken lassen. Hochmut, Einfalt oder geistliche Ignoranz? An Information über den neu entdeckten 17 x größeren Teil der sogenannten »Schöpfung« kann es nicht gelegen haben! Zumindest hätte man einen Kommentar, wenn schon keine Einschätzung, von Gottesgelehrten erwartet! Aber gar nichts von dort, das lässt nur extrem ignorante Fundamentalisten ruhig schlafen!

Eine andere Theorie, die den »Himmel« erklärbar werden lässt, ist die der verborgenen Welten. Neben dem erkennbaren »Universum«, sind im Prozess der Ausdehnung nach dem »Urknall« noch andere, dem menschlichen Wissen bisher unbekannte Welten, Universen, entstanden, die erst mit den neuen Möglichkeiten der Technik auf ihre Entdeckung warten. Die Annahme verschiedener, meist zweier Welten gehört zu den Grundannahmen von Religion. Für die Kirchen gibt es ein Diesseits und ein Jenseits, das auch als Himmel, Paradies oder bei den Buddhisten als Nirwana bezeichnet wird.

Für den katholischen Theologen und Religionswissenschaftler Johann Hafner gehört eine zweite Welt zum Glaubensbekenntnis, gleich, ob man sie nun Paradies oder Paralleluniversum nenne. Für ihn beginnt Religion damit, dass Menschen anfangen, neben der zugänglichen Welt mit einer zweiten Welt zu rechnen, mit der man auf irgendeine Weise in Kontakt treten kann. Den (religiösen) Menschen beschäftigt die Frage, weil er nicht glauben will, dass seine, die von ihm zu erkennende und anerkannte Welt alles ist, d. h., dass nur das sein soll, was er sehen kann.

Max Tegmark, Physikprofessor am MIT (Massachusetts Institute of Technology), beschäftigt sich mit Kosmologie und ist der Spezialist für Parallelwelten schlechthin. Er definiert vier Arten von Paralleluniversen, Schwindel erregend groß und ineinander verschachtelt wie russische Puppen. Er bezeichnet die verschiedenen Ebenen mit dem Oberbegriff »Multiversum«. Die einfachste Ebene ist Multiversum 1 (M1) und bedeutet, dass es parallele Welten gibt, die unserer Welt ähnlich sind. Das Licht lässt nur den Teil des seit dem Urknall Entstandenen erkennen, den wir »sehen« können. Aber das Licht braucht Zeit, um das Weltall zu durchqueren. Es gibt noch Bereiche, die im Dunkeln liegen. Im Gegensatz zu M1 gelten in Tegmarks Multiversum 2 (M2) unsere physikalischen Gesetze nicht mehr. Nach dem Urknall schweben unzählige Paralleluniversen wie Seifenblasen mit unterschiedlichen physikalischen Gesetzen in Blasen durch das Weltall. Multiversum 3 (M3) beruht auf der Theorie der Quantenmechanik. Sie behandelt das Verhalten der kleinsten Teilchen, aus denen das All besteht: Atome und ihre Partikel, von denen die Quantentheorie behauptet, dass Partikel gleichzeitig an verschiedenen Stellen sein können. Da der Mensch aus Partikeln gemacht ist, gelte diese Behauptung auch für den Menschen. Multiversum 4 (M4) besagt, dass sich die ganze Welt mit mathematischen Formeln beschreiben lässt. Der gesamte Kosmos wäre danach aus Mathematik, und jede mathematische Formel bildet wieder ein eigenes Universum. Finden die Multiversen M1-3 Zustimmung bei einigen Kollegen, so steht Tegmark mit M4 bisher allein.

Die Frage nach Parallelwelten wird seit der Mitte des 20. Jahrhunderts kontrovers diskutiert, seitdem der Amerikaner Hugh Everett 1957, anknüpfend an die sogenannte Schrödinger-Gleichung (1926) des Nobelpeisträgers, die »Viele Welten-Theorie« als Pionier beschrieben hat. So ist es nicht verwunderlich, dass sich Wissenschaftler beim CERN in Genf der Frage stellen und die Herausforderung annehmen. In absehbarer Zeit könnte der Teilchenbeschleuniger zum Schlüssel für die Entdeckung von Teiluniversen werden, indem er sehr kleine schwarze Löcher erzeugt, bei denen ein Teil der Gravitation quasi abfließt, und zwar in Extra-Dimensionen, die wiederum auf die Existenz von Paralleluniversen schließen lassen. Diese Aussicht darf nicht darüber hinwegtäuschen, dass die Beschäftigung mit Parallelwelten unter Physikern eher noch den Pseudowissenschaften zugerechnet wird.

In diesen Kreisen ist man geneigt, diese Dimension den Bereichen Religion und Science-Fiction zu überlassen. Sie befassen sich ohnehin in einer ihnen eigenen Sprache mit einer anderen Welt, mit anderen Möglichkeiten, beschäftigen sich mit einem anderen Leben, mit einem multi-optionalen, zwielichtigen Schicksal. Damit bedienen und befriedigen sie offenbar ein menschliches Grundbedürfnis.

Fragt man Johann Hafner, den katholischen Theologen, so ließe sich der Gedanke an unzählig viele Welten auch für Gott verwenden: Es könnte sein, dass er sie alle erschaffen hat, dass wir das aber in unserer Begrenztheit nicht erkennen können. So etwa eine unübertroffene naive Antwort der Theologen und einiger Philosophen! Dabei wäre auch eine böse Welt denkbar, eine Welt, in der alles Böse gesammelt und zur »Hölle« für Lebende und Verstorbene wird. Die katholische Kirche redet bis heute noch immer davon. Im Gegensatz zur Welt des »Fegefeuers«, eine von der katholischen Kirche geschaffene Welt, in der das akzidentielle Böse vom an-sich-Guten getrennt wird, die man aber, als markantes Einschüchterungsmittel nach Jahrhunderten extensiver Anwendung in jedem Beichtstuhl, mehr oder weniger aufgegeben hat. Wird irgendwann einmal eine Entschuldigung für diese zwei Tausend Jahre andauernde grobe Irreführung der Menschheit seitens der Kirche erfolgen? Und wenn über zwei Tausend Jahre falsch war, was die Kirche mit aller ihr zur Verfügung stehenden Macht durchgesetzt hat, warum soll dann richtig sein, was sie heute oder auch immer noch und überhaupt behauptet?

1.3. Ausdehnung des Universums! Warten auf den »Jüngsten Tag«?

Die mit der Nahzeiterwartung des Reiches Gottes verbundene urchristliche Hoffnung auf den »Jüngsten Tag«, war treibende Kraft für das Überleben der Urchristenheit und gehört zum Kern christlicher Glaubensvorstellungen.

Vor rund zwei Jahrzehnten, Ende der 1990er Jahre, haben Forscher entdeckt, dass das Universum sich noch immer weiter ausdehnt. Über die Geschwindigkeit dieser Ausdehnung wird noch debattiert. Zurzeit ist man lediglich der Meinung, dass diese sich langsamer vollzieht, als zunächst angenommen. Aber man geht heute davon aus, dass Dunkle Energie der Grund für dieses Wachsen des Kosmos ist. Diese, auch »negative Energie« genannte Energie hat völlig andere, uns noch unbekannte Eigenschaften. Sie wirkt aber anti-gravitativ, wie von einem anderen Universum aus, das von außerhalb anziehend auf unser Universum wirkt. Wenn Einsteins Formel $E=mc^2$ stimmt, dann sind Energie und Materie äquivalent. Nach Berechnungen beträgt Dunkle Energie 70% des gesamten Energie-Materie-Gehaltes unseres Universums, das macht mit 25% Dunkle Materie zusammen 95%. Auch wenn nach dem heutigen Stand der Forschung die Schnelligkeit offen ist, gibt es keinen Zweifel daran, dass die Beschleunigung der Ausdehnung weitergeht und diese schneller wird. Je größer aber unser Universum wird, desto kleiner wird der Anteil der sichtbaren Materie. Nach der Konsolidierung des Urknalls war der Materieanteil im Universum sehr hoch. Man geht davon aus, dass Dunkle Energie »von Natur« sichtbare Materie auseinandertreibt. Wegen der Ausdehnung liegt der Materieanteil im Vergleich mit dem »am Anfang« heute bei nur noch maximal 30% unseres Universums. Das Ende unseres Universums dürfte also »absehbar« sein!

Dieses Ende ist eine Komponente in einem, wie auch immer gearteten, durchsichtigen, verständlichen Prozess, auch wenn noch fast alle Details zur Feststellung der Natur Dunkler Energie und Dunkler Materie offen sind. Eins aber ist unwiderruflich klar: Das Ende unseres Universums wird kein einmaliger Akt sein oder als ein Eingriff »Gottes« in unsere Lebenswelt geschehen, wie es die judaistisch-christliche Tradition seit Tausenden von Jahren lehrt und ankündigt. Der Prozess auf das Ende unseres Universums hin hat längst begonnen!

1.4. Statistik und Interpretationskonzepte

Eine europäische Statistik zur religiösen Situation ist mir nur aus dem Jahr 2012 bekannt. Es handelt sich um eine Umfrage des Meinungsforschungsverbundes WIN-Gallup, die in 57 Ländern durchgeführt wurde: »Globaler Index Religiosität und Atheismus 2012«. Danach haben die sich selbst als religiös Orientierte bezeichnenden Befragten in Deutschland noch einen Anteil von 51% (2005: 60%), in der Schweiz von 50% (2005: 71%), in Österreich von 42% (2005: 53%). Dieser Trend zeigt sich auch weltweit. In Vietnam liegen die rückläufigen Zahlen für den gleichen Zeitraum von 53 auf 30 %, in Südafrika von 83 auf 64%. Für die USA hat die Umfrage einen Rückgang von 73 (2005) auf 60% (2012) festgestellt. Diese Zahlen sind für Amerika eher zurückhaltend, verglichen mit den Ergebnissen des renommierten amerikanischen Pew-Research-Institutes in Washington, das im Frühling 2013 folgende Zahlen veröffentlichte: danach sind 60 % aller Amerikaner der Meinung, dass Menschen und andere Lebewesen sich über die Zeiten hinweg entwickelt haben, 32% behaupten, dass sich Leben in natürlichen Prozessen, wie z. B. Selektion, entwickelt hat.

Nur noch 24% glauben, dass ein höheres Wesen die Evolution der Lebewesen leitet und dabei den Zweck verfolgt, Menschen und andere Lebewesen in der heute existierenden Form zu gestalten (Die Lehre von der Schöpfung als »intelligenter Entwurf«). Diesen »Kompromiss« lehnen 33% kategorisch ab und halten daran fest, dass Menschen und alles Lebende in der heutigen Form vom Beginn der Zeiten an existiert haben. Diese Lehre von der Weltschöpfung durch einen allmächtigen Schöpfer wird auch als wissenschaftlich erwiesen dargestellt, und mit dem Anspruch versehen, gleichbedeutend mit wissenschaftlicher Erkenntnis zu sein (»Schöpfungswissenschaft«). Inhaltlich ist es das, was Kindern im Schulunterricht über den Ursprung des Lebens gelehrt wird. Zahlreiche christliche Gruppierungen, einschließlich der Römisch-Katholischen Kirche gehen von einem Konzept aus, wonach Gott die leitende Macht im Prozess der Evolution ist (»Theistische Evolution«). Dem kommt Clare Amos vom ÖRK (Programm Interreligiöser Dialog) sehr nahe, wenn sie behauptet, dass die »Energie eine Gabe Gottes ist, und nicht etwas, was der Menschheit innewohnt«. Diese »theologische Wahrheit« sei wichtig und lehrreich, ,damit das, was Leben spendet oder bejaht, für unsere Entscheidungen in Bezug auf den Gebrauch und die Entwicklung von Energiequellen zu einem grundlegenden Kriterium werde' (Newsletter 06.09.2017).

Die heute gängige Missionswissenschaft, soweit sie sich überhaupt dem Thema der Schöpfung nähert, reflektiert das judaistisch-christliche Konzept des aktiven Gottes, der um seine Schöpfung besorgt ist und in Liebe für sie sorgt. Diese theologische Grundhaltung spiegelt sich eindeutig auch in dem ÖRK Missionsdokument wider. Die »Erklärung« disqualifiziert sich damit für jede relevante Auseinandersetzung mit dem modernen Menschen. Es genügt nicht, »Landschaften« zu einer theologischen Kategorie zu stilisieren, ohne auch nur einmal zu fragen, ob und wie sich der Mensch und unser Wissen um uns selbst und unsere Welt in unserer Generation möglicherweise extrem und grundsätzlich »weiter« entwickelt hat.

1.5. Schnittstelle: Glauben wecken

Die Vollversammlung des Ökumenischen Rates der Kirchen (ÖRK) hat sich auf ihrer Tagung im Jahr 2013 Gedanken über ihre Ziele gemacht, sozusagen in der eingangs erwähnten «Erklärung TTL zu Mission und Evangelisation» wieder einmal Bekanntes zusammengetragen, neu geordnet und gemeinsam beschlossen, was sie wem und wie in welcher Situation zu sagen hat. Für März 2018 wird eine weitere Weltmissionskonferenz geplant. Als Thema ist vorgesehen «Bewegung im Geist: gerufen zu transformativer Jüngerschaft». Sie soll in Arusha / Tansania stattinden und sich auf die afrikanischen ökumenischen Missionsinitiativen als Lernfelder der Ökumene konzentrieren. War die 2013-Erklärung als Weiterführung der bisherigen Verlautbarungen des ÖRK zu Mission und Evangelisation zu verstehen, so wird es 2018 um eine Vertiefung gehen. Ob «Genf» an der traditionellen Ignoranz festhalten wird? Es liegt nahe, dass der noch immer an religiösen Fragen Interessierte, neben allgemeinen Situationsanalysen und Problemfeldern Afrikas, auch eine geistige Auseinandersetzung mit der Postmoderne und eine Einbeziehung von Fragen erwartet, die sich für Menschen, »Ungläubige« und Gläubige, aus modernen wissenschaftlichen Provokationen der Glaubensgrundlagen ergeben.

Wer sich von dem bisherigen ökumenischen Nachdenkensprozess eine Neuorientierung und ein Eingehen auf neue Kontexte erhofft hatte, wird enttäuscht. Allerdings kommt beim Lesen der 2013-Erklärung Nostalgie auf. Sie vermittelt ein von jeder Infragestellung ungetrübtes, religiös verinnerlichtes archaisches Lebens- und Weltgefühl, das den Eindruck erweckt, als ginge es der Ökumene in ihrer Mission um den Erhalt des Lebens auf dem von Gott geschaffenen Planeten Erde, und in besonderer Weise des Lebens der »Krönung der Schöpfung«, des Menschen. Dass der moderne Mensch seit über einem Vierteljahrhundert dabei ist, aus dieser »heilen« Welt in einen post-kopernikanischen Kosmos, bzw. in eine virtuelle Welt auszuwandern, haben die Missionsstrategen des ÖRK – trotz vehementer Klagen über andauernde Schrumpfungsprozesse der Kirchen im Kernbereich – offensichtlich nicht registriert. Die WCC Erklärung stützt sich auf die Wachstumsraten fundamentalistischer Gruppierungen und entwirft eine Zukunftsstrategie, die unter Leitung der neu entdeckten dritten Person der Trinität, aber mit einer etwas runderneuerten, nichtsdestoweniger traditionellen Kooptionstaktik eine globale Neubelebung des Christentums in Gang setzen soll. Mensch und Welt der WCC Erklärung sind nicht die Menschen in der Welt von heute. Es sind die Menschen in der Welt von vorgestern.

Die »Erklärung« bezieht Mission und Evangelisation eindeutig auf die dritte Person der Trinität. Diese pneumatologische Schwerpunktsetzung des gängigen missio-dei Konzeptes eröffnet dem theologischen Nachdenken über Mission und Evangelisation neue Dimensionen. Der trinitarische Ansatz und dessen Anwendung auf die »Schöpfung« und das »Leben« sind von einer gewissen kirchen-internen theologischen Faszination. Jürgen Moltmanns Publikationen »Der gekreuzigte Gott« (1972), »Wo bleibt der Heilige Geist?« (1975), »Kirche in der Kraft des Geistes« und »Trinität und Reich Gottes« (1981) hatten eine starke Wirkung bei der Neuinterpretation der Trinität als einer »Gemeinschaft im Sein«, weniger als einer Umschreibung der »ursprünglichen Einheit Gottes«. So hat seine soziale Trinitätslehre eine einladende Komponente. Trinität bildet Räume füreinander, Lebensräume und Bewegungsräume. Deshalb kann er sagen ‚Ich lebe, bin in der Trinität'. Allerdings hat dieser Ansatz nicht all zu viel dazu beigetragen, das in »Missionskreisen« ausgeprägte dualistische Weltbild zu überwinden: hier die Welt des Geschaffenen, dort die menschliche Umwelt des Schöpfers, mühsam verknüpft durch die Beziehungsdramaturgie von trennender Sünde bzw. Schuld und heilender Sühne bzw. Opfertod.

Umso mehr erstaunt die bereits traditionelle Engführung der sich wandelnden Kontexte auf die sicher nach wie vor für das Zeugnis relevanten Bereiche wie Wirtschaft (Globalisierung), Gesellschaft (soziale Ungerechtigkeit, Marginalisierung, etc.) und Religionen (interreligiöse Akzeptanz, Toleranz, Gemeinsames Handeln) [Anm. 50]. Das Thema »Kommunikation« ist unterbelichtet und hätte wesentlich offener und relevanter behandelt werden können. Naturwissenschaften finden überhaupt keine Erwähnung [Anm. 51].

Dies wird bedeutsam, wenn es um die Frage nach der intellektuellen Domäne des Menschen geht, insbesondere was die Rolle der künstlichen Intelligenz und ihre Anwendung auf die digitalen Medien im Zusammenhang mit der Revolution durch die Informationstechnologie und ihren globalen Dimensionen sozialer und digitaler Vernetzungstechnologien betrifft. Spätestens seit 1966, als Joseph Weizenbaum sein psychatrisches Gespräch als linguistisches Computerprogramm aus einem Dialog-Algorithmus entwickelte und damit sozusagen die Mutter aller Chatbots entwickelt hatte, deutete sich bereits an, dass verbale Kommunikationsfähigkeit nicht unbedingt Privileg des Menschen bleiben würde.

Ganz zu schweigen von den am Horizont stehenden praktischen Anwendungen der Quantenphänomene wie Quantenkomputer, -internet, Quantenverschlüsselung und eine vollkommen abhörsichere Quantenkryptographie [Anm. 52]. Nur um ein Beispiel zu nennen: eines der Hauptprobleme bei der Anwendung künstlicher Intelligenz in kommunikativen Programmen ist die Sicherheit. Alle bisherigen Techniken haben sich als gefährdet durch fremde Eingriffe erwiesen. Nun scheint aber eine abhörsichere Internettechnik durch Übertragung von Daten als Quanteninformationen realistisch denkbar. Der Physiker Anton Zeilinger demonstrierte zunächst im Labor, wie sich Informationen mit verschränkten Lichtteilchen datensicher übertragen lassen. Dann schickte er quantenmechanisch verschlüsselte Informationen in einem 600 Meter langen Glasfaserkabel unter der Donau hindurch. Später gelang es, Quanteninformationen über 143 Kilometer über die Luft zu übertragen. Anfang August 2016 wurde ein 620 Kilogramm schwerer Satellit »Micius« vom chinesischen Weltraumbahnhof Jinquan zu einem Satelliten ins Orbit geschickt. Er enthält einen Sender, der Quanteninformationen von rund 1000 Kilometern Höhe herab zur Erde schickt. Statt Radiowellen werden quantenverschränkte Infrarot-Photonen von einem Ort zu einem anderen getragen. Das Verfahren soll – so die Forscher – hundert Trillionen Mal effizienter sein als über Glasfaser, über die gängige verschränkte Krypto-Schlüssel sich kaum mehr als hundert Kilometer bewegen lassen. Ziel der Satelliten Quantenkommunikation ist die abhörsichere Datenübertragung zwischen beliebigen Punkten auf der Erde. Dies ist aber nur über ein bis 2030 geplantes Quantensatellitennetz möglich, von denen die Daten dann wieder zurück auf die Erde gelangen. Die längere Lichtstrecke enthält weniger störende Luft als der bodennahe Übertragungsweg auf den 143 Kilometern der Kanaren-Inseln. Der erste Quantensatellit im Orbit wird sich noch bewähren müssen, um wirksam die Datensicherheit zu garantieren, und damit eine Voraussetzung für die Sicherheit von Leben in der zukünftig global vernetzten Informationsgesellschaft unseres Planeten. Außerdem fehlt es noch an Geräten, die sich mit dem Netzwerk verbinden könnten. Ein funktionierendes Quanten-Internet dürfte nach dem heutigen Stand der Experimente noch eine Weile Thema der Grundlagenforschung sein, die Massenanwendung eine Sache der nächsten Generation.

Neben der Sicherheit einfacher und hochsensibler Informationen geht es bei dem genannten chinesischen Projekt auch um die Vorhersehbarkeit von Ereignissen oder Entwicklungen der Zukunft, vom Wetter bis zu politischen Konflikten, Risiken und Naturkatastrophen. Dazu soll das Projekt einen Computertypen von unvorstellbarem Leistungsvolumen experimentieren. Der erste Computer wurde 1941 gebaut und hieß Zu Z3 und brachte eine Leistung von zwei FLOPS (Floating Point Operation), deutsch: Gleitkommazahlen-Operationen. Einfach gesagt ist damit die Anzahl der Rechenoperationen gemeint, die ein Computer in der Sekunde schafft. Der für 2018 angekündigte chinesische Superrechner Tianhe-1 soll ein Exaflop schaffen, wobei 1 Exa eine Trillion FLOPS, eine Zahlengröße mit 18 Nullen bedeutet, also 1 000 000 000 000 000 000 Rechenaufgaben pro Sekunde. Mit anderen Worten: Für nur eine Stunde Rechenarbeit des Quantencomputers müsste jeder Einzelne der gesamten Weltbevölkerung über 500 Jahre lang jede Sekunde eine Rechnung in einen Taschencomputer tippen.

Von Bedeutung wäre es aber auch, die Konturen eines neuen postkapitalistischen Weltverständnisses in den Blick zu bekommen, welches den noch weithin herrschenden Neoliberalismus in seinen kapitalistischen Grundstrukturen zu erschüttern bereits begonnen hat. Es ist interessant, wie in der »WCC-Erklärung« relevante partizipatorische, Kapitalismus kritische, gesellschaftspolitische Ansätze in der Verkündigung der 2. Hälfte des 20. Jahrhunderts aufgenommen, interpretiert, zum Teil unter den Tisch gekehrt, und wirklich »neue Landschaften«, wie z. B. auch der neue anti-ökumenische Nationalismus, einfach ignoriert werden.

Völlig ausgeblendet sind die »neuen« Kontexte hoch aktueller wissenschaftlicher Entdeckungen. Hier entwickelt sich spätestens seit den letzten Jahrzehnten des 20. Jahrhunderts das Bedürfnis, Glaubensaussagen zu qualifizieren, weil sie unmittelbar und von neuer Aktualität betroffen sind [Anm. 53]. Die ignorante Ausblendung gibt der Erklärung-2013 einen Hauch von Predigt/Homilie, die an den fundamentalen Fragen (bewusst) vorbeiredet und dabei beim informierten Hörer protestloses Desinteresse hervorruft.

Eine erste schwere Erschütterung erfuhr das archaische Weltbild durch die kopernikanische Entdeckung, dass sich die Erde um die Sonne dreht und nicht umgekehrt, und unsere Welt keine Scheibe, sondern eine Kugel ist, und dass diese »Weltkugel« nur ein winziger Ausschnitt des Universums ist. Unsere Welt war plötzlich nur noch ein blasses Abbild des zuvor von der Kirche und ihren Theologen behaupteten Mittelpunktes der von Gott geschaffenen Welt. In diesem Weltbild bleibt das nach dem biblischen Schöpfungszeugnis geschaffene Leben und damit auch »die Krönung der Schöpfung«, der Mensch, in seiner biblischen Fassung der Ursprungslegende unangetastet. Theologie und Kirche haben sich mit der neuen Situation arrangiert, indem sie den Schöpfer und die Schöpfung als Konstanten in die Moderne hinüber zu retten versuchen.

Eine bisher nicht zur Ruhe gekommene, im Unterbewusstsein der Geschichte schwelende Erschütterung brachte die Entdeckung Darwins [Anm. 54], wonach die Formen des Lebens nicht auf Schöpfung beruhen, sondern in einem langen geschichtlichen Prozess der Evolution entstanden sind, sich also prozessual entwickelt haben. Diese Behauptung, sozusagen der Urknall der Evolution, hat viele Reaktionen von Theologen und der Kirchen provoziert, aber bisher eigentlich keine verbindliche, überzeugende theologische Antwort gefunden. Darwin spaltet bis heute die christliche Gemeinschaft, und dies, obwohl die Theologie sich insofern angepasst hat, als sie den Interpretationsschwerpunkt vom Schöpfer auf den Erhalter verschoben hat. Mit dieser Verlagerung haben Theologie und Kirche aber den unterschwelligen Eindruck nur verstärkt, wonach das Geschöpf bereits längst seinen Schöpfer und damit eigentlich auch seinen Erhalter verloren hat.

Kirchliche und spirituelle Kreise haben sich nicht selten auf die Position zurückgezogen, dass die Naturwissenschaften von zu einfachen Vorstellungen von den Vorgängen in der Natur ausgehen. Sie haben dabei die verhältnismässig einfache Struktur der Grundgleichungen der Physik gemeint, wie man sie in der Newton'schen Gleichung der Mechanik, der Maxwell Gleichungen in der Elektromechnanik, sowie Schrödingers und Diracs Gleichungen in der Quantenmechanik bzw. der Quantenfeldtheorien vorfindet. So ging man lange davon aus, dass Unkompliziertheit die Regel sei und es entstand der Eindruck eines reduktionistischen oder auch mechanistischen Denkens. Aber viele Phänomeme der Natur entsprechen nicht den einfachen Paradefällen der theoretischen Physik. In den 1970er und 1980er Jahren entdeckten Physiker und Mathematiker zahlreiche physikalische Systeme und Modelle, die chaotische Signaturen aufwiesen. Sie sprachen von einem deterministischen Chaos.

Unterstützt durch anschauliche computergenerierte Darstellungen chaotischer Bewegungen, entwickelte sich die Disziplin der Chaostheorie. Ein wachsender Teilbereich befasst sich mit »sich selbst organisierenden Systemen«. Das sind Vielkomponenetensysteme (Syteme mit vielen Freiheitsgraden), in denen die einzelnen Teile durch ihre wechselseitigen und sich permanent verändernden Beziehungen derart miteinander vernetzt sind, dass aus dem System selbst heraus spontan komplexe Formen und Strukturen entstehen können. Die formgebenden, gestaltenden und beschränkenden Einflüsse gehen von den Wechselwirkungen zwischen den Elementen des sich organisierenden Systems selbst aus, wobei sich die daraus resultierenden Strukturen nicht mehr auf die Eigenschaften der einzelnen Teile des Systems zurückführen lassen. In solchen Systemen werden folglich höhere strukturelle Ordnungen erreicht, ohne dass erkennbare äussere steuernde Einflüsse eines wie auch immer gearteten Organisators vorliegen. (Dies und das Folgende referiert den Beitrag von Lars Jaeger nach https://scilogs. spektrum.de.beobachtungen-der-wissenschaft/warum-wir-beim-unerklaerlichen-der-natur-nicht -mehr-gleich-nach-hoeheren-wesen-fragen-müssen).

Man bezeichnet diese Entdeckung emergenter Eigenschaften in der Natur als Emergenz. Anstatt das Geschehen im Grossen auf immer einfachere Phänomeme reduzieren zu können, geht es nun um das Gegenteil, nämlich die einfachen Phänomene als Idealisierungen und Abstraktionen einer an sich viel komplexeren Wirklichkeit zu erkennen. Die fundamentalen Gesetze im Kleinen sind irrelevant für die Eigenschaften des Systems als Ganzes. Beispiele von emergenten physikalischen Phänomenen umfassen Paramagnetismus (spontane Magnetisierung eines Stoffes in einem externen Magnetfeld), Supraleitung (der widerstandslose Stromfluß in einem Leiter), Suprafluidität (der Zustand einer Flüssigkeit, bei dem diese jede innere Reibung verliert), Phasenübergänge (wie beispielsweise das Gefrieren oder Schmelzen von Wasser), sowie zahlreiche quantenphysikalische Phänomene. Sie finden allesamt in makroskopischen Systemen statt, in denen das Verhalten vieler kleiner Teilchen durch wenige Grössen – sogenannte Ordnungsparameter – bestimmt ist, die sehr plötzlich ihre Grösse ändern können.

So hat sich auf den theoretischen Erkenntnissen zur Physik selbstorganisierender Systeme und Chaostheorie eine neue physikalische Disziplin entwickelt, die die Komplexität und die nicht – lineare Wechselwirkungen in Vielteilchensystemen der Natur mit sich daraus ergebenden Phänomene wie Emergenz zu ihrem Kernthema macht: die »Theorie komplexer Systeme«. Die Eigenschaften selbstorganisierender Systeme entsprechen einem Ganzheitsprinzip wonach das Ganze mehr ist als seine Teile. Diese holistische Naturbetrachtung geht davon aus, dass man die Welt nicht mit einem reduktionistischen Wissenschaftsparadigma, also über eine Analyse ihrer einzelnen Aspekte erkennen kann. Die Definition der Emergenz als Wirkungsprinzip in der Natur eröffnet und beschränkt zugleich den Raum für transzendente Wirkungsprinzipien.

Die Fähigkeit eines Systems, aus sich selbst heraus neue Organisationsformen zu bilden, öffnet den Raum für eine nahezu grenzenlose Kreativität in der Natur. Einmal vom Determinismus befreit, sind emergente Phänomene nur noch im Nachhinein zu rekonstruieren, kaum noch im

Voraus zu reduzieren. Emergente Systeme besitzen die Möglichkeit zur Selbsttranszendenz, also die Fähigkeit, sich selber auf eine höhere Stufe zu bringen. Diese kreativen Prozesse von Natursystemen, die die Fähigkeit der Selbsttranszendenz besitzen, lassen sich wissenschaftlich erfassen. Disziplinen wie die »Physik komplexer Systeme« und die »Chaosforschung« zeigen, dass emergenzverwandte Phänomene wie Selbstorganisation und ihre Entstehungsbedingungen systematisch und objektiv nachvollziehbar sind.

Von Bedeutung in unserem Zusammenhang ist die Erkenntnis, dass in emergenten Wirkungsmechanismen Ansätze für eine synergetische Verbindung zwischen einer naturwissenschaftlichen und zugleich transzendenzbezogenen Betrachtung der Natur erkennbar sind. Zugleich ist deutlich, dass selbstorganisierende Emergente in der Natur das Wirken einer äusseren ‚weltorganisierenden‘ Entität explizit ausschliesst. Die Natur und ihre Phänomene benötigen ausnahmslos in ihrer Formgebung keine transzendente Figur.

»Mission«, verstanden als »Glauben wecken«, macht keinen Sinn, solange nicht angesichts der faszinierenden Entwicklungen der Naturwissenschaften die Glaubensinhalte neu und glaubwürdig definiert sind. Theologische Deutungskompetenz und Glaubensgemeinschaft werden sich kaum noch ohne prinzipielle Infragestellung von außen auf eine autoritative »weltorganisierende Entität« beziehen können. Erst nachdem das »Was« des Glaubens angemessen beschrieben ist, wird man auch über das »Wie« und »Wo« (»Landschaften) intensiv nachdenken müssen. Schließlich haben sich die Formen des Gottesglaubens geschichtlich entwickelt, aber seit den Zeiten Jesu hat sich die christliche, weitgehend anthropomorphe Vorstellung von Gott nach Abschluss der Dogmatisierung seiner maskulinen Gestalt in den ersten vier Jahrhunderten kaum verändert. Das allgemein zunehmend naturwissenschaftlich bestimmte Weltbild beginnt sich nur langsam auf den Glauben auszuwirken, etwa darin, dass auch eine Evolution des Glaubens denkbar geworden ist.

Ein Glaubensbekenntnis, das in das aktuelle Wissen und die Welterkenntnis eingebunden ist, soll den Glauben nicht beweisbar, aber auch Glaubensaussagen nicht unglaubwürdig machen, sondern zumindest glaubwürdig werden lassen. Wenn man Mission also als »Glauben wecken« thematisiert, wird es immer dringlicher, die Aussagen des in allen christlichen Kirchen anerkannten apostolischen Glaubensbekenntnisses zu hinterfragen und möglicherweise neu zu formulieren oder gar zu ersetzen. Wenn Glauben die »Offenheit für MEHR« ist, dann ist möglicherweise die Behauptung von »WENIGER« mehr! Es wäre ja schon viel erreicht, wenn zentrale Aussagen des Glaubens nicht im Widerspruch zu beweisbaren Fakten des allgemeinen naturwissenschaftlichen Weltbildes stehen würden.

2. Verstehen

Eine der gängigen Zielformulierungen christlicher Verkündigung ist es, Glauben an das persönliche Heilshandeln Gottes zu wecken. Voraussetzung dafür ist, gemäß christlicher Lehre, dass der »sündige« Mensch eines »gnädigen Gottes« bedarf, der »allein durch Glauben« (sola fide) ohne menschliches Zutun, von Gott selbst sola gratia (»allein aus Gnade«) bewirkt werden kann. Die »Erlösung« des Menschen gehört zu Gottes Handeln. Im missionarischen Prozess nehmen wir Teil an dieser Diskontinuität, die eine völlig neue »Urlandschaft« schafft (missio dei).

Diese Umschreibung ist bereits eine Modifikation des über Jahrhunderte praktizierten Verständnisses von Mission als einer aktiven Glaubenstätigkeit des erlösten und seine Erlösung bezeugenden Menschen. Dabei entscheiden wir nicht, wer gerettet wird. Das bleibt der Providenz Gottes überlassen. Menschliches Leben in seiner ganzen Fülle zu leben, ist also etwas, was der Mensch sich nicht selbst ermöglichen kann, sondern wofür er vollständig auf Gott angewiesen ist. Soweit jedenfalls, von kleinen Variationen abgesehen, die reformatorischen Kirchen. Glauben als das »total Andere« (totaliter aliter), also Diskontinuität mit dem Vorherigen, ist tragende und bestimmende Realität für Leben und Sterben des Menschen.

Die Römisch-Katholische Theologie behauptet einen Rest von Eigenständigkeit des Menschen, der aus dem »Sündenfall« herübergerettet wurde und der dazu befähigt, das Gute zu erkennen und sich dafür zu entscheiden. Sozusagen ein idealer »Rest« des paradiesischen Verhältnisses zwischen Geschöpf und Schöpfer. Grundsätzlich hält aber auch die römisch-katholische Kirche daran fest, dass das zerrüttete Verhältnis nur über eine persönliche Neuschöpfung wiederhergestellt werden kann, eben durch den – allerdings – von der Kirche über den Priester vermittelten Glauben.

Für eine monotheistische Glaubensweise mag diese Zwei-Sphären Theologie nachvollziehbar sein, nicht zuletzt in der missionarischen Praxis in Afrika und Asien stieß sie auf Widerstände des vorherrschenden multipolaren Denkens. Im Prozess der Erst-Verkündigung war es aber wichtig, dem Menschen in seiner Lebenswelt möglichst nahe zu kommen, das Neue verständlich zu machen. Dies führte auch bei protestantischen Missionstheologen zur Annahme eines in jedem religiösen Zusammenhang vorhandenen »Anknüpfungspunktes«, eines zu entdeckenden Punktes in der Lebenswelt des Anderen also, der eine Anknüpfung des Neuen an das Alte möglich, vielleicht auch erträglich und logisch machte. Zu einem solchen klassischen Anknüpfungspunkt wurde für die Zeit der Entstehung des Neuen Testaments der hellenistische »Altar des unbekannten Gottes«. In neuerer Zeit haben europäische und amerikanische Missionsleute den einen Gott einer Stammesgemeinschaft, oder auch einen aus der verehrten Vielfalt von Göttern mit dem Gott der Christen identifiziert und ihn mit neuen Inhalten und Eigenschaften belegt. In nicht wenigen Fällen hat man gar dessen Namen übernommen.

Aber ist eine daraus entstehende oder auch entstandene Gläubigkeit mit dem christlichen sola fide zu vereinbaren? Ist Glaube mit Hilfe eines Anknüpfungspunktes nicht vielmehr ein angepasstes Produkt aus dem Bereich der Kultursoziologie? Wie real ist diese Herstellung von Kontinuität zwischen dem alten und neuen religiösen System wirklich? Ging und geht dem nicht eine zu schnelle ursprüngliche Übereinstimmung der alten Vorstellungen mit dem neuen Credo voraus? War und ist es doch eher ein Placeboprodukt nicht vom Erfolg verwöhnter »westlicher«

Bekehrungsfanatiker, die sich ein Scheitern ihrer Mission weder praktisch noch theoretisch vorstellen konnten oder auch noch immer nicht vorstellen können? Traditionelle wie charismatische Erstverkündiger waren und sind auf die Überwindung des Alten ausgerichtet, kamen sie doch allzu oft auch im Gefolge eines politischen Überfremdungssystems, dessen Gott in einer anthropologisch begründeten religiösen Perspektive auch der Stärkere sein musste.

Das Verständnis von Glauben-wecken als Zielorientierung von Evangelisation und Mission ist in der ökumenischen Bewegung etwas aus der Mode gekommen und wird nicht mehr unbestritten vorausgesetzt. Aber die unglaubliche Fülle dessen, was im Regelfall als spirituelle Innen- und soziale Außenwirkung der kirchlichen Verkündigung genannt wird, ist nicht anders als »glaubend« im Sinne von sola fide zu begreifen. Nur selten gehen relevante Texte auf die Befindlichkeit des informierten Hörers und dessen Frage ein, wo denn Glauben beginnt? Um diesen Ort zu formulieren, wird es nötiger denn je, möglichst nahe an den Punkt heran zu kommen, an dem es wirklich um Glauben geht. Eine moderne Erklärung zu Mission und Evangelisation sollte daher viel deutlicher sagen, was man alles an historischem Ballast nicht »glauben« muss, um zu glauben.

2.1. Glauben und «biblische Irrtumslosigkeit»?

Neuerdings haben auch staatliche Institutionen mit der Evolutionstheorie Probleme. In Erdogans Türkei soll sie aus dem schulischen Lehrplan ganz gestrichen werden. Mike Pence, seit 2017 US-Vizepräsident, sprach sich vor einigen Jahren dafür aus, andere Theorien für den Ursprung der Arten als die Evolutionstheorie an den Schulen zu unterrichten. Nordirische DUP Parlamentarier wenden sich entschieden gegen Evolution im Biologieunterricht, da sie die SchülerInnen »korrumpiere«. Es scheint, als sei eine globale Bewegung im Erstarken, die sich für die Historizität der Behauptungen in den biblischen Schöpfungsgeschichten einsetzt. Dort ist dann die Erde endlich wieder der Mittelpunkt der Welt , die

Sonne ist wieder das Zentralgestirn des Kosmos, nicht nur ein unbedeutender Stern wie unzählige andere. Leben ist nicht zufällig entstanden, sondern Geschenk und seine Fülle erlangt es durch einen gnädigen Gott. Schluss damit, dass jede neue Erkenntnis in der Genforschung, Paläontologie, Populationsbiologie, Zoologie und Biologie den homo sapiens relativ zum großen Ganzen verzwergt. Die synthetische Evolutionstheorie als eine einleuchtende Erklärung für das Geschehen in der Natur, sozusagen die Grammatik des Lebens, wird offensichtlich für nicht wenige religiöse, auch christliche Menschen zu einer Bedrohung der Grundlagen und des Selbstverständnisses menschlicher Existenz.

Der Stillstand in der theologischen mainstream Auseinandersetzung regt daher zu einer kritischen Rückfrage an, die sich auf die Theoriebildung in der neueren fundamentalistischen Bewegung bezieht. In diesen Kreisen wurde der von ihnen behauptete so genannte »wissenschaftliche Kreativismus« weiter entwickelt zum »intelligenten Design«, das keine Glaubensmeinung darstellt, sondern den Anspruch einer biblisch abgeleiteten Wissenschaft erhebt. Ging es auf dem Höhepunkt der Auseinandersetzung mit der Evolutionslehre im »Affenprozess« von Dayton / Tennessee / USA 1925 darum, darwinistische Lehren aus dem öffentlichen Schulbetrieb zu verbannen, so geht es den modernen Fundamentalisten um Gleichberechtigung für den »biblisch wissenschaftlichen Kreativismus« mit der gängigen Evolutionstheorie.

Für die Fundamentalisten gehört diese Auseinandersetzung zum Kern des Widerstandes gegen den neuen »säkularen Humanismus«. Seit den 1960er Jahren manifestiert sich dieser für deren Anhänger außerdem in der Gleichberechtigung der Geschlechter, der Homosexualität, dem Recht auf Abtreibung etc. Zur Vervollständigung dieses fundamentalistischen Ansatzes gehört der 1977 gegründete »Rat der Biblischen Irrtumslosigkeit« (inerrancy). Mit dem hermeneutischen Fundamentaldogma der irrtumslosen Bibelgläubigkeit werden alle Aussagen des wissenschaftlichen Kreativismus zu nicht hinterfragbaren Wahrheiten erklärt.

2.2. Glauben mit neuronaler Grundlage?

Für eine moderne Darstellung von Mission und Evangelisation ist neben der Auseinandersetzung mit dem »wissenschaftlichen Kreativismus« die Diskussion der neuronalen Grundlagen der Sinneswahrnehmung, der Emotionen, des Träumens und vor allem auch des Glaubens unumgänglich. Eine gigantische Aufgabe selbst für Großdatenanalyse (Big Data), geht doch die Wissenschaft davon aus, dass im Hirn eines Menschen 85 Milliarden Neuronen eine Billiarde Verbindungen herstellen können. V.S. Ramachandran von der Universität California war 1999 der Erste, der den Glauben auf neurobiologischen Grundlagen interpretierte. Er behauptete, ein Gottesmodul, also einen Schaltkreis für religiöse Erfahrungen mit Sitz in den Schläfenlappen des menschlichen Gehirns gefunden zu haben. Diese Behauptung ist von anderen Neurologen bestätigt, teilweise bestritten, vor allem aber modifiziert worden. Seither sind vertrauenswürdige Wissenschaftler mit der »Vermessung des Glaubens« und der Erforschung der Lokalisation der Glaubensfähigkeit im Gehirn befasst. Zwar beschäftigt sich die Neurologie und die weithin unbekannte Neurotheologie intensiv mit dem Ablauf und der Suche nach neuronalen Prozessen, der traditionelle Kirchenbetrieb jedoch negiert die Fragestellung weitgehend und besteht auf dem sola fide eines genialen Schöpfungsaktes. Aber was, wenn Glauben biologisch oder neuronal nachweislich erklärbar ist?

2.3. Glauben-wecken und Dialog

In den protestantischen Kirchen wird heute viel und lautstark von Mission und Evangelisation gesprochen, allerdings nicht sehr präzise in der Zielformulierung, sowohl was Evangelisation, als auch was Mission betrifft. Insbesondere im Blick auf die seit den 1950er Jahren eingeführte Ersatzbegrifflichkeit »Dialog« sind Klarstellungen notwendig [Anm. 55]. Die Fragestellung ist m. W. vornehmlich im Dialog mit dem Buddhismus von drängender theologischer Relevanz geworden. Hier hat sich im Dialog die traditionelle christliche Klassifizierung Buddhas als Mensch und Lehrer als eine nicht haltbare Verkürzung erwiesen. Schon im Pali Tipitaka und dann aber im Mahayana, hat Buddha zu seinen Lebzeiten den ewigen Kreislauf (samsara) aufgelöst und ist sozusagen zu einem nirvanisierten Lebewesen geworden, einem Menschen, durch den die Realität jenseits des samsara transparent geworden ist. Nach buddhistischer Lehrmeinung ist Buddha also jemand, durch den das Nirvana sichtbar und das, was jenseits dem dharma ist, transparent wurde. Mit anderen Worten: Buddha ist eine Inkarnation des Transzendenten.

Nach christlicher Lehre offenbart sich Gott im Leben Jesu. Wie im Leben des Buddha sich das dharma inkorporiert, so ist im Leben des Christus die »Herrschaft Gottes« inkorporiert, die gnädige Beziehung Gottes zum Menschen. Buddha und Christus funktionieren in ihrer je eigenen Weise als Mediator einer transzendenten Realität, die wiederum ultimative Quelle von Hoffnung auf Befreiung oder Erlösung ist. Danach würden beide Traditionen, in sicher verschiedener Weise, einerseits auf dieselbe transzendente Wirklichkeit und andererseits auf die Mediatorenrolle Buddhas und Christus' hin ausgerichtet sein.

Offensichtlich ergeben sich auch im Dialog mit dem Islam, dem Judentum und anderen Religionen ähnliche Korrekturen beim intensiven gegenseitigen Hören aufeinander. Was bedeutet diese Entwicklung im Dialogprozess für die christliche Theologie und ihre Verkündigung? Ist es theologisch möglich, von Komplementarität (Perry Schmidt-Leukel) der Zugänge zum Transzendenten zu sprechen, also von mehreren gleichwertigen, wenn auch verschiedenen Inkarnationen des Transzendenten auszugehen? Muss nicht eine neu-dimensionierte Christologie und ebenso eine »erweiterte« Soterologie dem gerecht werden, was aus dem breit angelegten Dialog »gehört« wurde, also zu lernen wäre? Und würde nicht eine Erweiterung, selbst wenn sie theologisch im neuen Hören auf Schrift und Tradition möglich wäre, nicht doch wie eine moderne Anpassung an eine veränderte Sachlage klingen? Ist Christliche Theologie aber überhaupt noch sinnvoll, eben weil sie auf einem Teil-Segment der religiösen Erfahrung der Menschheit basiert, und wäre es also nicht relevanter, eine Eine-Welt-Theologie zu betreiben, sozusagen als Teil eines offenen, ständigen interreligiösen Kolloquiums?

Um dafür qualifiziert zu sein, müsste christliche Theologie bereit sein, sich von zwei Umklammerungen zu befreien, einmal von der Umklammerung der durch Paulus geschehenen Ausweitung lokal auf Israel bezogener, stammesreligiöser Ereignisse auf global relevante, geschichtliche, fundamentale und weltverändernde Deutungsdimensionen. Zum anderen ginge es darum, sich von der Umklammerung der im Glaubensbekenntnis festgeschriebenen Gesetzlichkeit der altkirchlichen Dogmen zu befreien und die fast 2000 Jahre alte Fiktion (Kapitel I) einer einheitlichen materiellen Glaubensaussage zugunsten einer neuen Vielfalt transformativer Spiritualität aufzugeben? Schließlich hat sich die »Urlandschaft«, oder das erkennbare Weltbild, also der Hintergrund, von dem her urchristliche Kanonisierungen formuliert wurden, seit der Antike einigemale grundlegend verändert. Wie aber kann man ohne in einen unauflösbaren Widerspruch zu geraten, einerseits definitiv feststellen, dass sich das Weltbild verändert, andererseits die allseits anerkannten auf diesem Weltbild basierenden sogenannten Glaubensaussagen aber zeitlos unveränderlich gültig und daher auch unverändert stehen lassen?

2.4. »Transformative Nachfolge«

Das Vermächtnis der neueren Missionsgeschichte ist, dass sie in ihrem Selbstverständnis Raum für den transformativen (Heiligen) Geist geschaffen hat, um neue Formen der Partizipation des Menschen zu ermöglichen. Zunächst nur zögerlich, haben Missionen und Kirchen sich dann doch interreligiösen Fragestellungen geöffnet. Im letzten Quartal des 20. Jahrhunderts wurde eine Anzahl von vielversprechenden Dialog-Projekten begonnen. Dies gilt sowohl für den eigentlichen Missionsbereich als auch für das Engagement im Bereich der partizipatorischen Entwicklung. Partizipatorische Nachfolge sollte vertieft und ausgeweitet zu einer transformativen Nachfolge werden, was wiederum nur in aktiver

Zusammenarbeit mit Menschen anderer Religionen und Kulturen sinnvoll sei. Mission und Entwicklung sollte mehr als bisher gemeinsam von allen Betroffenen verantwortet, geplant und durchgeführt werden. Die von dem Philosophen John Rawls angestoßene Idee »des übergreifenden Konsensus« als gesellschaftstheoretische Grundlage ist relevant auch für das gesellschaftsbezogene Handeln von Kirchen und Missionen. Gerade der vom ÖRK seit den 1970er Jahren inspirierte interreligiöse Dialog hat gezeigt, wie verschiedene Konzeptionen des guten Lebens in einer Gesellschaft sich in zunächst geteilten Grundüberzeugungen treffen, z. B. bei den Menschenrechten oder auch bei religiösen Aktionen.

2.5. Internetuelle Bewegung

Die neuere Weltmission verstand sich zunächst als reformerische Gegenbewegung in einer bürokratisierten und auf sich selbst bezogenen Institution Kirche. Die von der Bewegung Erfassten haben alle im 19ten Jahrhundert bekannten Kommunikationsmöglichkeiten ausgenutzt: die neuen Seewege, Kontinente überschreitende Reisemöglichkeiten, lesen und kommentieren in Gruppen von Interessenten, risikoreiche Begegnungen mit Fremden und mit der Fremde, damit auch alle Möglichkeiten des Sicherzählens, des einander Teilhabens über schriftliche und persönliche Weitergabe des Erlebten und Erfahrenen. Einfache bewegte Christen haben einander völlig unbekannten Menschen, in verschiedenen Kontinenten nahegebracht, was sie bewegte. Sie waren mit einander sozusagen »vor-global vernetzt«!

Es waren nicht die klassischen Intellektuellen, eher einfache Menschen, gradlinig und direkt, ohne oberflächlich zu werden. Sozusagen Protagonisten der digitalen Netzwerker-Generation, der »Internetuellen« [Anm. 57]. Es ging ihnen um Beschaffung, Durchdringung und sachgemäße Weitergabe von Information über die weithin unbekannte Welt und die Vielfalt der in ihr lebenden Menschen.

Der Referenzrahmen für die christliche Gemeinschaft und ihr Zeugnis hat sich in den vergangenen zwei Jahrzehnten grundlegend verändert.

Nationale und lokale politische, ökonomische und kulturelle Bezugs-
strukturen sind von einer auf Monokultur ausgerichteten totalen Globalisierung bereits so weitgehend ökonomisch, kulturell, politisch und
medial durchsetzt, dass eine Zurückentwicklung nicht mehr denkbar ist.
Das heißt aber, dass jegliche Überlegung zu den Wirkungsmöglichkei-
ten einer internetuellen Bewegung im Ansatz von dieser Entwicklung
ausgehen muss. Für eine immer noch stark patriarchalisch geprägte und
von oben organisierte Mission und Kirche geht es darum, sich zu erneuern und sich so zu verändern, dass Glauben wecken in einer zunehmend
vernetzten von unten her organisierten Informationsgesellschaft wieder
eine Chance erhält anzukommen

Der interne Streit um die Auslegung des New-Delhi Beschlusses 1962,
wer sich in wen integriert, ist obsolet geworden. Durch die schleichende
Verinnerlichung der Globalisierung haben sich auch die Voraussetzungen und Intentionen der kirchlichen Verkündigung für ein globales
Engagement total verändert. Die Chance für eine gemeinsame inter-
netuelle Konsolidierung in einer internetualen globalen Bewegung liegt
in der gemeinsamen Erarbeitung der Inhalte und der Strategien ihrer
Umsetzung in der heraufziehenden globalen, vernetzten Informationsgesellschaft. Andernfalls wird sich der ungeordnete historische Rückzug von Mission und Kirche aus der globalisierten Welt hoffnungslos
fortsetzen. Um der bleibenden Relevanz des Evangeliums willens sollte
Glauben-wecken sich als Beteiligung in einem globalen und interreligiösen Netzwerk verstehen lernen, das internetual innerhalb der kommenden global vernetzten Informationsgesellschaft agiert.

Es könnte zur geschichtlichen Herausforderung gehören, den Wir-
kungsraum für das transformative Evangelium in allen Bereichen des
individuellen und gesellschaftlichen Lebens weit aufzustoßen. Dabei
ginge es nicht nur um die traditionellen Beziehungsbereiche oder Engagements, sondern um die Pionierrolle, neue Formen eines global
vernetzten Lebens in einem partizipatorischen Geist für die kommende
Gesellschaft einzuüben. Vielleicht gelingt es, dass sich die Millionen der
Leidenden, Ausgebeuteten und Unterdrückten, dann als Teil der ver-

netzten »Kirche der Armen« verstehen können, als Subjekte der missio dei in der global vernetzten Informationsgesellschaft.

Wir sind Zeugen der ersten Erfahrungen der vernetzten Macht, des wirkungsvollen Einsatzes von Kommunikation mit Werkzeugen wie Facebook, Twitter, Internet, und andere Mobile Kommunikationsmittel. Wir haben neue wirksame glanzvolle und tragische Formen der Organisation von menschlicher globaler Gesellschaft der Zukunft erlebt: die spanische »Revolte der Indignado« (der Empörten, der Ausgestoßenen), den »Arabischen Frühling«, die Revolten von 2013 und 2014 in Nordafrika, der Türkei, in Brasilien, Indien, der Ukraine, in Hongkong, Korea, natürlich auch die gegenwärtige Formation einer »Internationalen der Rechten« in Europa und Nordamerika. Diese mächtigen Zeugnisse stehen zeichenhaft im Zusammenhang mit dem fortschreitenden Auslauf des kapitalistischen Gesellschaftsmodells und dem sich anbahnenden globalisierten Modell einer global vernetzten Informationsgesellschaft, in dem vernetzte Mission ihren neu zu formulierenden Auftrag zu erfüllen haben wird.

2.6. Globalisierung und globale Monokultur

Es ist bezeichnend, dass Kirchen und übernational agierende soziale Netzwerke dem Trend zur Globalisierung weitgehend kritisch gegenüberstehen. Sie verweisen mit Recht darauf, dass mit der Globalisierung eine starke Marginalisierung oder gar Abkoppelung der ohnehin bereits verarmten Bevölkerungsteile einhergehe. Außerdem fördere die kulturelle Invasion fremder Lebensformen durch Massenkonsum, Fernsehen und Massentourismus nicht reparable Brüche mit der Tradition, einen Pluralismus von Lebensentwürfen und in traditionell orientierten Kulturen einen bisher unbekannten, zur Selbstzerstörung neigenden Individualismus. Zugegeben, in multikulturellen Transformationsprozessen streitet die Erfahrung der Freiheit mit der Suche nach Identität. Religiöse Loyalität und differenzierende Lebensgestaltung produzieren neue, auch blutige Konflikte. Toleranz und Dialog suchen Bewährung in einer neuen Dimension der gesellschaftlichen Auseinandersetzungen. Entscheidend ist aber, in welchem Maß und wie der Einzelne und die Gemeinschaft an der Veränderung und der Herausforderung des Wandels beteiligt sind.

Ein Merkmal der globalen Veränderungen sind die unvorstellbaren, für das menschliche Hirn kaum noch fassbaren Datenmassen. Nur ein paar Beispiele sollen diese Beobachtung demonstrieren: Den Teilchenbeschleuniger des CERN kann man mit Sicherheit noch immer als die größte Datenmaschine der Welt bezeichnen. Sie erzeugt jede Sekunde 1 Petabyte Daten. In einer Stunde kommen dabei mehr Daten zusammen als die Menschheit bis zum Beginn des 21.Jahrhunderts produziert hat. Die Karlsruher Softwarefirma Blue Yonder errechnet pro Nacht 500 Millionen Verkaufszahlen für alle Artikel aller Auftragsfirmen. Füttert man diese Datenschwemme mit Variablen, so bringt das konkrete Anweisung für Bestellung, Verkaufsschulung etc., die ohne menschliches Zutun ausgeführt werden. »Big Data«, «Magic Carpet« rechnen neben Petabytes mit Exabytes und Zettabytes, unvorstellbare Werte. Die US Datenfirma BlueKai betreut 150 Millionen Amerikaner mit präzis eingestellter Werbung bei jeder einzelnen Netznutzung. Über das globale US Überwachungssystem NSA ist noch zu wenig bekannt, um entsprechende Zahlen zu nennen. In bestimmten Anwendungsbereichen vernichtet die Masse und Analyse der Daten Individualität und gleichzeitig schafft sie beginnende Hyperindividualität.

Einige Kommunikationsfachleute sprechen von der »Metaphysik der Daten«. Alex Pentland vom MIT meint, dass man dank der Sensoren heute »auf das menschliche Verhalten wie aus Gottes Auge« sieht. Die Zukunft wird rosiger bis hin zu einer »Lösungsgläubigkeit«, wonach Maschinen im Alleingang die Probleme in der Zukunft eigenständig auf Grund der eingegebenen Daten lösen werden. Der Bereich ist offen für viel Spekulation und Diskussion, für Horror- und Neue- Gute- Weltvorstellungen. Der historische Referenzrahmen hat sich also für die christliche Gemeinschaft und ihr Zeugnis in den zwei vergangenen Jahrzehnten unwiderruflich verändert. Ganz im Sinne einer lebendigen Tradition der sach- und zielorientierten Kommunikation der vorindustriellen Epoche, sollten Mission und Kirche im laufenden Prozess der digitalen Revolution heute über virtuelle und soziale Netzwerke und Plattformen zu neuen Gemeinschaftsformen wachsen, deren Einfachheit, zusammen mit der Vielfalt internetualer Kommunikationsmöglichkeiten, direkte Basisbeteiligung aller an Diskussion und Entscheidung Interessierten garantieren. Mit Assistenz von Kompetenzzentren wären demokratische vernetzte Informations- und Entscheidungsprozesse zur Festlegung auf Prioritäten, Schwerpunkte, Konzepte und Strategien weltweit und partnergerecht mit geringstem technischem und finanziellen Aufwand zu bewältigen. Einseitige, elitäre und institutionelle Interessen würden geringere Chancen der Durchsetzung haben als jemals. Der gerade von sozialen Netzwerken praktizierte bevormundende Stellvertretungsanspruch für die rasant verarmenden Menschenmassen könnte sich mit diesem Konzept in ein machtvolles Instrument der Eigenorganisation der systemisch Armen, Benachteiligten und Ausgebeuteten dieser Erde entwickeln und die Menschheit mit einem menschlicheren Gesicht werden lassen.

Um ernst genommen zu werden, wird man sich zunächst einmal der Faszination aussetzen müssen, in einem Prozess der Auflösung bisheriger Grenzen von Raum und Zeit, Oben und Unten die Vision vom internetualen Leben in der einen vernetzten Kommunikations-Welt zu leben und aktiv an den angenehmen Auswirkungen eines einmaligen Transformationsprozesses beteiligt zu sein.

In einer Zeit, in der mit den vorhandenen Technologien aber auch jede Person in höchster Auflösung digitalisiert werden kann, wäre es hilfreich zu wissen, wie zukunftsorientierte Plattformen in dieser vorhersehbaren, im Entstehen begriffenen neuen Welt, die möglicherweise überhaupt keine individuelle Privatsphäre mehr zulässt, mit der personalen Verkündigung »das vermessene Ich« erreichen wollen.

2.7. Kapitalismuskritik und Ideologiefreiheit

Die französische Revolution hat den Traum der Menschheit formuliert! In den Köpfen und Herzen der Menschen sind ihre Werte präsent. Als Bewegung ist sie gescheitert. In ihrem Gefolge faszinierte für einige Jahrzehnte die sozialistische Revolution einen Großteil der Menschheit, bis zu ihrem Ende im Jahre 1998. Die Behauptung liegt nahe, dass der im reformierten Erbe [Anm. 58] angelegte Kapitalismus siegreich aus dem ideologischen Streit der Systeme hervorgegangen sei. Es wird weiter behauptet, dass Globalisierung der postkoloniale Weg zur weltweiten Durchsetzung des kapitalistischen Marktsystems sei: Integration der nationalen Märkte in einen Weltmarkt, Liberalisierung der Wirtschaft und der freie Fluss des Kapitals, Verlagerung der Produktion etc.

Die Veränderung der seit Jahrhunderten geduldeten, wenn nicht vom Menschen verschuldeten, unmenschlichen Verhältnisse, in denen Millionen zu leben verurteilt sind, die Vorenthaltung der nötigsten Grundlagen für ein menschenwürdiges Leben: ausreichende Nahrung, gesunde Luft und Wasser, ausreichende Wohnung, sollen erreichbare Ziele der Globalisierung werden. Gerade Kirchen und Missionen sollten sich eigentlich mit ihrem ganzheitlichen und kontextuellen Zeugnis einschließlich ihren humanitären Bemühungen uneingeschränkt dafür einsetzen, auch den in der hintersten, dunkelsten, eingegrenzten Ecke dieser Erde Lebenden die Möglichkeit der kulturellen, politischen, kommunikativen Selbstbefreiung zu vermitteln. Und was wäre dagegen zu sagen, wenn eine globale Monokultur, eine globale Marktwirtschaft, wenn das »globale Dorf« Freiraum für die Akzeptanz pluralistischer Lebensweisen und der Eigenheiten bewusst veränderungs-unwilliger Minoritäten belassen könnte?

Warum also die plötzliche Aufregung über sicher auch absehbare negative Begleiterscheinungen der Globalisierung? Kirchen und Missionen haben Jahrhunderte lang mit der kapitalistisch betriebenen Industrialisierung und ihren Vorläufern weitest gehend problemfrei und gut gelebt, und zwar ungeachtet der schweren sozialen, wirtschaftlichen und kulturellen Kollateralschäden weltweit. Weder die operationalen Werke, noch der akademisch missionswissenschaftliche Betrieb hat eine profunde Kapitalismuskritik eingeleitet, die sich nicht nur in quantitativen Kriterien erschöpft, sondern auch qualitativ, und damit endlich einmal höchst selbstkritisch zum Kernpunkt gekommen wäre. Damit geht einher, dass nach der seit den 1970er Jahren stagnierenden Dialog-Debatte eine überzeugende Diskussion der Ziele und die Verwirklichung des ganzheitlichen Zeugnisses immer noch nicht stattfindet.

In der Tat scheint sich hinter der Zurückhaltung eine allgemeine Unsicherheit über den Zustand und die Beurteilung des neoliberalen Marktsystems [Anm. 59] zu verbergen. Nach fast über drei Jahrzehnten neoliberaler Politik zeigt sich die Weltwirtschaft in einem permanenten Krisenzustand; für die Fehlspekulationen einer globalen Finanzelite musste nach 2008 die Allgemeinheit aufkommen; in fast allen Industriestaaten ist die Kluft zwischen Arm und Reich größer geworden; der langsame Kollaps des öffentlichen Gesundheits- und Bildungswesens zeichnet sich ebenso ab wie der des gesamten Ökosystems. Für den Neoliberalismus ist der Mensch Verbraucher und der Markt stellt sicher, dass jeder bekommt, was er verdient. Reichtum ist ein Verdienst der Reichen, wie Armut Selbstverschulden der Armen ist. Nach Paul Verhaeghe (What about me?) hat Neoliberalismus das Schlechteste in uns zum Vorschein gebracht.

Der Begriff »Neoliberalismus« kam 1938 während einer Konferenz in Paris auf. Zwei Teilnehmer formulierten die Ideologie: Ludwig von Mises (Bureaucracy) und Friedrich Hayek (The Road to Serfdom, 1944). Einige Reiche griffen die Idee auf und sahen darin einen Weg, sich von Regulierungen und Steuern zu befreien. Als Hayek 1947 die Mont Pelerin Gesellschaft gründete, wurde er finanziell von Millionären und ihren Stiftungen unterstützt. Daraus entstand eine Art neoliberaler Internationale, ein transatlantisches Netzwerk von Akademikern, Wirtschaftlern, Jounalisten und Aktivisten, sozusagen die »Masters of the Univers« wie sie Daniel Stedman nannte. Es bildeten sich an vielen Orten »Think Tanks«, Stiftungen und Institute wurden gegründet, Professorenstellen und wissenschaftliche Universitäts-Abteilungen entstanden. Monopolmacht war für Milton Friedman eine Anerkennung von Effizienz. Die neoliberale Entwicklung verlor in den 1950-er Jahren durch Keynesianische Interventionen (Vollbeschäftigung, hohe Steuern, Armutsbeseitigung, Ausbau von sozialen Sicherheitsnetzen) vorübergehend an Attraktivität. Nach deren Scheitern in den 70-er Jahren wurden neoliberale Wirtschaftskonzepte auch politisch umgesetzt. Jimmy Carter, Margaret Thatcher und Ronald Reagan stehen für Währungsregulierungen, Steuerreduzierungen für Reiche, Eindämmen des Einflusses der Gewerkschaften, Deregulierung, Privatisierung, Auslagerung von Produktivkräften und Wettbewerb bei öffentlichen Dienstleistungen. Die Weltbank, der Internationale Währungsfond (IWF), Maastrichter Vertrag und Welthandelsorganisation (WTO) haben neoliberale Politik im weiten Teil der Welt durchgesetzt. Freiheit von Gewerkschaften bedeutete, die Freiheit der Kapitalhalter, die Gehälter der Lohnabhängigen zu drücken. Freiheit von Regeln bedeutete, die Freiheit, Flüsse zu vergiften, Arbeiter in Gefahr zu bringen, exotische Finanzinstrumente zu schaffen. Freiheit von Besteuerung bedeutet Befreiung von der Weitergabe von Reichtum, der Menschen aus der Armut helfen könnte. Naomi Klein hat dokumentiert (The Shock Doctrine), wie neoliberale Theoretiker dafür plädieren, Krisen zu nutzen, um unpopuläre Politik durchzusetzen, zum Nachteil der Bevölkerung. Was national nicht zu realisieren ist, das wird international über offshore-Gerichte durchgesetzt. Mit deren Hilfe können internationale Gesellschaften das Außerkraftsetzen von nationalen sozialen und Umweltsicherheits-Gesetzen erreichen. Die Privatisierung, oder besser gesagt die Vermarktung der öffentlichen Dienstleistungen spült immer noch riesige Beträge in die Hände von Reichen. Neoliberalismus mag nicht als ein sich-selbst-bevorteilendes Netz angelegt gewesen, aber es ist es geworden.

Möglicherweise ist aber die gefährlichste Folge des Neoliberalismus nicht einmal die wirtschaftliche Ausbeutung, sondern die politische Krise. Mit der Reduzierung der demokratisch gewählten Staatsdomäne, ist auch die Möglichkeit, durch Wahlen etwas zu verändern, eingeschränkt. Wenn man mit Geld Politik machen kann, dann sind die, die weniger haben, in einer Großverbraucher- oder Shareholder- Demokratie benachteiligt: die Wahlvoten sind nicht gleichberechtigt verteilt. Ergebnis ist eine fortschreitende Entmächtigung der Mittelklasse und der ohnehin Armen. Chris Hedges (facebook vom 08.08.2016) hat angemerkt, dass faschistische Bewegungen ihre Basis nicht bei den politisch Aktiven, sondern bei den politisch Inaktiven haben, bei den Verlierern, die das nicht selten rational nicht definierte Gefühl haben, oft zu Recht, dass sie keine Stimme oder Rolle im politischen Establishment zu spielen haben. Wenn politische Debatten uns nicht mehr ansprechen, werden Menschen offen für Slogans, Symbole und Gefühle.

Das Gefühl, durch Globalisierung und die nicht mehr übersehbare Daten-Masse abgehängt zu sein, keine Vertretung in der politischen Elite mehr zu haben und immer nur auf der Verlierer-Seite zu stehen, hat zu einem ständig wachsenden nationalistisch, nicht selten auch rassistisch geprägten Chauvinismus in Politik und Wirtschaft geführt, der bei den Wahlen zum 45. Präsidenten der USA im November 2016 völlig unerwartet in einer totalen Ablösung der US-Politelite seinen explosionsartigen Ausdruck fand. Dieser, für das politisch neoliberale Establischment schockierende Vorgang hat deutlich gemacht, für wieviele Menschen das Gefühl der Vereinsamung, des Isoliertseins, auch des Verlassenseins, der Zukunftslosigkeit, die eine das ganze Leben umfassende alltägliche Realität ist.

Nur wenige kirchliche Gemeinschaften, meist solche, die in Extremsituationen leben, haben diese Gefühlslage realisiert, artikuliert und auch die Ursachen analysiert. Sie sind nicht gegen das generelle soziale Engagement der Kirchen, sie hinterfragen kritisierend die ideologische Triebfeder und die Folgen. Sie haben dabei ausdrücklich und nun schon seit Jahren den neoliberalistischen Kern beim Namen genannt und angeprangert [Anm. 60]. Die institutionalisierte Ökumene hat wider besseres Wissen diesem möglicherweise größeren Teil der Menschheit, die sich von Gott und der Welt verlassen und ausgegrenzt fühlen, seine Stimme nicht gegeben und damit die Minderheiten, die nun auch schon seit Jahrzehnten die inhumanen Praktiken der neoliberalistischen Globalisierungspolitik und ihre individuellen, sozialen und gesellschaftlichen Folgen benennen, zu sektiererischen Querulanten gemacht.

Kaum bemerkt von der Öffentlichkeit, hatte sich bereits im Mai 2016 der Internationale Währungsfond vom Neoliberalismus, d. h. von einer der wirkungsmächtigsten Ideologien der Nachkriegszeit verabschiedet. Das geschah spät, zu spät. Die Entfesselung der Marktkräfte habe die Wirtschaft in vielen Fällen nicht – wie erhofft – gestärkt, sondern vielmehr geschwächt. Und es war der IWF, der die Entfesselung vorangetrieben, um nicht zu sagen verursacht hatte. Er wurde deswegen zum Hassobjekt von Globalisierungsgegnern in aller Welt. Nach fast drei Jahrzehnten ist zu offensichtlich geworden, dass das neoliberale Konzept auf gesellschaftliche Belange keine, oder nur bedingt Rücksichten genommen hat und auch keine ökonomische oder politische Heilslehre ist. Der weitgehende Rückzug des Staates hat die Menschen nicht in jeder Hinsicht freier gemacht, sondern Ansätze neuer schwerwiegender auch politischer Abhängigkeiten geschaffen.

Es ist ein Mitfünfziger, der in der proletarischen Arbeiterkultur aufgewachsen ist und den der auf den Bergarbeiterstreik 1984 reagierende neoliberale Thatcherismus zum linken Aktivisten gemacht hat. Für Paul Mason [Anm. 61] ist der Neoliberalismus, »die Doktrin der unkontrollierten Märkte« am Ende. Die wirtschaftlichen rund 50-Jahre Zyklen von Aufschwung und Abschwung (Nikolai Kondratjew) sind durch neue historische Faktoren, die eine neue Wirtschaftsordnung ankündigen, in Frage gestellt. Dazu gehören »Niederlage und moralische Kapitulation der organisierten Arbeiterklasse, der Aufstieg der Informationstechnologie und die Entdeckung, dass eine unangefochtene Supermacht lange Zeit Geld aus dem Nichts schöpfen kann.« Im Anschluß an pragmatische »open source«- Anwendungen (quelloffene Software), wie sie Wikipedia praktiziert, hofft Mason auf die Vernetzten, gut Ausgebildeten und empfiehlt sein modulares Projekt Zero, alles kleine Post-it-Zettel auf weisser Wand: keine fossilen Brennstoffe mehr verwenden; das Preissystem durch bedingungsloses Grundeinkommen sowie die Erzeugung mit Null-Grenzkosten außer Kraft zu setzen; die Zeit der notwendigen Arbeit verkürzen; ein Nebeneinander von Markt und kollaborativer Arbeit; Verstaatlichung der Zentralbanken; der Staat soll sich wie die Belegschaft von Wikipedia verhalten; drei Prozent Zinsen müssen sein; finanzielle

Repression soll die Schuldenfrage erledigen; zur Preisgestaltung soll ein Netzwerk aus Superkomputern globale Daten sammeln. Digitalisierung, die technologische Entwicklung soll den frühsozialistischen Traum, den utopischen Sozialismus möglich machen.

Logtischerweise steht Mason unter kritischer Observanz. Einige haben nicht davor zurückgeschreckt, den Verdacht zu äussern, dass die Schwäche der Linken in erster Linie eine intellektuelle, eine analytische sei. Man wirft ihm vor, technische Entwicklungen und wirtschaftliche Daten falsch einzuschätzen, er verwechsle das Kommunikationsmodell von Netzwerken mit tatsächlichen sozialen Verhältnissen, opfere politische Ökonomie zugunsten von Schlagworten. »Postkapitalismus« sei eine Aneinanderreihung von Schlagworten des Antikapitalismus und anschliessende Verknüpfung mit geschichtsphilosophischen Motiven, die niemanden wehtun. Elisabeth von Thadden hat Mason gefragt, ob »diese Utopie nicht an der Generationenfolge« enden könnte. Er antwortete mit dem Hinweis, dass für die von ihr genannten »Ungerechtigkeiten zwischen den Generationen nicht erst morgen, sondern schon heute in der ersten Phase der postkapitalistischen Übergangszeit der Staat die Ausgleichskosten etwa im Gesundheitswesen und für die Ausbildungen übernehmen« müsse. Wie einige andere Ökonomen stellt Mason fest, dass Produktivitätsfortschritte ausbleiben, dass für das Kapital Anlagemöglichkeiten fehlen, Banken paniken, die Austeritätspolitik ihre Ziele verfehlt. Neu ist bei Mason, dass für ihn eine avancierte Informationstechnologie tendenziell unvereinbar mit der Kapitallogik ist, mit anderen Worten, dass der Informtionskapitalismus die Funktionsweise des Kapitalismus untergrabe. Information höhle den Wert aus, deswegen der Zwang, durch Monopolbildung willkürliche Preise durchzusetzen. Parallel dazu entwickele sich der Aufstieg der »Nicht-Marktproduktion«. Mit der Kapitallogik gelte es zu brechen, und es gelte, in dieser Entwicklung zur informationell vernetzten Gesellschaft das Ende des Kapitalismus zu erkennen. Für diesen Transformationsprozess bedarf es Zeit und ein schlüssiges Projekt, in dem der Staat eine im Prozess der Transformation zu definierende Rolle spielen wird. Bei jeder bahnbrechenden Innovation hat der Staat sehr bald mit seinen Investitionen eingegriffen, sei es bei der Eisenbahn oder der Atomkraft oder auch schon bei der Informationstechnologie.

Olaf Gersemann, Niddal Salah-Eldin und Holger Zschäpitz berichteten in fünf Punkten über die Infragestellung der herrschenden kapitalistischen Weltwirtschaftsordnung auf dem Weltwirtschaftsgipfel 2017 in Davos [Anm. 61a]: Zunächst stellen sie eine »Abkehr« vom Kapitalismus (1) bei einer Mehrheit der unter 30jährigen in den USA (nach einer Umfrage der Harvard-University im Frühjahr 2016) fest. Ähnliche Ergebnis brachte eine Untersuchung des Infratest Meinungsforschungsinstituts. Danach ist jeder Dritte davon überzeugt, dass der Kapitalismus zwangsläufig zu Armut und Hunger führt, und dass Demokratie nur ohne Kapitalismus vorstellbar ist. Eine in Davos vorgestellte Umfrage des Beratungsunternehmens PwC ergab, dass nur 13 Prozent der Unternehmer davon überzeugt sind, dass die Globalisierung die soziale Schere schließen kann. Es gab natürlich auch solche, die auf den »Erfolg« (2) hingewiesen haben. So die ex-Ebay Managerin Meg Whitman: »Es gibt wahrscheinlich keine bessere Zeit, am Leben zu sein, und wir haben allen Grund optimistisch zu sein!« Sie erhielt viel Zustimmung von Statistikern und Ökonomen, die auf die Erfolge der Armutsbekämpfung in den vergangenen 40 Jahren hinwiesen. Die Ungleichheit zwischen den Ländern der Erde habe abgenommen. Was zunähme, sei die Ungleichheit innerhalb mancher Länder. Dem folgt eine Differenzierung mit der Feststellung verschiedener »Varianten« (3) des Kapitalismus, nach der Beendigung des Kampfes zwischen den kapitalistischen und kommunistischen Systemen. Man erinnert an die Wirtschaftsordnung der Nachkriegszeit mit der Rolle des Staates, die Rahmenbedingungen für wirtschaftliches Handeln festzulegen, also zurückhaltende Eingriffe des Staates. Die hohe Besteuerung und ein hohes Regulierungsniveau in Schweden blieben die Ausnahme. Daneben entstanden der chinesische und russische der Staatskapitalismus, bei dem Regierungen Schiedsrichter und Mitspieler zugleich sind. Dazu dürfte sehr bald die amerikanische Variante eines »Handschlagkapitalismus« gehören, mit Deals statt Regeln, bei dem man nur gewinnen kann, wenn jemand anderes verliert. Zu erwähnen bleibt noch der von der Davoser Elite bevorzugte »weichgespülte Lenor-Kapitalismus«. Unter Einhaltung aller Gesetze sollen es die Kapitaleigner zu Reichtum bringen und zugleich – als Nebenprodukt – Menschen mit guten Jobs und günstigen innovativen Produkten versorgen. Die Märkte sollen Angebot und Nachfrage zum Wohl aller Beteiligten zum Ausgleich bringen.

Für den nationalen Ausgleich von arm und reich gibt es natürlich in Davos auch »Rezepte« (4). Neu ist für Davos, dass höhere Löhne und Umverteilung kein Tabu mehr sind. Der Kampf gegen »exzessive Ungleichheit bedeutet wahrscheinlich mehr Umverteilung, als wir heute haben«, sagte Christine Lagard, die Chefin des erzkapitalistischen Weltwährungsfonds (IWF) in einem Vortrag vor dem Plenum. In dieselbe Richtung geht Ian Goldin, Professor für Globalisierung an der Oxford-Universität: »Wir brauchen eine Kombination von Staat und Markt, um so mehr als sich die Welt immer schneller ändert und viele Menschen fürchten müssen, abgehängt zu werden.« Er fordert stärkere staatliche Investitionen in Infrastruktur und Bildung, außerdem braucht es höhere soziale Absicherung, weil nur ohne Angst vor Armut Wandel möglich sei. Das bedeutet höhere Steuern für die Reichen und Schließung der Steuerparadiese für Unternehmen. Freie Marktwirtschaft mit geringen staatlichen Regulierungen und Besteuerung der Reichen auf hohem Niveau, das ist für Goldin der Kapitalismus der Zukunft. In seiner Nähe befinden sich die Populisten, die meinen, es würde genügen, Kapital und Markt zu entglobalisieren. Das würde aber nicht gewollte kontraproduktive Auswirkungen haben, weil Globalisierung sich verändert hat, so der Ex-US-Finanzminister und Harvard-Professor: »Früher haben Länder Güter aus- und eingeführt. Heute sind sie Teil einer globalen Wertschöpfungskette.« Ausgerechnet der chinesische Staatspräsident Xi Linping resumierte: »Es hat keinen Zweck, die Globalisierung für alle Probleme der Welt verantwortlich zu machen.« Dem folgte Xavier Sal-i-Martin: »Die Industriearbeitsplätze in den USA wurden nicht von Chinesen gestohlen, sondern von Maschinen. Den technischen Fortschritt aber können wir nicht aufhalten.« Es sind also die technologischen Innovationen, die kaum noch überschaubaren Dimensionen der digitalen Revolution, die vor allem für die Disruptionen verantwortlich sind. Der dahinterstehende Erfinder- und Unternehmergeist wird auch in der Zukunft nicht ruhiggestellt werden, sondern den technologischen »Fortschritt« weiter beschleunigen und im Gefolge weitere Millionen Arbeitsplätze vernichten. Meg Whitman analysiert: »Fortschritt ist immer eine schmutzige Sache« und rezeptiert: »Es ist auch die Aufgabe von Unternehmern, Arbeitnehmern bei der Transformation zu helfen.«

So sieht man in der notwendigen Überzeugungsarbeit (5: Fürsprecher) in Davos die Zukunft für den Kapitalismus. Lagard sprach von einem »positiven Narrativ«. 1905 habe auch niemand absehen können, welche Chancen die Industrie für den zukünftigen Arbeitsmarkt haben würde. Genauso fehle uns die Vorstellungskraft, die Jobs zu erahnen, die die verschwindenden Arbeitsplätze ersetzen. Ausserdem will man eine größere Nähe zur Politik suchen. In Davos — und nicht nur dort — dominiere ein unpolitischer Wirtschafts- und Unternehmertypus, oder zumindest so tut. »Politik war für uns, für meine Generation von Führungskräften, im Job vor zehn Jahren kaum ein Thema«, »wir müssen uns wieder stärker engagieren« (Christian Sewing vom Vorstand der Deutschen Bank). Nach der Wende, dem Ende des Kalten Krieges, hat eine Mehrheit der Wirtschaftsführer darauf verzichtet, das kapitalistische System zu verteidigen.

Diese ausführliche Beschäftigung mit Davos 2017 zeigt nur allzu deutlich, dass es bei der »Rettung des Kapitalismus« nicht um eine grundsätzliche Auseinandersetzung mit einer seit Jahrhunderten herrschenden Theorie und Praxis des Wirtschaftens geht, die das Leben der Menschheit sehr ungleich bestimmt hat, sondern eigentlich nur um die bessere Produkt-Vermarktung einer eigentlich nicht akzeptablen Produktfolge, die den sozialen und wirtschaftlichen, den geschichtlichen und überdies den ökologischen Test nicht bestanden hat.

2.8. Machbarkeit und biblische Erwartung

Auch wenn – bedauerlicherweise – Globalisierung noch immer bei denen, die davon profitieren, als Chiffre einer Menschheitsvision fasziniert, so bleibt doch das Machbarkeitsmanagement weit hinter den Vorgaben zurück. Dabei sei anerkennend festgestellt: Die quantitative Steigerung des BSP, die rapid angestiegene Zahl derer, die an Lebensqualität und Mobilität gewonnen haben, nicht nur in Amerika und Europa, die qualitative und quantitative Steigerung der Bildungsangebote an Schichten der Bevölkerung, die vor 50 Jahren noch davon ausgeschlossen waren, etc, kann nicht darüber hinwegtäuschen, dass sich die Menschheit in einer Phase ihrer Geschichte bewegt, deren Charakteristikum deutliche Anzeichen des vorsätzlichen globalen Suizids zu sein scheinten: Überbevölkerung, Verknappung der Nahrungsmittel, Zerstörung des Lebensraumes, Verschlechterung der Luftqualität, Destabilisierung des Erdklimas, absehbarer Endlichkeit natürlicher Ressourcen, Jugendrebellionen, Hungeraufstände, Korruption und legale Bereicherung, etc. Die Auflistung kann beliebig erweitert werden. Sind die Ziele zu hochgesteckt, sind die vorhandenen Ressourcen ausreichend für den rapid gestiegenen Bedarf? Sind die Ökosysteme in der von der Natur vorgegebenen Dimensionierung zu stark begrenzt, um ein glückliches Leben, oder das »Leben in Fülle« für 10 Milliarden Menschen überhaupt zu denken oder gar umzusetzen?

Die christliche, nahezu beschwörende Rede vom ganzheitlichen Zeugnis erweckt den Eindruck, als sei das (naive) Ziel der Beteiligung an der missio dei, durch »Gastfreundschaft«, Parteinahme für die Armen, den Einsatz für Menschenrechte, im Gesundheitswesen, für menschliche Entwicklung, für die grundsätzliche Verbesserung der allgemeinen Situation der Menschheit, sozusagen ihren Beitrag zum Machbarkeitsmanagement der Globalisierung zu leisten. Es erweckt den Eindruck, als läge in der rechten Umsetzung des ganzheitlichen Zeugnisses der Kirche der Schlüssel für die ideale Entwicklung, zumindest aber sei es das intendierte Ziel der missio dei, auf diese Weise das vollkommene Lebens- und Beziehungsumfeld für die Menschheit schaffen zu wollen, also sozusagen das teleologische Endziel des Handelns Gottes mit dieser Welt vorzubereiten.

Zwei widersprüchliche Tendenzen deuten sich an. Einmal scheint es immer noch eine größere Übereinstimmung zwischen dem allgemeinen Trend zur »Globalisierungideologie« und dem biblischen Erwartungshorizont einer neuen Welt zu geben, als die Proteste der erwähnten christlichen Kreise dies erwarten lassen. Mit dieser Tendenz würde die Menschheit in der Illusion einer machbaren glücklichen Zukunft bestätigt. Diese Erwartung stünde allerdings im profunden Widerspruch zur ebenso biblischen Überzeugung von der Endlichkeit alles »Geschaffenen«. Die Idealisierung der Zukunft widerspricht dem Zeugnis von der Endlichkeit allen Lebens. Beide Interpretationen der biblischen Botschaft haben in der Geschichte der Weltmission ihre auch institutionellen Vertreter gefunden. Der Starrsinn, mit dem beide Seiten ihre Meinung »bezeugen«, hat viel Vertrauen verspielt. Auch neuere ökumenische Erklärungen gehen nicht darauf ein und sie geben sich mit der Antwortkultur des im besten Falle zuhörenden Schweigens zufrieden. Dabei hätte der unaufgelöste Widerspruch eine Chance der Auflösung, wären die Verfasser auf die neue »Urlandschaft Wissenschaft« eingetreten. Es könnte ja sein, dass der Tod, die Endlichkeit, nicht additiv, sondern integral zum »Leben in Fülle« dazugehört.

2.9. «Globales Dominium«

Die Welt, in der »Mission« geschieht, hat sich mit dem Ende des »Kalten Krieges« grundlegend verändert. Das seit Ende des zweiten Weltkrieges herrschende dualistische Konfrontationsdenken in Ost und West ist zunächst einmal irrelevant geworden. Dieser Bruch hat in den Verlautbarungen der institutionalisierten Ökumene keine wirkliche Wertung gefunden. Möglicherweise hängt es damit zusammen, dass die Präferenzen der Mitgliedskirchen schon immer auf der Seite des »Westens« lagen, dessen christliche Grundwerte es gegen die Ideologie des »Ostens« zu verteidigen galt. Selbst aus der rund zweihundert jährigen,

weltweiten Erfahrung der Missionen mit den vielerorts Menschen ver-
achtenden Machtpraktiken der »westlichen« Kolonialmächte, ist keine
nennenswerte Hinterfragung dieser Präferenz oder gar einer Schulda-
nerkennung laut geworden.

Diese traditionelle Präferenz hat sich offensichtlich einfach auf die neue
Situation übertragen. Geradezu unheimlich ist das Schweigen des ÖRK
zu der neueren Entwicklung der politischen Machtverhältnisse. In einer
Missionserklärung, in der es ja um eine für das Leben des Einzelnen und
das der Gemeinschaften relevante Botschaft in den nächsten Jahren
gehen soll, wäre eine zumindest in Grundlinien orientierende Analyse
der »neuen einen« Welt von paradigmatischer Bedeutung. Insbesondere aber dann, wenn die als »Sieger« des »Kalten Krieges« gefeierte
Weltmacht den Anspruch auf ein globales Dominium erhebt.

Es ist ein düsteres Bild (nach A. McCoy, Prof. für Geschichte an der
Universität von Wisconsin-Madison: Space warfare and the Future of
U.S. Global Power, 2013), das sich aus den planenden Erwartungen
des Pentagon für das Jahr 2025 ergibt. Bis dahin wird das Pentagon
ein Alles umfassendes globales Überwachungssystem für die Erde,
die Atmosphäre und die Exo – Atmosphäre aufgebaut haben. Die nötigen Experimente und Erfahrungen wurden in Indochina, im Iran, im
Irak, in Afghanistan und im »Global War of Terror« gemacht. Die CIA
ist mit RQ-170, die NASA mit dem Solar getriebenen Pathfinder beteiligt. Daneben gibt es die Defense Advanced Research Project Agency
(DARPA), die National Geospatical-Intelligence Agency, nicht zuletzt die
von Georg Bush aufgebaute National Security Agency (NSA) und das
vom FBI aufgebaute Investigative Data Warehouse. Roboter werden die
anfallende, unvorstellbare Datenflut aus biometrischer Monitoren auf
Straßenebene, aus cyber Data Mining, aus einem weltweiten Netz von
Space Überwachungsteleskopen und aus den aeronautischen, Erde
und Atmosphäre kontrollierenden Drohnen – Patrouillien des Triple
Baldachins koordinieren, analysieren und in tödliche Aktionen umset-
zen können. Ab 2020 wird das neue Alles umfassende System der
totalen Überwachung für die Durchsetzung jedes militärischen, wirt-

schaftlichen und politischen Konzeptes im globalen US-Dominium, mit globaler tödlicher Wirkung zur Verfügung stehen, einschließlich der biometrischen Umsetzung eines Vetos gegen die Formierung gegensätzlicher Meinungen.

Der globalisierte Informations-Kapitalismus hat Millionen Menschen zu einem Netzwerk von solchen, die unter finanzieller, wirtschaftlicher und kultureller Ausbeutung leiden, gemacht. Heute ist jeder Einzelne von ihnen nur einen Klick weit von dem gesamten menschlichen Wissen entfernt, ein Teil der vernetzten Weltgesellschaft. Dazu gehört auch die in den 70er Jahren des vergangenen Jahrhunderts neu entdeckte »Kirche der Armen«. Wenn die Ökumene und ihre Institutionen heute den Eindruck erwecken, dass sie ihre Beziehung zu dieser vernetzten Gemeinschaft nicht eindeutig klarstellen will das heisst, in welche Richtung die von ihnen propagierte »transformative Nachfolge« gehen soll, so wäre es zumindest von seelsorgerlicher Bedeutung für die anzusprechenden Menschen einmal klarzustellen, was sie nicht will.

VI Relevanz für die Verkündigung im Anthropozän

1. Universale Deutungskompetenz

Die ökumenische Bewegung vermittelt den Eindruck, dass sich die gängigen Ansätze postkolonialer Paradigmen der Glaubensverkündigung grundsätzlich von denen der kolonialen Expansion unterscheiden. Die Ausbreitung des christlichen Glaubens kommt – insbesondere in der Südhälfte der Welt – kräftig voran, allerdings mit dem sicher notwendigen Zugeständnis, dass die Zuwachsraten überall da hoch sind, wo eine gewisse einfache Spiritualität, die den Intellekt weitgehend ausblendet, den Geist ungehindert wirken lässt. »Charismatisch« ist das Zauberwort für erfolgreiche Kommunikation! Die Christenheit wächst, aber nur, weil die Kirchen im Süden wachsen. Nicht wirklich formuliert, sozusagen in schweigender Auseinandersetzung ist die traditionelle Verkündigung in den Kirchen des »entchristlichten« Nordens vorausgesetzt. Deren Wachstumsraten stagnieren, mehr noch, die Mitgliederzahlen gehen zurück, die Akzeptanz bei der jungen Generation ist reduziert. So ergibt sich auch hier eine wachsende Präferenz für das charismatische Zeugnis gegenüber dem traditionellen.

Es kann hier nicht darum gehen, den charismatischen Weg eines größeren Teiles der Kirchen des Südens zu analysieren oder zu bewerten. Aber es kann auch nicht darum gehen, den Kirchen des Nordens das Erfolgserlebnis der Kirchen des Südens zur Nachahmung zu empfehlen. Nebenbei sei angemerkt, dass es auch im Norden immer wieder in der Vergangenheit charismatische Gruppierungen gegeben hat, die aber im Regelfall eine Minorität meist im weiteren Rahmen der (Volks-)Kirchen geblieben sind.

Was für die Kirchen ansteht, ist die kritische Auseinandersetzung mit den Brüchen in ihrer Geschichte, einschließlich der Erfahrungen aus den Zusammenbrüchen ihrer imperialen Ausbreitung und der nur zauderhaften Auseinandersetzung mit dem kapitalistischen System. Indirekt haben Christen, Gemeinschaften und Kirchen einige Themen zur Neuorientierung eingebracht. Unsere Kritik geht dahin, dass sich die ökumenische Bewegung bei der Beschreibung geschichtlicher »Landschaften« der Verkündigung auf das (globale) Normalmass beschränkt, dabei aber z.B. die Entdeckung der interplanetarischen Landschaft – ohne es zu merken – völlig übergeht und damit auch die »Ränder« verkürzt definiert. Das heraufziehende Zeitalter des sich selbst optimierenden Menschen, das Anthropozän, kommt bei kirchlichen Verlautbarungen nicht einmal im Ansatz vor. Diese Ignoranz gegenüber dem sich anbahnenden Neuen aber kommt einer definitiven Ausgrenzung möglicher exoplanetarischer intelligenter Lebewesen oder auch des sich selbst optimierenden, neu erschaffenden Menschen gleich. Astrophysiker sind offensichtlich wesentlich stärker engagiert bei der Suche nach menschlichem Leben im All als Theologen. Und das, obwohl der wissenschaftliche Nachweis für diese Ausweitung zu bisher unbekannten interplanetrischen Zivilisationen von einer Mehrheit der Forschung noch in dieser Generation erwartet wird.

Dahinter mag auch ein nun über 400 Jahre während nie ausdiskutierter Konflikt mit den Naturwissenschaften stehen, die in niemals offener, nahezu schweigender Konkurrenz mit Weltkirche und Weltmission zur wesentlichen Triebkraft der aufkommenden Moderne wurden. Das damit verbundene neue, aktive Lebens-, Zeit-, und Geschichtsverständnis hat einen weitaus dramatischeren Wandel im menschlichen Denken und Leben bewirkt als dies jemals vorher in der bekannten Ideengeschichte der Menschheit geschehen ist. Naturwissenschaft ist von dem Wunsch beseelt, die Welt, in der wir leben, zu verstehen. Damit gewinnt die Kategorie der Entwicklung, der Evolution schnell an Bedeutung. Das kosmologische Modell des Universums (Lambda-CDM) kennt nur eine Zeitrechnung. Sie beschreibt die Evolution des Universums innerhalb der vergangenen 13,8 Milliarden Jahre aus einer »Singularität«, dem Urknall, bis zu seinen heutigen Strukturen. Aus dem Wunsch zu verstehen hat sich der heute immer offensichtlicher werdende Wille der Naturwissenschaften und der auf ihr basierenden Technologien und Wissenschaftszweige ergeben, aufgrund des Verstandenen auch Neues zu gestalten. Dieser sogenannte »Fortschritt« prägt unsere

Welt, beschleunigt den historischen Umbruch durch eine sich rasant beschleunigende Digitalisierung, Nanotechnologie, Quantentechnologie, Neurologiesierung, Biologisierung etc. Humanisierung erscheint bereits heute in einem völlig neuen Licht. Die universale mittelalterliche Deutungskompetenz, die führende interpretative Rolle, wenn es um Sinn- und Daseinsverständnis des Menschen geht, liegt schon lange nicht mehr bei der christlichen Theologie, einschließlich der fünf Jahrhunderte »feiernden« Reformation und der vatikanischen Bemühung, es bei einigen Dogmen mit Neuinterpretation zu versuchen.

Es wäre vermessen, in diesen Zeiten eines globalen Wertewandels und unverminderter Ideologieverdrossenheit ein in sich schlüssiges alternatives Konzept vortragen zu wollen. Es kann nur darum gehen, bewährte und neue Elemente der Geschichte aufzuspüren und als ein Torso darzustellen. Möge diese radikal erscheinende Übung mit Denkanstößen zur geschichtlichen Neukonstituierung der Bewegung des christlichen Glaubens führen. Die folgenden Ausführungen gelten gleichermassen für die institutionellen Kirchen, deren Einfluss und Deutungskompetenz sich ebenso rapide reduzieren wie ihre Mitgliederzahlen.

2. Glauben jenseits von »archaischer« Landschaft

Die biblische Schöpfungsgeschichte ist eine Glaubens- und Bekenntnisaussage auf dem Hintergrund einer archaischen Weltdeutung und deren historisch bedingtem Wahrheitsgehalt und begrenzten Wissens- und Ausdrucksmöglichkeiten. Nachdem aus den wenigen überlieferten, authentischen Jesusworten interpretierende Theologien das Geschehene bezeugten, wurde auf diesem Hintergrund ein christliches Glaubensbekenntnis mit seinen materialen Aussagen formuliert und vereinheitlichend kanonisiert. Eindeutig ist dabei die Vorstellung, dass unsere Welt, oder besser gesagt, der Mensch der zentrale Referenz- und Mittelpunkt alles Entstandenen und Geschehenden ist. In den vergangenen Jahrhunderten haben sich die Deutungen der Welt durch ständig neue Erkenntnisse grundlegend und ständig verändert. Es hat deswegen immer wieder Auseinandersetzungen gegeben, intellektuell und emotional. Es gab Anpassungen und Kompromisse. In den vergangenen zwei Jahrzehnten hat sich jedoch eine in ihren Dimensionen nie dagewesene wissenschaftliche Revolution vollzogen, die das Verhältnis von Glauben und Wissen nicht nur quantitativ – wie die bisherigen wissenschaftlichen Neuentdeckungen – sondern auch qualitativ verändert hat. Es gibt kein tertium comperationis mehr, was das Schöpfungswissen betrifft [Anm. 62].

Unser Planet ist nicht die Mitte unseres Sonnensystems – das wissen wir seit einigen Jahrhunderten – und schon gar nicht die Mitte des Alls, sondern ein – wenn möglicherweise auch einzigartiger – Planet in einem unbegreiflich riesigen Universum tausender Planeten, umgeben von tausenden von Sternen/Sonnen. Astrowissenschaftler beobachten das Entstehen neuer Sterne und neuer Universen. Deren Erkenntnisse sind relativ neu. Es dürfte wohl einen Unterschied ausmachen, ob man die, verschiedenen Motivationen folgenden biblischen Zeugnisse der Schöpfung reflektiert, oder ob alles Gewordene (möglicherweise Multiversen!) aus den Folgen einer »Singularität«, eines vor Milliarden von Jahren geschehenen »Urknalles« erklärbar wird, wobei selbst dieser noch völlig rational verständlich würde, sollten sich Vermutungen bestätigen, dass der Urknall auf eine Fluktuation im kosmischen Vakuum oder auf einen Kollaps der Gravitation im Kosmos zurückzuführen ist. Seit dem Ereignis »Urknall« ist alles in sich selbst erklärbar: Schöpfung, Leben, Mensch. Das für das kirchliche Bekenntnis als von »Gott geschaffen« Geltende ist mit der interplanetarischen Anwendung der vom Menschen entwickelten modernen Technik und der sich daraus ergebenden kosmischen Fakten »unglaubwürdig« geworden, weil das, was bisher als Schöpfung bezeichnet wurde, sich selbst entwickelt, sozusagen sich selbst geschaffen hat.

Wenn also die christliche Botschaft gegenüber der Weltöffentlichkeit auch im 21. Jahrhundert am Ersten Glaubensartikel festhalten will, müsste Theologie da einsetzen, wo es letztendlich um Glauben angesichts der wissenschaftlichen Erkenntnisse geht. Sie müsste den Mut haben, all das wegzulassen, was heute eindeutig, d. h. wissenschaftlich erwiesen ist, also nicht mehr Gegenstand von Glauben ist [Anm. 63]. Natürlich ist es auch mangelnde Attraktivität oder falsche Taktik der Kirche, auch die Steuermoral, auch Ermüdungserscheinung beim sozialen Engagement, oder was auch immer an defensiver Argumentation seitens der Kirche zur Begründung ihres schwindenden Einflusses angeführt wird. Es ist zuerst und zutiefst aber die schleichende, nur langsam wirkende öffentliche Bewusstwerdung eines neuen wissenschaftlichen Weltbildes und die damit einhergehende Bewusstseinsveränderung, welches das biblisch-christliche Weltbild sachlich und nachweislich als falsch zur Kenntnis nimmt, und nur langsam heute lebende Menschen der Kirche gegenüber abweisend gleichgültig werden lässt. Es gibt einfach keine Voraussetzungen mehr für ein Gespräch, nicht einmal für ein Streitgespräch, weil das Vertrauen in die Kirche und in den Wahrheitsgehalt ihrer Grundaussagen aus guten Gründen verloren gegangen ist.

Es käme sicher einer neuronalen Kapitulation gleich, würde die Kirche Rabbi Kushner (New York Times, 21.Juli 2013) folgen, der die biblischen Geschichten unterscheidet zwischen denen der linken Hirnhälfte zuzuordnenden Erzählungen des ATs, die faktische Wahrheit vermitteln, und solchen, die der rechten Hirnhälfte zuzuordnen sind und die eine Wahrheit enthalten, obwohl die Geschichte faktisch nicht zu verteidigen ist.

Was ist, wenn Glauben sich als Ausdruck eines religiösen Sprachspieles erweist und darum keine reale Wirklichkeit, sondern eine subjektive Perspektive auf das menschliche Leben beschreibt? Was ist, wenn der gängige Glaubens- und Schöpfungscode durch moderne Forschungsergebnisse nicht nur angeschlagen ist, sondern sich mit Riesenschritten der Auflösung nähert? «Create Yourself« (so der Werbeslogan einer Ladenkette) könnte zum Lebenscode des anthropozänen Menschen werden, für den additive paranormale Glaubensüberzeugungen, die über das Urbekenntnis »Jesus der Herr« hinausgehen, wie sie zum Beispiel in den Glaubensbekenntnissen der alten Kirche formuliert oder auch in den neutestamentlichen Wundergeschichten bezeugt werden, im besten Fall noch contraproduktive rhetorische Stilmittel sind, die das Glauben-wecken nicht unterstützen, sondern nachweislich unglaubwürdig werden lassen. Glauben-wecken ist eben nicht nur eine Stilfrage, denn in dem Falle könnte man ja einfach auch bezeugen, dass es bei den Wundern Jesu und den dogmatisierten Behauptungen um quantenphysikalische Veränderungen auf raumzeitlicher Ebene gehe.

Wir stehen an der Schwelle zu einer Epoche, die der Menschheit ganz neue Erkenntnisse über die Machbarkeit des Lebens und mehr über unsere eigene Bedeutung und Rolle im Universum vermitteln wird, als in jeder anderen Epoche der Geschichte der Menschheit. Was muss und kann also eine moderne, Sinn machende kirchliche Äußerung aussagen, welche zum Beispiel die folgenden Parameter akzeptiert: (a) die neu entdeckten Dimensionen der Entstehung/Schöpfung des Kosmos, der Multiversen, (b) den Beginn von Leben auf der Erde oder auf welchem der geschätzten 200 Milliarden Planeten, bzw. Sternsystemen auch immer, und (c) die wissenschaftlich Nichterklärbarkeit von Glauben? Nur mit und unter diesen Voraussetzungen kann sie auch beschreiben, was »Glauben wecken« bedeutet, ohne neue Theorieebenen und Wertehierarchien theologisch zu konstruieren, und ohne sich charismatisch zu verbiegen oder fundamentalistisch und pseudowissenschaftlich zu argumentieren.

Es wäre eine Befreiung für alle Partner im Prozess der Verkündigung, Sinn gebenden Glauben nicht auf archaische Glaubensweisen geschichtlich gewachsener Kulturen zusammen mit den aus der Erfahrung entstandenen Vorstellungen von Schöpfung und Erlösung, Schuld und Sühne zu beziehen. Akzeptanz beanspruchendes, kontextuelles, billige Anpassung und anbiedernde Beliebigkeit ausschließendes Nachdenken über »Glauben wecken«, muss für den heute lebenden Menschen relevant sein, und darum die neuen Forschungsergebnisse insbesondere der Human-Biologie, der Neurologie und der Astrophysik offen und im Blick auf ihre ethischen Folgerungen reflektiert einbeziehen, und zwar ohne Neuinszenierung der auf einer archaischen Sühneopfer-Theorie beruhenden Erlösungslehre, und dem damit zusammen hängenden Alleinvermittlungsanspruch des Transzendenten durch die Lehre von der Inkarnation Gottes im Menschen Jesus (Christologie). Nur in dieser Radikalität wird auch die Grundregel des Dialogs, der nicht ausgrenzenden Diskriminierung Andersdenkender, eine akzeptable Grundlage sein können.

3. Atem des Lebens« für die »optimierte Schöpfung«?

Biblische und dogmatische Aussagen über Leben gehen im Regelfall von einem personalen Schöpfungsakt Gottes aus. So bekennen es Christen im Glaubensbekenntnis. Aber nachweislich ist das in fiktiver Sprache umschriebene Geschichte. Leben ist vor 5 Milliarden entstanden. Aus dem Wasser und über Viren, zelluläres Leben und Tieren haben sich Urformen des Tier-Menschen wahrscheinlich zuerst in Ostafrika vor 300.000 Jahren entwickelt.

Die meisten Forscher sehen in einigen beispiellosen menschlichen Leistungen vor rund 70 000 Jahren Hinweise darauf, dass seine kognitiven Fähigkeiten zu dieser Zeit einen »Quantensprung« gemacht haben müssen. Waren zuvor Lernfähigkeit, Gedächtnis und kommunikative Kompetenz begrenzt, so dachten und sprachen die Sapiens, die den Neandertaler ausrotteten, Australien entdeckten und besiedelten, eine Sprache wie wir. Dieser Zeitraum, in dem die ersten Schmuckstücke, Kunst wie der »Löwenmensch« entstanden, aus dem erste Hinweise auf Religion, Handel und gesellschaftliche Schichten erhalten sind, endete vor 30 000 Jahren. Dieser erste große Entwicklungsschub wird als »kognitive Revolution« bezeichnet. Ursache für diese Veränderung muss eine zufällige Genmutation im Gehirn des Menschen gewesen sein. Entscheidend war die neue Sprachkompetenz, die es ihm ermöglichte, über Dinge zu reden, die es gar nicht gab. Der Sapiens kann nun über Möglichkeiten spekulieren und Geschichten erfinden. Legenden, Mythen, Götter und Religionen tauchen erstmals mit der kognitiven Revolution auf. Mit der wachsenden fiktiven Sprache kann man sich nicht nur Dinge ausmalen, sondern auch gemeinsam vorstellen, Mythen erfinden, wie zum Beispiel die Schöpfungsgeschichte der Bibel.

Verglichen mit den unzähligen, im Umlauf befindlichen mythologischen Entstehungsgeschichten unseres Planeten hat sich die Lebenswelt des Menschen verändert. Seit der kognitiven Revolution leben wir Sapiens keine natürliche Lebensweise mehr. Wir können lediglich aus einer verwirrenden Vielfalt von kulturellen Möglichkeiten wählen. Umherziehende Gruppen brandrodender und Geschichten erzählender Sapiens waren die größte und zerstörerischste Kraft, die das Tierreich je hervorgebracht hat. Nach der Besiedelung Australiens kam es zu einem wohl ersten, durch den Sapiens verursachten Klimawandel, der eine drastische Veränderung des australischen Ökosystems zur Folge hatte und mit dem dem Aussterben der Megafauna einherging. Die australischen Riesensäugetiere hatten keine Zeit, sich auf die effizienten Jäger einzustellen. Mit der Technik der Brandrodung verschaffte sich der Sapiens Zugang zu den Urwäldern und beschädigte so die intakte Ökologie großer Flächen nachhaltig. Ähnliches geschah in Amerika, Afrika und Asien. Der homo sapiens der post-kognitiven Revolution sollte die größte Katastrophe für die Tier-und Pflanzenwelt des Planeten werden. Noch bevor das Rad, die Schrift, Waffen aus Metall erfunden wurden, hat der homo sapiens die Hälfte aller Großsäuger der Erde ausgerottet. Dieser ersten Ausrottungswelle der Jäger folgte eine zweite Welle, die mit der Ausbreitung der Landwirtschaft vor rund 10 000 Jahren einherging, bevor es zur dritten Ausrottungswelle durch die industrielle Revolution kam.

Was aber bedeutet »Atem des Lebens« nach diesen lebensfeindlichen Eingriffen des homo sapiens, wenn nun die vermeintliche »Krone der Schöpfung« sich anschickt, selbst Leben zu schaffen? Mit Hilfe neuester Biotechnik und Cyborgtechnik, die gerade dabei ist, aus organischen und nichtorganischen Teilen bestehende Wesen zu entwickeln, oder auch mit Hilfe der Entwicklung von gänzlich nichtorganischem Leben – ist eine vom Menschen geschaffene humane Kopie im Entstehen, sozusagen als eine neue »Schöpfung«, irreversibel weiter-, besser gesagt, neu entwickelt. Sie könnte die fiktive »Krone der Schöpfung« ablösen, die nachweislich nie durch einen außerkosmischen Schöpfungseingriff geschaffen wurde. Die heute im Entstehen begriffene humane Kopie tritt transparenter als in der biblischen Schöpfungsgeschichte in das menschliche Bewusstsein. Wenn also der Anfang, das Entstehen, Funktionieren, Dimension von Leben, einschliesslich der vernetzten Menschwerdung, auf unserem Planeten ohne Eingriff von außen definiert ist und eine »selbstoptimierte (zweite) Schöpfung« von (menschlichem) Leben realistisch denkbar geworden ist, was ist dann der sachliche Beitrag der »Mission des Geistes – Atem des Lebens«, den die Kirche und ihre Theologen behauptet? Oder was heißt »Atem des Lebens«, wenn »Künstliche Intelligenz« mit »big data« und neuro-logischer Manipulation immer intelligenter und dann bald einmal intelligenter als menschliche Intelligenz sein wird?

Im März 2017 haben elf deutsche Wissenschaftler im Rahmen der Nationalen Akademie der Wissenschaften eine Lockerung des Verbots der Embryonenforschung zur Diskussion gestellt. Gemeint ist das seit 1990 in Deutschland geltende Embryonenschutzgesetz und dessen Novellierung 2011, wonach begrenzte Präimplantationsdiagnostik zulässig ist, Versuche an Embryonen jedoch verboten sind. Hingegen sind Experimente in China (seit 2015) und neuerdings in den USA (inoffiziell in Technology Review, 2017) auch an lebensfähigen menschlichen Embryonen bereits erlaubt. Danach experimentiert das Labor des Genforschers Shoukhrat Mitalipov an der Oregon Health and Science University die CRISPR-Genschere an befruchteten Eizellen und an einigen Dutzend nicht zur Einpflanzung in den Uterus vorgesehenen menschlichen Eizellen, die von Samenspendern mit unterschiedlichen, nicht näher genannten genetischen Erkrankungen befruchtet worden waren. Dies wäre der erste derartige Versuch zur Genmanipulation an menschlichen Embryonen außerhalb Chinas.

Anlass für die aufregende Diskussion sind auch möglich gewordene Eingriffe in die Spermien-DNA, um einen bestimmten Typ männlicher Unfruchtbarkeit zu therapieren. Grund ist die immer öfter bei Pflanzen und Tieren angewandte, als Crispr/Cas9 weltweit eingesetzte Methode des Genom-Editing oder einfacher gesagt, der Genomchirurgie. Wie bereits beschrieben, geht es um ein Verfahren zur Veränderung des Erbgutes, also auch um (therapeutische) Eingriffe in die menschliche Keimbahn. Diese Anwendung geschieht bisher punktuell, gezielt und ohne fremde Gene in das Erbgut einzuführen. Die Methode ist aber inzwischen so weit entwickelt, dass es nur noch eine Frage der Zeit ist, dass Genom-Editing ohne Nebenwirkungen bei Embryonen durchgeführt werden kann. Diese Veränderungen der genetischen Cods sind nicht reparabel und würden an zukünftige Generationen weitergegeben. Damit wäre eine genetische Keimbahntherapie eingeführt, die nahe an den Beginn des Designs des neuen Menschen durch den Menschen herankommt.

Der biotechnologische Fortschritt, insbesondere die neuere fortpflan-zungsmedizinische Praxis verändert unseren Bezug zum Leben. Es ist absehbar, dass sich bestimmte Normen und Werthaltungen verändern werden, die bisher Grundlagen unseres Handelns waren. Wie lange sich der moralische, von den Kirchen gerne auf christlichen Grundgedanken für sich reklamierte, humanistische Konsens mit Berufung auf Grund-rechte und Würde des Menschen aufrechterhalten lässt, hängt davon ab, ob es der Menschheit gelingt, das implizite Dilemma aufzulösen, sich jeweils zwischen einer allgemeinen Ethik der Würde und einer konkre-ten Ethik des Heilens zu entscheiden. Absolute Gesundheit – und das wäre der Mensch nach Mass, der Mensch 0.2 – wird nur um den Preis absoluter biologischer Kontrolle und Auslese zu haben sein.

Schon heute prägen Maschinen mit künstlicher Intelligenz unser Leben [Anm. 64]: iPhone, iPad, Laptops, Apple watch, Autos und Smart Home [Anm. 65]. Wenn dazu Kybernetik, also Regelung und Steuerung eines Systems kommt, macht das kybernetische Regelsystem keinen Unterschied, ob es sich um eine Maschine, einen Menschen, eine Ge-sellschaft oder eine Industrieanlage handelt. Alles wird überwacht und von dem Ist-Zustand her berechnet und verglichen mit dem Soll-Zu-stand, dem Optimum. Dann setzt der Regler, der Controller, einen Sti-mulus, eine künstliche Intelligenz ein, der ist instruiert vom Algorithmus einer Maschine. Der Mensch im Regelkreis wäre dann gleichzeitig auch in einem Kontrollkreis! Aber was bleibt dann an Freiheit, Selbstbestim-mung? Wer setzt die Stimuli, mit welchen Motiven? Was bleibt bei dem zum neuro-bio-chemischen Ding, bei dem zur quasi-Maschine gewor-denen Menschen noch vom Subjektcharakter des Menschen, seiner ethischen oder moralischen Motivation? Was geschieht mit demokrati-schen Verfassungen und Demokratie überhaupt, wenn »politische Tech-nologien« unser staatliches Zusammenleben »regeln«? Wird am Ende des Jahrhunderts Demokratie von der kybernetischen Manipulation, also von künstlicher Intelligenz und Erkenntnissen der Verhaltensöko-nomie abgelöst sein? Was wird überhaupt aus dieser Menschheit, wenn autonome und synchron handelnde Künstliche Intelligenz intelligenter ist als der Mensch? Beim Deutschen Forschungszentrum für Künstliche Intelligenz (DFKI) arbeiten 800 Mitarbeiter/Innen an der Entwicklung einer Technologie, die Computern das Denken beibringen soll [Anm. 66]. In nicht allzu weiter Entfernung braucht die intelligente Maschine in einigen Bereichen keinen Input des Menschen mehr!

Es gibt Beispiele dafür, dass der Mensch alles macht, was möglich ist! Mit den Perspektiven der Künstlichen Intelligenz erscheint ein Bedrohungssystem realistisch, mit eigenem Bewusstsein am Horizont der Menschheitsgeschichte, das als Korrektur von Un-Vernunft nach Glauben und Balance schreit! In diesen Zeiten des Überganges von der relativen Freiheit des Menschen in der Gestaltung seiner biologischen Evolution hin zur postbiologischen Entwicklung unter dem Vorzeichen der Technologie wird sich die Menschheit auf eine neue für alle geltende Handlungsgrundlage, eine digitale Ethik einigen müssen, der ein gemeinsames Verständnis darüber zugrunde liegt, was und wer wie der Mensch in Zukunft verantwortlich und solidar sein will und kann. In der ökumenischen Bewegung sucht man vergeblich nach Hinweisen oder gar Experimenten zur Entscheidungsfindung oder Verhaltensanleitungen für bereits heute realistische Situationen, in denen das Werkzeug Technologie zum Sinn geworden ist.

Glauben-wecken, macht nur Sinn, wenn es sich nicht nur an solche wendet, die sich auf eine gemeinsame mythologische geistliche, fiktive Sprachregelung geeinigt haben, also an Gleichgesinnte (sicher auch) wendet, also nicht nur an religiös Orientierte (gleiche Axiome) und an einem religiös gesicherten Leben Interessierte (wie bekomme ich einen gnädigen Gott?). »Glauben wecken« heißt vor allem, auf den Anderen, den Nicht-Gleichgesinnten einzugehen, auf ihn zu hören. So sollte sich Glauben-wecken heute eben an solche Menschen wenden, die auf Grund des rasant fortschreitenden Wissens um sich selbst und ihre Welt, voreingenommen oder auch völlig offen gegenüber der »Botschaft« sind. Es könnte beim Glauben-wecken auch eher um einen additiven Prozess der Überschreitung der Grenzen systematischer Glaubensidentitäten gehen, die im Kontext verschiedener religiöser Zugehörigkeiten die Herausforderung in neuen Formen religiöser Hybridität sieht, d. h. zu neuen und radikalen interkulturellen Wegen aufruft, hybriden Glauben zu leben [Anm. 67]? Mit anderen Worten, an welchem Punkt im missionarischen Dialog-Prozess wird »Leben« zum Inhalt der Verkündigung und was beinhaltet der Zuspruch vom Geschenk des »Lebens in Fülle«, des (ewigen) Lebens? Was bedeutet »Atem des Lebens« für die gen-manipulierte Natur und was für den »gen-editierten«, oder auch geklonten Menschen«, für den sich selbst seiner Freiheit maximierenden oder auch beraubenden Menschen im Anthropozän, dem Weltzeitalter, das vom Wissen, Denken und Handeln des Menschen bestimmt ist? Wie geht Glauben wecken beim anthropozänen Menschen?

4. Begleitung auf dem Weg der Endlichkeit?

Heilsgeschichtlich begründete Mission, welche in vielen Variationen der Gläubigkeit nahezu 150 Jahre lang die neuere missionarische Bewegung motiviert hat, hat mit der Entdeckung der dialektischen Theologie an Bedeutung verloren. Diese wiederum hat eigentlich keinen Ersatz geschaffen, es sei denn, man sieht das schillernde missio dei Konzept zumindest teilweise darin verwurzelt. Auf jeden Fall ging eine wesentliche Komponente missionarischer Motivation vollständig verloren: die Ausrichtung von Praxis und Reflexion »vom Ende« her. Für den Herrnhuter Missionswissenschaftler Walter Freytag [Anm. 68] war das geographische Erreichen der Enden der Erde durch die neuere Missionsbewegung sozusagen der Anfang des Weltendes (» ...und dann wird ER wiederkommen!«). Leider hat sein plötzlicher Tod auch seiner theologischen Arbeit ein Ende bereitet.

In diesem Zusammenhang ist ein Hinweis auf das frühe Engagement des ÖRK für Klimafragen im Rahmen des Konzeptes nachhaltiger Gemeinschaften (sustainable communities) in den 70er Jahren des vergangenen Jahrhunderts sinnvoll. Es führte dazu, dass die Vollversammlung des ÖRK in Vancouver 1983 sich intensiv mit dem Thema der Erhaltung der Schöpfung befasste und den Mitgliedskirchen empfahl, das umfangreiche JPIC-Dokument (Justice, Peace, Integrity of Creation) zu studieren und in einen »konziliaren Prozess gegenseitiger Verpflichtung (Bund) für Gerechtigkeit, Frieden und Bewahrung der Schöpfung einzutreten«. Die Europäische Kirchenkonferenz (KEK) zusammen mit der

Katholischen Bischofskonferenz (CCEE) beschlossen die Durchführung einer europäischen Versammlung im Rahmen dieses weltweiten »konziliaren Prozesses« im Mai 1989 in Basel/Schweiz. Es folgte eine zweite Basiskonferenz für den asiatischen Raum in Seoul/Südkorea (März 1990), beide zu den Themen Gerechtigkeit, Frieden und Bewahrung der Schöpfung. Seit den 80er Jahren des 20ten Jahrhunderts gibt es ein Programm zum Klimawandel und eine aktive ÖRK-Beteiligung – nach der Annahme der UN-Convention on Climate Change, 1992 – an der ersten UN-Klimakonferenz 1995 in Berlin. Seither hat der ÖRK offiziell an allen Klimakonferenzen der UN teilgenommen und sich intensiv für ein starkes, rechtlich verbindliches Abkommen zum Klimawandel eingesetzt. Erfolgreich lanciert wurde ein Basisprogamm für den bewussten Umgang mit Wasser. Der ÖRK-Exekutivausschuss hat zuletzt auf seiner Tagung im November 2016 in Nanjing und Shanghai/VR China den »moralischen Imperativ für die Abkehr von fossilen Brennstoffen und der Hinwendung zu CO_2-armen Technologien für wirtschaftliches, soziales und ökologisches Wohlergehen und Nachhaltigkeit für die gesamte Schöpfung« betont. Auf einer vom ÖRK gemeinsam mit dem Genfer Interreligiösen Forum zu Klimawandel, Umwelt und Menschenrechten, den Franciscans International und der Brahma Kumaris World Spiritual University veranstalteten öffentlichen Podiumsdiskussion im Februar 2016 am Sitz der Vereinten Nationen hat Dinesh Suna, Koordinator des ÖRK-Ökumenischen Wassernetzwerkes, an die 500.000 Unterschriften aus Religionsgemeinschaften zur ersten Klimakonferenz und die 1,8 Millionen Unterschriften zu der 21. Konferenz in Paris erinnert. Außerdem stellte er einen Zusammenhang zwischen Nahrungsmitteln, Wasser und Klimawandel her, indem er auf das in Nahrungsmitteln enthaltene Wasser hinwies. Er rief dazu auf, »den Fleischkonsum einzuschränken« und »abgefülltes Wasser durch Leitungswasser zu ersetzen« um sowohl etwas gegen die Wasserkrise als auch gegen den Klimawandel zu tun.

Der WCC-Exekutivausschuß wiederholte in seiner Abschlußerklärung »die drängende Sorge der Kirchen in Bezug auf den Klimawandel« und rief alle Staaten auf, die Verpflichtungen des Pariser Abkommens, beschlossen Ende 2015, in Kraft seit dem 4. November 2016, zu erfüllen [Anm. 69]. Fragt man nach dem Grund des WCC- Engagements, so erhält man den Verweis auf Genesis 2,15. Danach ist Gott ein Gott der Gerechtigkeit, der die Menschen schützt, liebt und umsorgt, die unter seinen Geschöpfen am meisten verwundbar sind. Die Sorge um Schöpfung und Gerechtigkeit ist somit das zentrale Anliegen des ÖRK im Zusammenhang mit dem Klimawandel. Aber in welchem historischen Zusammenhang vollzieht sich diese wohlgemeinte, aber vielleicht auch bei einem Blick auf kosmische Abläufe und irdische Unverbindlichkeit, etwas naiv erscheinende Begründung für das starke Engagement?

Seit den Zeiten Walter Freytags hat sich das apokalyptisch-endzeitliche Verhältnis zur Umwelt eher zurückgebildet, was möglicherweise damit zusammenhängt, dass sich das zu jener Zeit noch allgemein statische Verständnis vom Kosmos definitiv zu einem dynamischen, von den Kirchen bisher nur zögerlich kommentiert bis sprachlos abgelehnt, entwickelt hat. Der kosmische Raum um uns herum dehnt sich aus, überall gleichmäßig und in allen Richtungen. Diese ständige Raumausdehnung bedeutet, dass der Raum zwischen uns und anderen Galaxien immer größer wird. Das Licht der Galaxien braucht deswegen auch einen immer weiteren Weg, um auf unseren Planeten zu gelangen. Dabei verändert sich seine Wellenlänge; man sagt, sie wird rotverschoben. Wenn sich also im Universum alles von einander verschiebt, dann wird uns irgendwann das Licht der Galaxien nicht mehr erreichen und es wird dunkel am »Himmel«. Sollte dann der Planet Erde noch existieren, dann könnten wir nur noch Sterne unserer eigenen Galaxie sehen. Andere Galaxien, die sich in kosmischer Nähe unserer Galaxie Milchstrasse befinden, nähern sich an und werden sich in etlichen Milliarden Jahren mit ihr zu einer riesigen Supergalaxie vereinigen. Zu diesen möglichen Galaxien gehört die Andromedagalaxie aus dem Sternbild Andromeda. Solche nahegelegenen Galaxien vereinigen sich, entferntere geraten durch die Raumdehnung immer weiter auseinander, bis sie nur noch für sich alleine sind, umgeben von einem großen Nichts. In den Supergalaxien lässt irgendwann einmal die Neubildung von Sternen nach, alte Sterne werden bald ihren Brennstoffvorrat verbraucht haben und erlöschen. Schwarze Löcher in der Galaxie verschlingen die Materie ihrer Umgebung. Auch die Zukunft der Supergalaxien ist wie die der

Galaxien und die der Planeten nicht auf ewig ausgelegt. Die Zukunft dieses Universums ist kalt und dunkel, ist endlich. Ob es nach oder aus der endlichen kosmischen Masse neue Singularitäten geben wird, dürfte für die Menschheit insofern relevant sein, als die Menschheit Teil der kosmischen Endlichkeit sein wird. In der verbleibenden Zeit wird es zu gravierenden Veränderungen unseres Planeten, und damit auch für die Lebensbedingungen des Menschen kommen müssen.

Mit der Begrenzung der Zeit des Planeten Erde ist auch die Zeit der Menschen dieses Planeten begrenzt. Diese Begrenzung der Menschheitszeit wird in einem modernen Wissenschaftsbereich, dem Anthropozän [Anm. 70], dem »Zeitalter des Menschen« als eine neue geo-chronologische irdische Epoche postuliert. Gemeint ist der Zeitabschnitt, in dem der Mensch zu einem der wichtigsten Einflussfaktoren auf die biologischen, geographischen und atmosphärischen Prozesse auf der Erde geworden ist.

Bereits 1873 hatte der Geologe Stoppani »Anthropozoikum« als Bezeichnung eines neuen Erdzeitalters vorgeschlagen. Der Begriff Anthropozän hingegen wurde erstmals 2000 von dem Chemiker Paul Crutzen zusammen mit Eugene Stoermer benutzt. In der Zeitschrift »Nature« modifizierte Crutzen 2002 die Bedeutung des Begriffes als eine »Geologie der Menschheit«. Die stratigraphische Kommission der Geolocigal Society of London befand 2008, dass das als Holozän bezeichnete zwischenzeitliche Zeitalter mit stabilen Klimaverhältnissen an sein Ende gelangt und in einen stratigraphischen Abschnitt eingetreten sei, für den in den vergangenen »letzten Millionen Jahren keine Entsprechung zu finden sei«.

Über den Beginn dieses neuen Zeitalters wird allerdings noch lebhaft diskutiert. Als frühestes Datum dafür wird 1610 genannt. Gemeint ist das Einschleppen von Krankheiten in die »Neue Welt«, die ein ungewöhnliches Massensterben bei der indigenen Bevölkerung und einen markanten Rückgang der Kohlendioxid-Konzentration zur Folge hatte. 1800 wird auch als Anfang wegen des Beginns des Industriezeitalters vorgeschlagen. Sicher ist die immer schneller werdende Abfolge von

Innovationen und der damit verbundene CO_2 freimachende Energiebedarf 1945 ist ein anderes Datum (erster Kernwaffentest in New Mexico/USA). Eine Arbeitsgruppe der International Commission on Stratigraphy sprach sich am 29.08.2016 mehrheitlich dafür aus, dass das Jahr 1950 als der Beginn der Einführung einer neuen Epoche in der Erdgeschichte deswegen gerechtfertigt sei, weil der Einfluss des Menschen auf den Planeten nachweislich signifikant geworden sei. Zur Begründung werden die Einflüsse des Menschen auf die Umwelt und deren bleibende Schäden genannt (Artensterben, Artenverschleppung, Klimawandel, Versauerung der Ozeane, Veränderung der Meeresströmungen), und die Erwartung, dass die zukünftige Entwicklung auf den überlebenden (und häufig anthropogen verschobenen) Schäden aufbaut. Teil der Umweltverschmutzung ist die dramatische Lichtverschmutzung (betrifft im Schnitt 80% der Weltbevölkerung). Hinzu kommen Ozonloch, Treibhausgase, radioaktiver Staub, Übernutzung von Ressourcen, Vermüllung (»Welterschöpfungstag«).

Kritiker stellen dem Anthropozän eine neue Humanökologie entgegen. Sie soll Elemente der kulturellen Erneuerung des Menschen in sich bergen und kreativ an Strukturen von Grundfähigkeiten arbeiten, die es der Menschheit ermöglicht, angesichts der katastrophalen Dimensionen menschlicher Manipulation der Natur, wieder zu einem humanen Leben zurückzufinden [Anm. 71]. Die Tragik des menschlichen Geistes aber liegt darin, dass der Mensch im Namen des Humanismus Himmel und Erde stärker veränderte hat, als es je zu ahnen war. Kein Erfinder hat geplant, die Erde zu erwärmen. Es ist passiert, weil jede Neuerung den Energiebedarf der Zivilisation erhöht hat. So wurde die Decke in der Atmosphäre dicker und dicker und die Natur geriet aus ihrem Gleichgewicht. Der Klimawandel erfasste Ozeane und Flüsse, Wälder und Wüsten, Seen und Gebirge, die Eisflächen an den Polen.

Neuerdings haben russische Forscher auf eine bisher nicht in erwähnte Folge der Klimaerwärmung hingewiesen, die mit dem Abschmelzen des Polareises zusammenhängt. Rund ein Fünftel (nur auf der Nordhälfte ein Viertel) aller Landmassen unseres Planeten sind von Permafrost, auch Dauerfrostboden genannt, bedeckt. Die größten Flächen liegen rund um die Pole, in Russland, Alaska und Kanada. Dieser Permafrost scheint ein gewaltiges Kühlkammersystem für alles, was dort einmal gelebt hat, zu sein. Wissenschaftler gehen davon aus, dass die Permafrostregion der Nordhalbkugel knapp 1,5 Billionen Tonnen organischen Kohlenstoff speichert. Die globale Erwärmung hat deren eisige, bisher ganzjährige Ruhe gestört und an keinem anderen Ort der Erde werden in Zukunft die Temperaturen so schnell ansteigen wie hier. Man schätzt um 8° Celsius bis zum Jahr 2100. Mit der eintretenden Schmelze gibt das Eis seine bisher gehüteten und gewahrten Geheimnisse frei. Im August 2014 verendeten im hohen Norden Russlands 2300 Rentiere an Milzbrand, 70 Menschen infizierten sich mit dem Bakterium Bacillus anthracis, dem Auslöser der Krankheit. Anfang der 1990er Jahre fanden russische Forscher im Norden Sibiriens Mumien von Opfern der Pockenepedemie Mitte des 19ten Jahrhunderts. Ein russischer Epidemiologe, Boris Revich, warnte bereits 2012 in dem »International Journal of Circumpolar Health« nicht nur vor alten »eingefrorenen« Krankheitserregern, sondern auch vor solchen, die sich wegen der globalen Erwärmung in die kühleren Permafrostgebiete zurückziehen: Zecken als Erreger der Hirnhautentzündung, Tollwut, Leptospirose, Brucellose und Tularämie. Außerdem berichtete Revich über die Entdeckung eines mysteriösen Riesenvirus, das in dem sehr kalten, pH-neutralen Boden, ohne Licht und Sauerstoff möglicherweise 10.000 Jahre überlebt hat.

Neben Krankheitserregern sind im Permaeisboden auch für Menschen hochgiftige Stoffe wie Quecksilber aus Rückständen von Vulkanausbrüchen eingelagert. Diese und vor allem aber auch große Mengen von eingelagertem Kohlenstoff werden durch die Bodenerwärmung frei. Forscher am Alfred-Wegener-Institut in Potsdam sprechen von bis zu 1500 eingelagerten Gigatonnen (eine Gigatonne entspricht einer Milliarde Tonnen). Die gesamte Atmosphäre enthält derzeit 800 Gigatonnen. Taut der Kohlenstoff auf, wird er über Mikroben in die Treibhausgase Methan und Kohlenstoffdioxid zerlegt und dürfte damit zur Erhöhung der Temperaturen, der Masse an Treibhausgasen und damit zur weiteren Klimaerwärmung einen »deutlichen« Beitrag leisten (genannt werden 0,1° Celsius bis zum Jahr 2100, 0,4° bis 2300, zusätzlich zu der Begrenzung auf 1,5° im Pariser Klimaabkommen).

Beschleunigung, umfassende Vernetzung und wechselseitige Abhängigkeiten sind typische Kennzeichen des Anthropozäns. Im anthropozänen Kontext wird sichtbar, wie sehr der Mensch in das Erd-system eingegriffen hat, und zwar nicht nur in die Atmosphäre und das Klima, sondern in die Meere und auf dem Festland. »Ursprüngliche«, pre-anthropozäne Natur gibt es schon in mehr als 75% der festländischen eisfreien Zone nicht mehr. Ähnliches gilt für die Ozeane. Die anthropozäne Forschung ist dabei, auch den umfassenden Einfluss des Menschen auf ehemals natürliche Kreisläufe, wie z. B. auf den Süsswasser-, den Phosphor- und den Stickstoffkreislauf, sowie auf die anthropogene Dominanz der gesamten biologischen Produktion zu untersuchen. 90% der Biomasse aller Säugetiere besteht aus der Masse des Menschen und der seiner Nutztiere. Selbst in das Sedimentationsgeschehen greift der Mensch entscheidend ein: er trägt mit mountain topping ganze Berge für Ressourcenabbau ab, durchschneidet Täler, staut Seen, und nimmt den Flüssen ihr Sediment weg.

Andererseits produziert der Mensch auch viele Materialien aus natürlichen, nicht erneuerbaren Ressourcen wie Erzen, seltenen Erden oder Erdöl, und baut dadurch eine gewaltige Technosphäre auf, durch die wiederum viele neue Sedimentpartikel, sogenannte »Technofossilien« entstanden sind. Sie sind überall, vom Hochgebirge bis in die tiefsten Meeresregionen, zu finden: Plastikteilchen, Betonfragmente, elementares Aluminium, industrielle Asche, radioaktives Fallout aus Kernwaffen.

Es gibt nahezu kein Lebewesen auf dieser Welt, welches nicht unter dem Einfluss des Menschen steht. Früher mögen es insbesondere die Kräfte der Natur gewesen sein, die auf der Erde herrschten. Das ist vorbei. Die wenigen, über Jahrzehnte lang sich hinziehenden, gesetzlich global wirksamen Korrekturen am anthropozänen Verhalten des Menschen sind marginal und treten in Kraft, nachdem bereits ein neuer Akt des Dramas begonnen hat [Anm. 72]. Man kann den Klimawandel auch als ein Kräftemessen sehen, als einen Kampf der Natur gegen ihren vermeintlichen Bezwinger, den Menschen, der wiederum sein Überleben in diesem Streit als seine ultimative Aufgabe verstehen könnte. Aber man kann den Klimawandel auch als eine Weiterentwicklung des Menschen im Sinne der darwin'schen Evolution und die sich daraus ergebenden Folgen für seine Umwelt sehen.

Originelle technische Ideen, der sich abzeichnenden Katastrophe zu begegnen, gibt es nicht wenige. Eine faszinierende, aber gefährliche Idee ist es, der aufgewärmten Decke in der Atmosphäre das Kohlendyoxid zu entziehen, bzw. die Sonnenstrahlen abzulenken, um so eine Abkühlung zu erreichen, also mit Flugzeugen über die Wärmedecke in 25 Kilometern Höhe eine Kältedecke in der Atmosphäre einzuziehen [Anm. 73]. Diese Überlegung beruht auf der Beobachtung, dass nach dem Ausbruch des Vulkans Pinatubo auf den Philippinen 1991 ein Jahr später die Durchschnittstemperaturen überall auf der Erde für ein Jahr um 0,5° Celsius sanken. Grund dafür: Mit der 30 Kilometer dicken Rauchwolke stiegen riesige Massen kleiner Tröpfchen Schwefeldioxid nach oben und verteilten sich rund um dem Globus, alles kleine Spiegelsplitter und zugleich Sonnenreflektoren, die die Erderwärmung zu einer Pause zwangen [Anm. 74].

Wegen der noch weithin unerforschten Nebenwirkungen einer solchen Climate Geoengineering Governance handelt es sich um ein geniales aber noch ebenso gefährliches Instrument. Es würde die Klimaerwärmung allerdings nur für eine noch nicht definierte Zeitspanne auf einem bestimmten Niveau halten, die eigentlichen Ursachen der Erwärmung jedoch nicht beseitigen. Außerdem setzt es eine zurzeit nicht vorhandene globale gemeinsame Handlungsbereitschaft aller Staaten der Welt voraus, da ein solcher Eingriff, gleich wo er geschieht, sich über die gesamte Atmosphäre ausbreitet. Es bedürfte daher dringend nicht nur eines neuen politischen, sondern auch eines wissenschaftlichen Instrumentariums der globalen Zusammenarbeit, welches über die derzeitigen Kompetenzen der UN hinausgeht.

Der schon erwähnte, marginal geäußerte humanökologische Optimismus mancher Vertreter der Zivilgesellschaft ist bewundernswert. Aber es gibt keine alles umfassende zukunftsrelevante Vision des symbiotisch in das Erdsystem integrierten Menschen, die sich aus der parasitären wirtschaftlichen Globalisierung heraus hin zu einer nachhaltigen, Vielfalt bewahrenden, gemeinsam agierenden, sozialen Globalisierung orientiert.

Die Frage in unserem Zusammenhang ist, was die Botschaft vom »Leben in Fülle« für Glauben-wecken im Anthropozän ^(Anm. 75) beinhalten könnte? Angesichts der realen Möglichkeit, das Bewusstsein des Menschen in einen Computer hochzuladen und damit auch den Cyborg beliebig lange am Leben zu erhalten, sprechen renommierte Zukunftsforscher von einer postbiologischen Welt, in der künstliche Intelligenz, mit Hirnscans und Nanogenauigkeit unsere natürliche Intelligenz, Persönlichkeit und Fähigkeiten auf eine neue nichtbiologische Ebene transferiert. Alles, was Leben gefährdet, wäre bis dahin von Milliarden von Nanobots zerstört, und unbegrenztes Leben, ohne zu altern, ermöglicht. »Fülle des Lebens« heisst das Leben ohne Tod? Gehört die mögliche Machbarkeit der Unsterblichkeit des Menschen in der Cyborg-Zukunft zur Hoffnung der Botschaft? Oder müsste sich Glauben-wecken nicht vehement von diesem technisch verbesserten neuen Menschen distanzieren? Gehörte nicht zu einer Theologie des Lebens in Fülle, dass sie den Tod als integralen Bestandteil des Lebens bekennt? Mit diesem Fokus – über die individuellen Verkündigungsinhalte und die planetarischen Grenzen hinaus – hätte Glauben-wecken eine kosmische »pastorale« Funktion: die Begleitung der sich selbstoptimierenden, interplanetarischen, mit künstlicher Intelligenz und gentechnisch sich postbiologisch erneuernden Menschheit auf deren Weg kosmischer Endlichkeit.

Darin träfe sich moderne Astrophysik und Kosmologie mit archaischen, christlichen und anderen Vorstellungen von der Endlichkeit aller realen Dinge. Zunehmende Erhitzung mit darauffolgender Abkühlung der Sonnen, gefolgt von der ständigen Ausdehnung des Weltalls, werden das Leben auf dem Planeten Erde – gleich, wie die Menschheit mit dem Klimawandel zurecht kommt – spätestens in einer Milliarde Jahren unmöglich machen und definitiv beenden. So die Voraussage der Astrophysik. Bei voller Bejahung der sozialen Komponente der Botschaft und damit dem Engagement in den neuen Kontexten der weiteren Humanisierung des menschlichen Lebens, würde dies für ein relevantes, sinnvolles Glaubensbekenntnis bedeuten, die Bezogenheit auf das Ende von Ressourcen, Materie, Zeit und Raum als Korrektiv der gängigen einseitig euphemistisch ausgerichteten illusionären Zielorientierung als einen wesentlichen Fokus der Verkündigung des Lebens im 21. Jahrhundert und darüber hinaus zu realisieren.

Eine konsequente Ausrichtung des Zeugnisses auf konkrete, wie in ökumenischen Texten beschriebene Zukunftserwartung (Humanisierung) und zugleich auf Begleitung auf dem Weg der Endlichkeit, würde sowohl für die Globalisierung der Menschheitsträume und deren Machbarkeit, als auch für die apokalyptischen Weltuntergangsprediger, nicht nur eine kritische Hinterfragung beinhalten, sondern würde auch für den konkreten Akt des »Glauben-Weckens« von entscheidender Bedeutung sein. Es dürfte eine klare Absage an jede Form von »Wiederaufrüstung« nach der Niederlage der »Westmission« enthalten, also eine Botschaft ohne apokalyptische Horror- oder paradiesische Glücksszenarien.

Es ist nicht einfach, in kirchlichen Verlautbarungen, relevante Definitionen missionarischer Ziele zu finden. In einem Vorbereitungspapier für eine Asiatische Missionskonferenz 2017 formuliert der Generalsekretär der »Christlichen Konferenz in Asien« (CCA) in seltener Klarheit: «Als neue menschliche Familie, als Symbol und Diener von Gottes Herrschaft ist es die ultimative Aufgabe der Kirche, die Menschheit und den Kosmos in Gottes Herrschaft zu führen. Die Mission der Kirche ist es, in den Prozess des Partnerseins in Gottes Herrschaft einzutreten und seine Bewegung hin zur Endzeit-Gemeinschaft zu fördern.« Das Thema ist vielversprechend: «Zusammen gehen: Prophetisches Zeugnis der Wahrheit und des Lichtes in Asien.« Die Wahrheit im Kontext der Reich-Gottes-Vision ist, dass »ultimative Freiheit und Befreiung für alle Menschen und den ganzen Kosmos gilt«. Bei genauerer Einsicht in die Subthemen findet man relevante soziale und politische Aspekte, jedoch keine Themen, die Anreize zu einer wissenschaftlichen Grundlagen-Diskussion geben könnten [Anm.76]. Dieser Hinweis bestätigt das allgemeine Bild einer nahezu systematischen Abstinenzhaltung des Christentums gegenüber der Auseinandersetzung mit naturwissenschaftlichen Fragestellungen. Dies ist umso bedauerlicher, da gerade in Asien, in der VR China, in Japan und Indien auf allen gesellschaftlichen Ebenen die traditionelle und moderne wissenschaftliche Beschäftigung mit dem Woher und dem Wohin der Welt und des Lebens von besonderer Bedeutung ist.

5. Individuelle »Umkehr«?

Was aber ist mit der biblischen Kernforderung einer radikalen individuellen Umkehr, bzw. Hinwendung zu einem (tri-) personalen, jenseits von Zeit und Materie existierenden, liebenden und strafenden, gnädigen und nachtragenden, kosmisch-relevanten Gott? Mit dem Festhalten bliebe das elitäre, polarisierende Element erhalten, das in der Vergangenheit bis heute menschliche Gemeinschaften, sei es Familie, Gesellschaft, Nationen und Völker zutiefst gespalten hat. Es bliebe bei dem nicht aufgelösten Dualismus von gut und böse, und der damit einhergehenden Konfrontation von alt und neu, gläubig und ungläubig, entweder – oder. Theologen und Missionsstrategen werden also nicht umhinkommen, das Zustandekommen des Monotheismus und die Legitimation des Dogmas über die Trinität, mit anderen Worten, die Gottesfrage neu zu stellen und für eine Welt zu formulieren, für die die Frage nach Gott in den Sog des wohlstandsbedingten Abschmelzens klassischer Religiosität geraten ist, und globale Bekehrungsstrategien weitgehend irrelevant geworden sind.

War und ist die damit verbundene Forderung von individueller Umkehr zu Gott nicht ohnehin das Produkt eines kompromisslosen prä-kommunikativen Glaubens, geprägt einmal vom antiken politheistischen oder bipolaren Denken, und zum anderen von der mittelalterlichen Annahme einer eigenen Geschichte des Heiles Gottes in der Weltgeschichte, oder auch von dem Menschen- und Gottesbild der Romantik? Mag die neutestamentliche Thematik, vom zu erwartenden nahen Ende her die Welt und den Menschen zu begreifen, wenn überhaupt, dann in dieser Form auch nur schwer oder gar nicht akzeptabel sein, so ist die konkrete Praxis in der Verkündigungssituation überzogen, und im Licht der modernen Wissenschaften möglicherweise vollkommen inakzeptabel geworden. Es bedarf zumindest intensivster Anstrengungen in diesem Forschungsbereich, dessen Ergebnisse und deren theologische Einordnung für das Ziel der Verkündigung, also für den wichtigsten Vorgang des Glauben-Weckens entscheidend sind, auch um dem schleichenden, aber rasanten Zerfall der Glaubwürdigkeit der Botschaft, und dies nicht nur in der nördlichen Hemisphäre, zu begegnen. Wenn die frühkirchliche drei-personale Beschreibung Gottes als Trinität heute weitgehend irrelevant und für die Bezeugung Gottes geradezu kontraproduktiv geworden ist, drängt sich doch die Frage auf, ob sich diese Interpretationshilfe durch ein vergleichbares Interpretationsmodell ersetzen lässt, welches dem Verstehen unserer Zeit näherliegt. Bei aller Anerkennung der Neuentdeckung der dritten Person, des Geistes, für den Vorgang des Glauben-Weckens in der Ökumenischen Bewegung bleibt dies doch solange als »ins Alter gekommene« dogmatische Behauptung im Raum stehen, solange dies nicht in einer kommunikativen Weise zum »gläubigen Verstehen« beiträgt. Mit Spannung wird daher die Ankündigung einer gemeinsamen programmatischen Festlegung der protestantischen Kirchen, der Römisch-Katholischen Kirche, der Weltweiten Evangelischen Allianz und der Pfingstkirchen auf einen »Verhaltenskodex für Bekehrung« erwartet.

Die »Welt«, in der wir leben, ist eine kosmische, interplanetarische Landschaft, zu der alle Menschen gehören, exoplanetarische und selbstoptimierte gleichermaßen. Aber ist der sich selbstoptimierende, der sich mit künstlicher Intelligenz neu schaffende Mensch oder auch der möglich gewordene exoplanetarische Mensch noch das Geschöpf, in dem sich Gott in Jesus Christus gemäß dem Zeugnis des Neuen Testaments offenbart, dessen Gestalt er angenommen hat? Mit anderen Worten, ist die Botschaft für den »neuen« Menschen überhaupt relevant? Wer verbindlich über Glauben-wecken in unserer Zeit reden will, sollte in aller möglichen Klarheit Aussagen machen, die nicht einfach Wiederholungen Jahrtausende alter Sprüche in einer Sprache sind, die Glauben und Kirche demontieren.

Eine relevante, offene Anleitung zum Glauben-wecken sollte daher keinen Zweifel darüber zulassen, dass wir Teil eines Milliarden Jahre alten Kosmos sind, der sich aus einem Urknall vor rund 14 Milliarden Jahren über Gas und Nebel zu Sternen und Planeten entwickelt hat, und dessen Entwicklung nicht zu Ende ist. Dieser Kosmos mit seinen noch ungezählten Galaxien und Universen wächst durch die Energie der unsichtbaren Materie von dem Bruchteil einer ersten Sekunde bis auf den heutigen Tag und mögliche drei Milliarden Jahre darüber hinaus bis zum endlichen Zusammenfall.

Dazu gehört, dass unsere Erde, auf der wir leben, der kleine Planet Nr.3 eines Sternen-/Sonnensystems in der Galaxie Milchstraße ist, ein Planet aus Tausenden um Sterne/Sonnen kreisender Himmelskörper und bisher ungezählten Galaxien. Leben auf diesem Planeten begann nicht irgendwo in einem irdischen Paradies. Leben entstand überhaupt erst 4,5 Milliarden Jahre nach dem Urknall irgendwo im Kosmos und ist wahrscheinlich mit dem Aufschlag eines Kometen oder Asteroiden auch auf unsere Erde gekommen. Diese Annahme geht mit an Sicherheit grenzender Wahrscheinlichkeit davon aus, dass es Leben – auch menschliches – im All gegeben hat und gibt.

Der Mensch hat sich aus ein- und zweizelligen Lebewesen, über Tiere und mehrere Vorahnen durch Anpassung entwickelt. In der gegenwärtigen Phase einer rund halben Million Jahre dauernden Evolution, spezieller seit den Anfängen der vernetzten Menschwerdung zum homo sapiens vor rund 300.000 Jahren befindet sich der Mensch auf der Erde. Evolutionärer Sinn des menschlichen Lebens bleibt die Replikation der Spezies Mensch. Seit einem guten halben Jahrhundert lebt er in einer evolutionären Übergangsphase (Anthropozän) von einem durch die Natur bedingten (Mutation im genetischen Code) zu einem, die Evolution beschleunigenden, sich selbstoptimierenden Lebewesen.

Forscher nehmen an, dass sich aus den Bausteinen des Lebens auch auf anderen Planeten menschliches Leben entwickelt hat, ohne dass bisher definitive Aussagen über Gestalt, Intelligenz oder Replikationsfähigkeit gemacht werden können. Allerdings haben die Ergebnisse der Raumfahrtunternehmungen seit 1957 wesentliche Erkenntnisse über außerirdische planetarische Lebensbedingungen ergeben, die zu dem Schluß zwingen, dass menschliches Leben als interplanetarisches, kosmisches und post-biologisches Leben gedacht werden muss.

Begründet in der Glaubensbotschaft darf Glauben-wecken in unserer kosmischen, interplanetarischen Landschaft keinen wie auch immer gestalteten Menschen ausgrenzen, sondern muss den evolutionär und wie auch immer (weiter-) entwickelte »Typen« zusammen als die eine Menschheit voraussetzen, zu der alle heute und in Zukunft lebenden bekannten und unbekannten Menschen gehören, ur-ig-manipulierte, global-introvertierte, kosmische-selbstoptimierte, interplanetarisch-undefinierte, post-biologische. Ist diese Zukunft eine einzige Zukunft, oder ist die Zukunft des homo sapiens 0.1 eine Zukunft, und die des von ihm geschaffenen homo 0.2 eine andere Zukunft? Glauben-weckende Botschaft muss polyspektrisch relevante und authentische kosmische Botschaft sein. Aber ist der neutestamentliche Jesus auch der kosmische Christus des einen, möglicherweise multiversellen »Weltalls« und der darin lebenden Menschen? Welche Botschaft begründet Glauben-wecken, und kann es überhaupt nur eine Botschaft für alle sein, gleich in welcher evolutionären Gestalt seiner Entwicklung sie den Menschen erreicht? Gibt es überhaupt etwas in eine Zukunft hinein zu entscheiden?

Das bedeutet aber auch, dass der Inhalt der Botschaft das »Woraufhin«, »Woher« und »Was« des Glaubens, für den Menschen noch konsequenter als jemals vorher, unbeweisbar und unvorstellbar ist. Selbst die Menschwerdung Gottes ist nur relevant als Glaubenszeugnis (sola fide). Insbesondere der Grund für die Menschwerdung Gottes, überhaupt alles Wissen über Gott, seine Beziehung zum Menschen, zur Welt, zur Schöpfung, zur Geschichte, zu Zeit, Materie, Leben und Tod beruht auf der zu glaubenden Menschwerdung. Das könnte der einzige, bleibende, nicht beweisbare, nur wider alle Vernunft zu erkennende Erkenntnisgrund sein. Dazu braucht es eine erneuernde Visionierung der Universalität der Menschwerdung als eines dynamischen offenen Prozesses, die sich nicht noch einmal angesichts der gegenwärtigen rasanten Erweiterung des Wissens unserer Welt auf eine individualistische Umkehr oder reduktionistische und ausgrenzende Real-Utopie »Reich Gottes« zurückzieht, sondern die einen geistvollen intellektuellen Neuanfang in Freiheit und Gleichheit wagt.

Schluss: Transformation?

Eigentlich ist »Landschaft« kein Begriff zur Beschreibung des absehbaren Umfeldes für Glauben-wecken. Es geht viel mehr um eine neue
Welt, die seit dem Beginn des 17ten Jahrhunderts im Entstehen ist. Der
Mensch dieser neuen Welt des Planeten Erde wird sich zunehmend mit
den Millionen, bis zu Milliarden Lichtjahre entfernten Galaxien vernetzen
und dabei völlig neue intergalaktische Perspektiven entdecken. Sie
wird aber zugleich auch eine zutiefst anthropozäne, vom Menschen
dimensionierte Welt sein, gestaltet aus den Ressourcen des alten ausgebeuteten »natürlichen« Planeten und mit den realen und virtuellen
Möglichkeiten von Algorithmen [Anm.77], BigData, künstlicher Intelligenz.
Schon in absehbarer Zeit – glaubt man der Forschung – wird es neben dem alten, mit Gefühlen ausgestatteten, ein »natürliches« Leben
lebenden Menschen, den neuen selbstoptimierten, Cyborg-Menschen
geben, der ohne Gefühle, Anteilnahme, Kreativität, ohne schnelle Ab-
nutzung durch kranke Teile und möglicherweise als virtuelle Kopie in
dieser neuen Welt ein völlig neues Leben, ohne Ansprechbarkeit auf
Ideologie und Religion lebt.

   Es bleibt unverständlich, wie wenig erstens die vom Menschen aus-
gehende Entdeckung der unvorstellbaren Weite des Kosmos und der
Möglichkeit menschlichen Lebens außerhalb unserer Erde, und zum anderen die Erschaffung eines neuen Menschen durch den Menschen, die
Aufmerksamkeit der Kirchen erregt. Es ist höchste Zeit, über mögliche
Szenarien für die Zukunft nachzudenken. Eine Möglichkeit wäre, zum
kritischen Zeitpunkt die Ergebnisse von Denken, Experimentieren und
Gestalten einfach zur Ketzerei zu erklären oder die Weiterführung unter
Strafandrohung zu verbieten. Ganz abgesehen davon, dass es dafür
schon zu spät wäre, hätte die Kirche – gleich ob Rom oder Genf – auch
schon längst die Autorität nicht mehr dazu. Ein anderes Szenario wäre,
die Entwicklung weiterhin abzuwarten, um sich zu einem späteren Zeitpunkt in die Diskussion einzuschalten. Dagegen spricht, dass sich die
sozialen, kulturellen und gesellschaftlichen Entwicklungen bereits heute
in deutlich absehbaren Grundtendenzen erkennen lassen. Selbst wenn

es heute zu einer verzichterklärenden Selbstverpflichtung aller an der Gestaltung der Zukunft Beteiligten käme, wäre ein Anhalten der digitalen Transformation nicht mehr möglich. Die visionäre Faszination sitzt bereits zu tief in der nachfolgenden Generation.

Wahrscheinlich wäre ein drittes Szenario noch realistisch und denkbar, nämlich, sich als Kirche aktiv in den Transformationsprozeß einzubringen, absehbare Tendenzen und Trends zu hinterfragen, und die eigene Klientel, d. h. die Gemeinden auf Kommendes vorzubereiten. Ob der aus Anlass des Lutherjahres erfundene, segenspendende Roboter in Wittenberg dazu ein Anfang gewesen sein könnte, dürfte eher fraglich sein. Wie kompliziert und anspruchsvoll eine kritische Teilhabe an der Diskussion ist, hat Gerd Leonhard in seiner neuesten Publikation über die Zukunft des Menschen und die Bewahrung seiner Menschlichkeit, »angesichts der exponentiellen technologischen Veränderungen« gezeigt [Anm.78].

Kirche, Theologie, Mission gehören eindeutig in die »natürliche« in die alte, ausgebeutete, dem Menschen »untertan« gemachte Welt. Auch wenn der kirchliche Betrieb an der kommunikativen Herausforderung des Glauben-Weckens weitgehend gescheitert ist, dürfte die Aufgabe, bei diesem »natürlichen« Menschen Glauben zu wecken, noch die einfachere Aufgabe (gewesen) sein, weil der kirchliche Betrieb bei allen bekannten Unterschieden doch eine prinzipiell vergleichbare Sprache spricht, auf vergleichbaren Grundlagen und Werten beruht und mit vergleichbaren Methoden auf vergleichbare Horizonte hin orientiert ist. Die eigentliche Herausforderung wird sich bereits in absehbarer Zeit für die Kirche stellen, wenn sie als Institution der »natürlichen« Lebenswelt daran festhält, dass auch der selbstoptimierte Mensch nach wie vor Mensch ist, und also auch bei dem vom Menschen neu geschaffenen oder auch im Kosmos noch zu entdeckenden Menschentyp Glauben zu wecken sei, d.h. bei einem Menschen, der u.a. für Freiheit, Liebe, Gnade, Selbstbestimmung, überhaupt für gefühlte Werte nicht programmiert sein wird.

Glauben wecken« ist auf diesem Hintergrund ein möglicher Versuch, beim Menschen Glauben an das Unglaubliche zu wecken. »Wie« dieses Glauben-wecken als ein Transformationsprozess im postkapitalistischen anthropozänen Zeitalter aussehen könnte, auf diese Frage gibt es bisher keine intelligente Antwort. Fraglos allerdings ist, dass Christen bei dem Menschen Glauben wecken möchten, der – wie keine Menschheit zuvor – seine Welt verändert und dabei riskiert, auch sich selbst unwiderruflich zu verändern. Geologen stellen bereits dauerhafte Spuren in Gesteinsschichten fest, die auf ein verändertes Grundverhältnis des Menschen zu der von ihm bewohnten Erde zurückzuführen sind. Die Ablagerunge von Aluminium, Plastik, Beton, Rußpartikeln und radioaktiven Substanzen ist mittlerweile ein flächendeckendes Phänomen. Deutliche Spuren des Neuen zeigen sich beim Blick in die Tiefen des Alls, in der Verschmutzung des Lichts, im Klimawandel, in der sprunghaften Entwicklung künstlicher Intelligenz oder selbständig agierender Drohnen.

Dieses neue Zeitalter bietet ungeahnte und unvorstellbare Möglichkeiten für den selbstoptimierten Menschen der kommenden Jahrhunderte [Anm. 79]. Für den natürlichen Menschen allerdings hängt nicht wenig davon ab, ob er sich und seinen Geschöpfen Eigenständigkeit und Selbstbestimmung, Freiheit und Liebe in seiner von ihm selbst kreierten Welt erhalten will und kann. In absehbarer Zeit wird die Menschheit hypervernetzt, automatisiert und supersmart sein. 2025 könnte das digitale Ich in der Cloud aufgehoben sein und dort ein eigenes Leben führen. Bis 2030 sollten wir ständig mit smarten Maschinen verbunden sein, die unsere Gedanken besser verstehen als wir selbst. Bis dahin ist die Automation weit vorangeschritten. Dabei sind verbreitet Jobs verschwunden und soziale Normen umgeschrieben worden. Unser Leben ist total gesteuert und verfolgt. Freier Wille oder Freiheit der Wahl sind im besten Falle nur noch eine Option für Reiche.

In einer sich vernetzenden, von Algorithmen, Cyborgs und künstlicher Intelligenz dominierten Informationsgesellschaft beginnt bereits heute das vorhersehbare Zeugnis-Umfeld seine zukünftigen Konturen sichtbar werden zu lassen. Glauben-wecken müsste in jedem Fall zu relevanten, internetuell vernetzten kosmischen Gestaltungsformen des Unglaublichen, der Menschwerdung des Menschen in der interplanetarischen Landschaft und schließlich in der Akzeptanz seiner selbst begrenzten Kreativität und seiner Endlichkeit finden. Zukunftsrelevantes Glauben-wecken beim anthropozänen, selbstoptimierten Menschen geschieht in einem zunehmend einsehbaren Horizont der großen polyperspektivischen Transformation des Menschen, unseres Planeten und des Kosmos. Nur wenn »Glauben – wecken« aus der fiktiven Geschichte heraustritt, die Zeit des Aufbruches annimmt, nutzt und zu einem aktiv und passiv integrativen Teil dieser Transformation wird, hat Glauben-wecken eine Chance auf dialogische Akzeptanz eines eigenen Beitrages zur Antwort auf die Sinnfragen des Lebens. In diesem Prozess geht es nicht nur um die Botschaft als das transformierende Element, sondern um den transformierten Menschen.

Die von Gerd Leonhard formulierten »Neun möglichen Grundprinzipien« für die Diskussion um die Zukunft des Menschen [Anm. 80] könnten für den kritischen Anfang einer Beteiligung in diesem Prozess hilfreich sein. Sie seien deswegen an den Schluss dieses Buches gestellt:

»1. Wir müssen das Wesen des exponentiellen Fortschritts und die Folgen für die Zukunft der Menschheit besser verstehen lernen.

1. Unsere größten Herausforderungen sind oft unsere größten Chancen (und umgekehrt).

2. Wir müssen besser auf unsere Menschlichkeit aufpassen und mehr Platz dafür lassen.

3. Technologie hat keine Ethik, aber ohne Ethik ist unsere Gesellschaft verloren.

4. Exponentielle Technologien neigen dazu, rasch von magisch zu manisch zu toxisch zu werden – und deshalb it es so wichtig, die richtige Balance zu finden.

5. Wir müssen nicht nur STEM (zugefügt vom Verf.: Abk. für die engl. Bezeichnung der vier Bereiche: Science, Technology, Engineering, Mathematics), sondern auch HUMAN gleichermaßen auf den Lehrplan setzen.

6. Wir müssen weiterhin den Unterschied bewahren zwischen dem, was tatsächlich existiert (also in aller Komplexität menschlich ist), und den Kopien oder Simulationen, die technologisch immer verführerischer werden.

7. Wir müssen mehr nach dem Warum und dem Wert fragen statt nur

8. nach dem Wie.

9. Wir dürfen nicht zulassen, dass Silicon Valley (oder das chinesische Equivalent), technophile Venture Capitalists und die militärischen

Organisationen der Welt oder gar die »digitale Rüstungsindustrie« zur »Mission Control« für die Menschheit avancieren.«

Anhang

Inhaltsverzeichnis des WCC-Textes (Abk.: TLL)

- Evangelisation, interreligiöser Dialog und christliche Präsenz (93-96)
- Evangelisation und Kulturen (97-100)

Fest des Lebens: zusammenfassende Grundüberzeugungen

Anmerkungen

1) Der ÖRK und dessen Mitgliedskirchen, Missionen und Organisationen nehmen die Missionserklärung und deren Interpretation, sowie die Vorbereitung der Weltmissionskonferenz in Arusha, März 2018 sehr ernst. Neben dem bereits erwähnten umfangreichen Studienhandbuch (»Changing Landscapes, 2016) hat »International Review of Mission« dem Thema ein ganzes Heft gewidmet (IRM, Vol. 105, Nr. 2, 2016) und einige Mitglieder haben in Kooperation mit dem ÖRK (Vorbereitungs-) Konferenzen veranstaltet, z. B. die United Methodist Church und die Presbyterian Church, beide USA, die »United Evangelical Mission«, Deutschland.

2) In diesem Zusammenhang genannte und kommentierte Stellen sind die Rede des Paulus auf dem Areopag, Apostelgeschichte 17; Joh. 1,1-13; 1.Kor.15, 28; Kol.1; 2.Petrus.

3) M. Fox: Vision vom kosmischen Christus, Stuttgart 1991; W. Thiede: Wer ist der kosmische Christus? Karriere und Bedeutungswandel einer modernen Metapher, Vandenhoeck & Ruprecht, 513 Seiten, Göttingen 2001; http://translating.de.tl/Die Christologie bei Moltmann und Staniloae – der kosmische Christus;
Der Begriff »kosmischer Christus« erfährt innerhalb und außerhalb von Theologie und Kirche zunehmende Beliebtheit. Die Metapher ist gebräuchlich in der modernen Theosophie. Erstmals taucht der Begriff bei Annie Besant auf (1847-1933, britische Sozialistin, Theosophin und Frauenrechtlerin), eine Schülerin der deutsch-russischen Okkultistin Helena Blavatsky (1831-1891). Rudolf Steiner (1861-1925, Begründer der Anthroposophie, eine spirituelle Weltanschauung in Verbindung mit der modernen Theosophie) hat sie in seiner frühen Periode sehr geschätzt, sich aber später von ihr distanziert. Theologisch erlangte der Begriff Bedeutung bei Teilhard de Chardin (1881-1955, französischer Jesuit, bekannt durch seine spirituelle Evolutionstheorie und seine Synthese von Religion und Wissenschaft). Sie fand bedingt Eingang in die ökume-

nische und religionstheologische Diskussion. Jürgen Moltmann (1926 in Hamburg geborener evangelischer Theologe) und Leonardo Boff (1938 in Brasilien geboren, katholischer Befreiungstheologe) haben den »kosmischen Christus« in ihre Christologien integriert.

Grundlegend ist das Verständnis der Inkarnation Christi als eines Prozesses, der sich nicht in der einmaligen, historischen Person des Jesus von Nazareth erschöpft, sondern auf die »Christifikation« des gesamten Kosmos zielt, eine kosmisch prozessuale Inkarnation. Die Menschwerdung ist nicht nur ein Geschehen in der Zeit, sondern Beginn einer neuen Beziehung von Zeit und Ewigkeit, eine eschatologische Verewigung der Zeit. Christus ist nach Joh.1,1-13 der logos, das Wort Gottes, durch das alles geschaffen wurde. Für Moltmann ist diese Schöpfungsmittlerrolle Christi in dreifacher Hinsicht auszulegen: 1) Christus als Grund der Schöpfung aller Dinge (creatio originalis) und herrscht darum im Reich der Natur (regnum naturae); 2. Christus als Triebkraft der Evolution der Schöpfung (creatio continua) und herrscht so im Reich der Gnade (regnum gratiae); 3. Christus als Erlöser des ganzen Schöpfungsprozesses (creatio nova) und herrscht so im Reich der Vollendung (regnum gloriae). Die Erhaltung der Welt (conservatio mundi) zeigt, dass Gott zu dem steht, was er erschaffen hat, und sie deshalb vor dem drohenden Chaos bewahrt. conservatio mundi ist aber auch als fortwährende Schöpfung (creatio continua) zu verstehen, in dem Sinne, dass der schöpferische Gott zu seiner Schöpfung steht. Als Leib Christi ist die Kirche immer schon die Kirche des gesamten Kosmos. Sie ist der Anfang des versöhnten und zum Frieden gekommenen Kosmos. Sie ist sozusagen der geschichtliche Mikrokosmos für den Makrokosmos der Welt.

4) Zum Thema vgl. https://de.wikipedia.org/wiki/NeuesTestament und www.diebibel4you.de/neues_testament

5) »Tannach« ist ein Akronym und bezeichnet die hebräische Bibel: T steht für Tora, die fünf Bücher Mose; N für Nevi'im, die Propheten; K, das sich am Wortende in CH verwandelt, für Ketuvim, Schriften: die Sprüche, Prediger, Psalmen, Esther, Ruth, Daniel.

6) Zum Kapitel vgl: www.ruhr-uni-bochum.de/ .../script_ws_200809_ einleitung; www.bibelwissenschaft.de/bibelkunde/neues-testament; https://de.wikipedia.org/wiki/Bibelkunde

7) Reza Aslan: The Life and Times of Jesus of Nazareth, Random House, New York, 2013; deutsche Übersetzung: Zelot. Jesus von Nazareth und seine Zeit, Rowohlt, Hamburg, 2013; dazu der Amerikaner Hyam Maccoby: König Jesus – die Geschichte eines jüdischen Rebellen, 1985; der Brite Geza Vermes: Jesus der Jude, 1991; Dominic Crossan: Jesus – ein revolutionäres Leben, Beck-Verlag, München, 1996; Gerd Theißen: Der Schatten des Galliläers, München, (1986) 2004; Gerd Theißen und Annette Merz: Der historische Jesus, Vandenhoeck & Ruprecht, 4.Auflage, Göttingen, 2011.

8) Rudolf Bultmann: Neues Testament und Entmythologisierung, in: Kerygma und Mythos, Bd. 1, 1948, und Bd. 2, Kaiser Verlag, München 1952

9) Die Trinitätslehre wurde zwischen den Jahren 325 (Konzil von Nicäa) und 675 (Synode von Toledo) entwickelt (s. Artikel: Dreifaltigkeit, www. Dreifaltigkeit). Ein neuerer Beitrag ist von Maarten Wisse: Trinitarian Theology beyond Participation: Augustine's de Trinitate and Contemporary Theology, T&T Clark, London, 2011. Wisse versucht in Anlehnung an Augustin eine starke Argumentation gegen die neuere – nach seiner Meinung – alle systematischen Aussagen dominierende parizipatorische Trinitätslehre.

10) Bernhard Heininger: Die Inkulturisation des Christentums, Mohr Siebeck, Tübingen, 2010).

11) Kap II ist ein leicht veränderter eigener Beitrag: Die Bedeutung der Religionsfreiheit in der Mission, in: Mission in Partnerschaft, hrsg. Cl. Bandixen und E. Zinsstag, Theologischer Verlag Zürich, 2016, S. 91 – 96, erschienen.

12) vgl. Pankaj Mishra: Gewalt im Namen Gottes: Die Geschichte Heiliger Kriege von den Kreuzzügen des Mittelalters bis zum Terror des IS, ZEIT Geschichte, 2016

13) Die Inhaltsangabe der ÖRK-Erklärung zu Mission und Evangelisation (TLL) ist im Anhang zu finden. Dazu hat der ÖRK eine Studienhilfe herausgebracht. Ross, Keum, Avtzti, Hewitt (Hrsg): Ecumenical Missiology – Changing Landscapes and New Conceptions of Mission, 634 pp, Oxford, Regnum and WCC Geneva, 2016. Der Band enthält auch den von der Vollversammlung 2013 in Busan/Korea genehmigten Text der Erklärung. Dazu auch Petros Vassiliadis: Mission and Theology – How to Teach Missiology in Theological Institutions on the Basis of TTL, www.academia.edu/28268983/Mission_and_Theology (2016); Wesley Granberg-Michaelson: Navigating the Changing Landscapes of World Christianity, Keynote Address, Seminar on «Seeking Renewal of the Spirit and Fullness of Life for all Creation as Witnessing Communities«, Ecumenical Institute, Bossey, Switzerland, July 14, 2014, Tagungs-Manuscript, 21 Seiten.

In der »Erklärung 2013«(TLL) heisst es am Anfang unverbindlich: »5. The history of Christian mission has been characterized by conceptions of geographical expansion from a Christian centre to the «un-reached territories«, to the ends of the earth. But today we are facing a radically changing ecclesial landscape described as «world Christianity« where the majority of Christians are either living, or have their origins in the global South and East.[2] Migration has become a worldwide, multi-directional phenomenon which is re-shaping the Christian landscape. The emergence of strong Pentecostal and charismatic movements from different localities is one of the most noteworthy characteristics of world Christianity today. What are the insights for mission and evangelism – theologies, agendas and practices – of this «shift of the centre of gravity of Christianity«?

6. Mission has been understood as a movement taking place from the centre to the periphery, and from the privileged to the marginalized of society. Now people at the margins are claiming their key role as agents of mission and affirming mission as transformation. This reversal of roles

in terms of envisioning mission has strong biblical foundations because God chose the poor, the foolish and the powerless (1 Corinthians 1:18-31) to further God's mission of justice and peace so that life may flourish. If there is a shift of the mission concept from «mission *to* the margins« to «mission *from* the margins«, what then is the distinctive contribution of the people from the margins? And why are their experiences and visions crucial for re-imagining mission and evangelism today?«

14) Zur Missionsgeschichte in Asien vgl. W.Schmidt, Der lange Marsch zurück, der Weg der Christenheit in Asien, Chr.Kaiser Verlag, München 1980 (Lesezeichen).

15) conf. Die Studie von Hanns Walter Huppenbauer: Menschenliebe und Wiedergutmachung. Missionsmotive und Theologie in den Anfängen der Evangelischen Missionsgesellschaft in Basel, Lembeck, Frankfurt/M., 2010, Seite 192ff

16) vgl. W.Schmidt, Mission, Kirche und Reich Gottes bei Friedrich Fabri, Verlag der Rheinischen Mission, Wuppertal-Barmen, 1965; Klaus J. Bade, Friedrich Fabri und der Imperialismus in der Bismarckzeit, Atlantis-Verlag, Freiburg, 1975.

17) Als ein mir bekanntes Beispiel missionarischen Engagements in Südchina zitiere ich sozusagen exemplarisch für Mission in China ein Vorbereitungspapier zu einem Interview mit einem chinesischen Film-Team, gegeben am 06.10.2015 in Basel:

I. Basel Mission as Part of the Fourth Wave of Christian   Invasion into China

- the first wave was attracted by the Tang-Dynasty (608-907), represented by the Nestorians, arriving China in 935
- the second wave was mainly carried by roman-catholic Franciscanian missionaries during Mongolian dominance of China terminated by the Ming-dynasty in 1368

- the third wave: not too much of both was left, when the roman-catholic Jesuits arrived in the 16th century. The intended scientific transfer from Europe was a certain success, but the influence was gradually diminished, in the beginning of 19th century, christianity completely disappeared.
- -After the colonial wars 1839-1842 and 1856-1860 the chinese people were forced by the French, together with the British, to open their country to any kind of Western influence and exploitation. The treaty of 1858 granted Christian missionaries the right to spread the gospel and allowed Chinese people to convert to Christianity. This period of Western imperialism brought the Chinese nation several times to the verge of total ruin. The period was ended politically by the year 1945. Christian intervention from outside ended 1957 with the last missionary leaving the country.

2. Basel Mission as one of the «Great Bs» 1847. This was the historical context in which the Basel Mission came to China. Basel Mission was one of the «Great Bs» of the colonial continental German-speaking Missions: Berlin-Barmen-Basel ! Only 4 1/2 years after the end of the Opium-war (August 1842), in March 1847 the first two Basel missionaries arrived at Hongkong together with two missionaries from Barmen.

3. The challenge from Gützlaff and the beginnings. The decision of the home-board to participate in the challenging «opening for Christ« of the biggest people («360 Million«) with an outstanding history and culture was not easy. A small group in Basel was concerned with the limited financial ressources and the extremely high cost of such an intervention. But the great majority was enthusiastically insisting on the «trustfull obedience to the call«, was ready to go ahead. The home-board decided to start the Mission following a request from Dr. Gützlaff, at the beginning in friendly cooperation, but later in clear organisational distance from that very enthusiastic personality. The first two BM-missionaries, Theodor Hamberg und Rudolf Lechler, started their evangelistic and church-building work mainly among the Hakka Chinese in the southern part of Guang Dong (Canton) province and in Hongkong.

4. The Boards decision pro Gützlaff. During a meeting, 16th February 1846, the home-board discussed the parameters of a possible participation in the China-Inland-Mission. One of the points of discussion was the proposed creation of one body, in which all German speaking Missions to China should be unified and that this Mission should be associated with Gützlaffs Organisation. But the home-board rejected the idea, because they were afraid «that the evangelical cleanness might go murky because of incoming rationalism and semirationalism«. In fact the board insisted, that« in China a complete new mode of work had to be invented, compared with East-India and Africa: a greater voluntary mode, sharing of risks, renting chinese houses instead of investment in Mission buildings«, in short, «a missionary must become totally a Chinese for the Chinese people«.

5. The «new mode«. Inmidst of the dark colonial movement the BM took the challenge of the time by implementing a new mode of operation based on more freedom, voluntarity and equality. The succeeding generation of farmers in South China, who became Christians, later recognised the mood of their time in a more general way and became instrumental in terminating the old imperial system of inner-chinese exploitation. They had a share in the Taiping rebellion 1850-1864 and later in Sun Yat-sen's republican movement 1895 in Southern China.

II. Basel Mission's First Experience of Liberation of a «Missionfield«

1. Missionaries contra Mission Board. The first years of the Basel Mission in Southern China were crital years. The home-board far away in Basel insisted on Gützlaffs offensive approach to preach the gospel as much people as possible not caring too much about living in a Christian community. For some time, the missionaries followed the advices from Basel halfheartedly, but in practice, they resisted. Even before Gützlaffs death, August 1851, the evangelistic methodology was openly questioned by the missionaries and those who were baptized as well. Now Gützlaffs legazy was under scrutiny. Responding to questions prepared by the Basel secretary Josenhans, the missionaries in a meeting in December

1852 clearly voted for a continuation of the their China-Mission, focusing on the Hakka-people (terminating Lechlers work with the Hoklo-people), and besides evangelistic work to give priority to community/church building based on the importance of Chinese family-life. If the BM would not be able to have its own China-Mission, than Basel should request other Missions to accept them in their services.

2. The Board corrects its Strategy: Community-building. Basel was very reluctant to follow the proposels from Hongkong. Finally the Board agreed with the new approach based on the solid principle of church-building, including institutional approaches with schools etc. The missionaries should move from Hongkong into the wider inland and create stations. They should train catechists and send them to preach the Gospel to their people. Beginning with a kind of chapel in Hongkong, in 1851, the China-Mission deepened the work with the congregations. By the end of 1855 Lilong had 93, Tungfo 4, Pukak 17, Hatshun 15, Maham 6, «Diaspora« (mainly Hongkong 13 persons baptized. In total, the BM Mission counted 161 members. After 1860 the Missionhouse, a nationally very import girls-school (1862) and a boys-school (1864), that time limited to Christians, were built in Hongkong. The latter was 1866 transfered to the growing BM-headquater Lilong.

3. Call for complete independence 1912. Since 1888, the debate on a selfstanding BM-church went on with different results, leading to a so called Mission-church with a relative freedom from the homeboard. Emphasis was on finance and organisation. But it was as early as in 1912, when the last emperor withdrew from his reign, that young Hakka Christians called successfully for complete indepedence from Basel Mission. The Tsung Tsin Mission (TTM) was born. Its developments led from a dependent missionary gathering to the establishment of an independent church in 1929. Dispite the strong recommendations of its missionaries in China, the Mission Board in Basel reacted in opposition, but later on became understanding and supported self-reliance, self-administration and self-propagation of the Chinese Church. Actually, it was the target right from the beginning, to allow its mission in China

faster than in any other national context (in Africa and India) to become a selfstanding Church.

4. 1949-liberation and isolated Church Autonomie. In 1949 the independent church had to adjust to the new political situation. The last missionary of the Basel Mission, Rev. Roland Dumartheray, in 1951 returned home to Switzerland upon request of the Church in South-China, which became related to the China Christian Council (CCC) and the TSPM (the Three-Self Movement). The successful learning process with liberation in Mission came to a sudden total break down; except, since 1950, the continuation with personal and material support to the former Hongkong Distrikt, than the autonomous TTM. It was Dr. Deutsch as the «President of the Basel Missionary Society Incorporation« (Hongkong Ordinance No.5 of 1927, revised Edition 1964), who represented the BM as a resident in Hongkong and later as China-Secretary in Basel. The Church in mainland China was for a long time no public issue for both, BM and TTM, except for intercessions. Dr Deutsch followed strictly the policy of non-intervention and of respecting the isolated autonomy of the Church in China.

III. Basel Mission Overcoming the China-Syndrom by Ecumenical Involvement

1. Morning dawn in China. In 1975, the 4th National People's Congress adopted a new Constitution in which «freedom of believe in religion and not believe in atheism« was guarantied. In 1976 the two giants of the New China died: Chu En Lai (born 1898) and Mao Tse Tung (born 1893). The rigid left-wing leadership, the «Gang of Four« was brought to trial and sentenced in 1976. Same year, the Thieu-Regime in Saigon was turned down by the Vietcong and China could relax from a heavy financial burden. It was in 1978, when Deng Xsiao Ping started the «new economy« of the country on the base of his «Four ways of Modernisation«. For many people in Asia, these historical events became signs of a new day of a promising morning dawn and particularly a more humane Chinese Socialism.

2. Church re-appearing. With some delay and very cautious, religion re-appeared on the scene. In 1978 the 5th National People's Congress was held. Prior to the opening, the Chinese People's Political Congress met, surprisingly with K.H. Ting representing Christianity. He became the Vice-Chairman of 7th, 8th, and 9th Congress, later also the Chairman of this body. In 1978 too, in Beijing the Institute of Worldreligions was opened. Its first Director (until 1989) was Chao Fu San, who was a well-known friend of World Student Christian Federation (WSCF) those days. When I met him in 1978 he was confident that Christianity would have a prominent future. To conclude the very short memory on the significant signs of a re-appearance, the Third Conference of the «Chinese Christian Council« (CCC) was held in 1980 in Nanjing (First 1954 in Beijing, Second 1961 in Shanghai, than called CNC = Chinese National Conference). CCC was based upon the Three-selves-Concept and the post-denominational vision of a Christian community. Same year, a CCA-delegation visited China, and in 1981 a CCC-delegation visited Hongkong, for the first time officially outside China since the closing 1949. In October 1981 the first global ecumenical encounter happened between representatives of CCC and the Ecumenical Movement in Montreal/Canada.

3. Late discovery. Only in October 1985 (!), when the signs of political and religious opening were too obvious as to be neglected, BM made a first attempt to realise the possibilities of the new situation. During a visit of the BM-president in Hongkong, Dr. Deutsch mentioned the possibility of supporting the Guangdong Christian Council in the area of theological education. Since there was no funds provided for China in the BM-budget, Dr. Deutsch proposed to use half of an unused amount origenally designated for a TTM-project in Hongkong. The President, however, insisted that this change required a decision of the BM-Assembly in Basel!! This incident shows very clearly the traumatized understanding of the Mission: strictly respect the self-isolation and using sanctions in response to smallest attempt of the mainland-church to re-animate relations. In the follow-up process it became clear that the Basel Mission had not yet undergone a mental and spiritual process of scrutinizing it's

missionary history critically in order to understand its own involment in unjust forms of relationships regarding the general conditions of the imperalistic colonial interventions. Neither had there been an offer of the Mission to ask the Church in China to begin a reflection on the century of common history, of course, with the understanding that the history of the Basel Mission in China had to be authentically re-written by Chinese people.

4. Beginning of my personal involvement with Basel Mission 1986, resp.1989. In 1989 I was elected as President of Basel Mission, after being the Indonesia Secretary since 1986. I came from WCC in Geneva to Basel, a distance of about 250 km. A whole World in between!! It became a real challene to apply ecumenical experiences and principles to the than nearly 175 year-old Lady! It took me about three years to restructure the relationships of the Basel Mission with its socalled «partners« in Asia, following the network-approach. All Asian partners agreed to form a Asia-Network with fulltime Secretary and an Asian Assembly of the Asia-Fellowship. In addition in Basel the Asia-Secretary became the contact-person for the Fellowship. When the Asia Secretary retired towards the end of 1992, this function was added to the tasks, which I had as the President. This double-function became the organisational «power«-base for the implementation of the new participatory operational structure in four continents, but especially in Asia.

5. Learning experiences with China: Lo Fu Wat, Nam Tau and the role of Basel Mission. So I could continue my ambitions concerning China which started, when I was working with «Bread for the World« (1970-1977)and continued in Geneva working with the World Council of Churches(1977-1986). As early as 1974, during the «Cultural Revolution« (1966-1979) I travelled for two weeks throughout China upon an «un-identified« invitation. That was an unexpected, nevertheless a singular experience for a church-related person that time. I was even allowed to paticipate in a general audience for an African Delegation with the Great Chairman!
During the time with Bread for the World (BfdW), the Anglican Church of Hongkong through its Rev. Francis Yip from «Holy Carpenter« in

Hunghom began with a «Fish-raising«-project in order to finance their social activities. This was very challenging. When the budget went beyond the possibilities of BfdW support-funds, I gradually found some friends from various other NGOs. We formed a so-called Consortium for the project. The most enthusiastic, influential and supportive friend was Rev. Dumartheray from Basel Mission! Without his councelling, advice and knowledge I would not have succeeded with the idea! A Commune in Nam Tau, located about 40 km west of Shenzen in the PRC, got to know about the Lo Fu Wat project and invited the Anglican Bishop to visit their area in 1979. Both sides were exited about the results of the Hongkong project. Thereafter the Commune explored the possibility of a similar saltwater-project in the Nam Tau bay. A scientific experts report met the Chinese governments intentions to draw foreign expertise and funds into the country and allowed the experimental income earning project to the Commune. Again, Rev. Dumartheray of the Basel Mission, representing also the Swiss Churches' NGO, was instrumental in negotiating and formulating between the Commune and foreigners. By that time, working with the World Council of Churches, it was easier to activate interest beyond the Lo Fu Wat-Consortium relations aiming for ressources and broader interest in order to support one of the first and biggest projects of a Chinese community. Towards the end of 1981, the Commune started the project in the Canton-sea, accompanied by the Marine-Institute of the Hongkong University and by a total input of 3 Million US$ coming from ecumenical ressources from all over the world. Unfortunately, a Taifun destroyed much of the the promising stock of the fish ponds in 1983. Slidely the donors withdraw throughout 1985, and in 1986 the entire, still functioning project was turned over to the Commune as agreed in a signed contract. The entire experiment was done with the knowledge of CCC's President, Bishop Ting, who wrote to Philipp Potter, than Generalsecretary of WCC: «Christians in China would not object to economic cooperation between a commune and Christians abroad as long as national sovereignity were respected, and this does not lead to evangelism and church building«. Without the Basel Mission, this singular experience would not have been functioning for the benefit of the ecumenical family.

IV. Basel Mission re-constituting Ecumenical Relationship

1. Church and Mission in Switzerland. Traditionally relations between the churches in Switzerland and churches outside the country were taken care by Missions. Accordingly, Chinese church affairs were handeld by the Basel Mission. Theoretically this was basically changed by the creation of the«Federation of Swiss Protestant Churches« (FSPC) in 1950. Its constitution says that, besides other commitments, FSPC is«in charge of taking care of relations with churches in «foreign« countries. Together with Dumartheray we tried to find out, how serious the Mission's desire would be to re-institute relations with Chinese Churches, which definetly wanted to interact ecumenically, without interfierence of Missions. In fact, Dumartheray as a missionary, was acting all the time on behalf Swiss churches.

2. Agreement between Church and Mission (on the basis of subsidence) and follow-up with CCC. Fortunately (!), the Basel Mission instutionally was still caught in the China-syndrom. But it seemed to me that the FSPC-mandate could be applied for a new approach towards ecumenical relationships. During 1992/93, I discussed several models with friends in Basel and Bern, including the President of FSPC, a former missionary of the Basel Mission, and the FSPC secretary for ecumenical relations. As a result, I presented a draft, regarding a triangular «Agreement between FSPC and the Basel Mission oncerning relations with the China Christian Council (CCC)«, to the Basel Mission Assembly held in November 1993. After a controversial debate, the Assembly accepted the agreement by a very thin majority, with the understanding, a) that the Basel Mission would be intrusted with the implementation of the contracted covenent (first trial period 01.01.1994-31.12.1996), and b) that CCC and TTM will adopt the agreement. The follow-up negotiations in Hongkong and with CCC went on openly, not neglecting the old habits and the heavy burden of the past, but FSPC tried hard to fill its new role. A CCC-delegation visited the FSPC in 1992 followed by a Swiss team visiting China in 1995. Another visit composed of Christians from CCC and TTM was in 1996. Twice FSPC reseived Chinese government

Representatives in a delegation together with Christians from China. A triangular experiment, singular within the global process of changing inner-Christian relationships. This intermedary experimental frame allowed an «old western Mission« to participate as an operational arm under ecumenical strategic control and supervision of the church («Ecumenical Work Group Switzerland/China«). I am convinced that this intermediary structures have contributed to the process of decolonisation of structures and minds, to mutual trust and acceptance.

3. Document on One Country – four systems (TTM Hongkong) and agreement on Principles of Co-operation (CCC). 1994-1996, in light of the forthcoming re-integration of Hongkong into the PC China in 1997, we organised an extensive consultative evaluation of involvement in the area, mainly visiting China, including CCC headquaters in Shanghai and Nanjing, besides Provincial CCC activities, accompanied by extended visits of congregations and church-institutions, schools and hospitals in former BM areas. The outcome was the document «One country – for systems, continuously decreasing in number: Hongkong 1997, Macau 1999, Taiwan?« followed by a consultation with fraternal workers of the Basel Mission in Hongkong. Visits, consultation and experiences led to the document adopted by the BM-board and FSCP-board, presented and signed first by TTM titled: «Moving to a Common Future of the Basel Mission and the Tsung Tsin Misssion on the occasion of the 150th anniversary of the Basel Missions presence in China«, dated 23 March 1997. CCC was included in the text and received a copy. After visits in Canton- and Hunan-Province and theological institutes all over the country, together with the FSPC-President we met CCC, discussed and agreed about a «First Agreement on Principles of Co-operation 1997-2000«, adopted by BM and FSPC relevant bodies. It was based on the «spirit of mutual respect and of the willingness to practice mutual non-interference as equal members of the body of Christ.« The agreement has five chapters: 1. Historic Context and Rational, 2. Principles of Conduct and Co-operation, 3. Possible Areas of Contact and Co-operation, 4. Implementation, 5. Period of Agreement (five years). It was signed in 1998, resp. 1999.

Final Note: Unfortunately, I could not participate in the implementation of the principles, because of my retirement Mid-1998. The post-retirement-project, in which I invested about 1.000 hours of voluntary work, the «return of cultural goods to China«, could not be accepted by the BM board, because of other priorities. Nevertheless, the Basel Mission by the way dealing with its China-relationships for more than 150 years has been part of the colonial invasion, but also contributed to an ecumenical process of a) analysis of the new situation, and b) to responsibly start the process of mutual acceptance after the termination of relationships in 1957. This two processes have been essential in the ecumenical response to China.

Als Ergänzung dazu:
Erst 2016 wurde eine historisch bedeutsame handschriftliche Verlautbarung des Kaisers Kuang Hsu bekannt, die unmittelbar nach dem Ende des Boxer-Aufstandes im Jahr 1901 erschien. Darin wird die Liaoyang-Regierung aufgefordert, die christlichen Aktivitäten (der schottischen Presbyterianischen Kirche) zu schützen. Dabei handelte es sich um eine Geheimgesellschaft, der »Society of the Righteous and Harmonious Fists«, die Tausende Christen im Nordosten Chinas brutal getötet hatte. Den »ignorant gangsters« wird Arrestierung, Anklage und Bestrafung »whitout mercy« angedroht, wenn sie das den Christen abgenommene Eigentum nicht zurückgeben. Auch sollen die besetzten Kirchen wieder geöffnet werden.
(www.churchofscotland.org.uk/news_and_events vom 28.12.2016 unter dem Titel: Priceless scroll shows how Christian missionaries survived Boxer rebellion

18) vgl. Ecum. Missiology, a.a.o., S. 62 ff. mit ausführlichen Literaturhinweisen zur Thematik.

19) Allgemeine Überblicke dazu J. Lovelock (Hrsg): Die Erde und ich, Bild der Wissenschaft (BdW), 168 Seiten, 2016; H. Lesch: Limit – die Grenzen der physikalischen Erkenntnis, BdW, Video-DVD, 2016; ders.: Alpha-Centauri, DVD-Komplettbox, BdW, 2016.

20) Dazu und zum Folgenden: http//de.wikipedia.org/wiki/Raumfahrt und ... Weltraumfahrt.

21) vgl. Katie Worth, Astronomie – Krieg der Teleskope, in: Spektrum der Wissenschaft, Nr.1,17, S.56-61

22) Zur folgenden Darstellung s. https://astrokramkiste.de/urknall

23) Eine auch Laien verständliche Publikation, die auch Überlegungen zum Urknall einschließt, versucht neuerdings der emeritierte Professor für theoretische Physik, H. Satz: Kosmische Dämmerung – Die Welt vor dem Urknall, 188 Seiten, C. H. Beck, München, 2016: eine andere Erklärung vermutet den Anfang des Alls in einem schwarzen Loch in einem höherdimensionalen Universum. Viele Physiker halten die »Verschränkung« für das grundlegendste Quantenphänomen. Einige von ihnen mutmaßen daher, Raum und Zeit, bzw. Raumzeit sei Folge quantenmechanicher Verschränkungsprozese.

24) vgl.: https//.de.wikipedia.org/wiki.Planet

25) 1934-1996, US amerikanischer Astronom, hat zur Veranschaulichung die Zeit vom Urknall bis heute in einen Jahreskalender projiziert:
> Januar 0:00Uhr: Urknall
> März: Entstehung der Milchstraße
> August: Entstehung des Sonnensystems
> September: Entstehung der Einzeller
> November: Entstehung der Mehrzeller
> 24. Dezember: erste Dinosaurier
> 25. Dezember: erste Säugetiere
> 31. Dezember, 10:15 Uhr erste Affen
> 31. Dezember, 23:54 Uhr homo sapiens
> 31. Dezember, 23:59:59 Columbus geboren 1451

26) dazu www.spektrum.de/news/sieben-exoerden-umrunden-den-roten-zwerg-trappist.1/1438996 vom 22.02.2017

27) www.zeit.de/audio

28) s. dazu Volker Gerhardt, Der Sinn des Sinns – Versuch über das Göttliche, 358 Seiten, C.N. Beck Verlag, 3. Auflage, München, 2015

29) vgl. zum folgenden Ben Moore: Da draußen Leben auf unserem Planeten und anderswo, Verlag Kein & Aber, Zürich/Berlin, 2014, 352 Seiten, Zitat S. 50 ff.

30) geb.1939, Professor für Biomolecular Engineering an der University of California. Die Darstellung im Text folgt Lars Fischer: http://scilogs. spektrum.de/fischblog/praebiotic-aminoacids/

31) vgl. zum folgenden: Ben Moore, a. a. Ort, S. 78 ff

32) Ben Moore, a. a. Ort, S. 257 f

33) Der niederländische Astronom Jan Hendrik Ort hat 1950 Kometen als »schmutzige Schneebälle« bezeichnet, die dann bei dem heißen Aufprall auf die Erde schmolzen und so das Wasser lieferten.

34) http:/www.spektrum.de/news/meteoriten-molekuel-als-astrochemischer-geburtshelfer/14397037?utm

35) Seit Jahren ist das sogenannte »Genesis«-Projekt durch Studien und die Gründung eines Vereins im Jahr 2007 bekannt geworden. Claudius Gros, in Zürich promovierter theoretischer Physiker, hat einen Traum! Er will fremde Welten mit irdischen Mikroben, einzelligen Kleinstlebewesen wie Bakterien und Amöben, besiedeln. Wie vormals auf der Erde, soll daraus komplexes Leben entstehen. Komplexere Lebewesen entstanden spät und plötzlich auf der Erde, weswegen man diesen spontanen Evolutionssprung vor 500 Millionen Jahren auch als »kambrische Explosion« bezeichnet. Gros will mit seinem Projekt die Milliarden Jahre vor dieser Explosion überspringen und seine Mikrobensaat sozusagen zur kambrischen Explosion ausbringen, ohne auf die Weiterentwicklung

Einfluss nehmen zu können oder zu wollen. Auf der Suche nach einem lebensfreundlichen Exoplaneten kam die Entdeckung des Planeten Proxima bei dem der Erde am nächsten gelegenen Stern Proxima-Centauri, rund vier Lichtjahre von der Erde entfernt, zur rechten Zeit. Bekannte Forscher wie Stephan Hawking, sowie Wissenschaftsinvestoren wie der Silicon-Milliardär Yuri Milner und Facebook-Gründer Mark Zuckerberg haben Proxima für ihr umfassenderes Projekt »Breakthrough Starshot« entdeckt. Die »Genesis«-Studie von Claudius Gros liegt nun bei dessen wissenschaftlichem Projektbeirat. (s. Ph. Hummel: Mister Genesis, Welt am Sonntag, Nr. 40, 2. Okt. 2016, S.17 Wissen und Leben).

36) Richard Greenberg: Unmasking Europa. The Search for Life on Jupiter's Ocean Moon, 2008

37) vgl. dazu verschiedene Artikel unter www.Drake-Gleichung.wikipedia

38) Michio Kaku, Die Physik des Bewusstseins – Über die Zukunft des Geistes, Rowohlt Verlag, 545 Seiten, Reinbek bei Hamburg, 2014, S. 436 ff.

39) Lina Kaltenegger: Sind wir allein im Universum – Meine Spurensuche im All, 2015

40) Y. N. Harari: Eine kurze Geschichte der Menschheit, Pantheon Ausgabe 2015, deutsprachige Ausgabe Deutsche Verlags-Anstalt, München, 2013; Carel van Schaik und Karl Michel: Das Tagebuch der Menschheit. Was die Bibel über unsere Evolution verrät, Rowohlt, Hamburg, 2016. Der Anthropologe und der Historiker beschreiben die Sesshaftwerdung der Jäger und Sammler als einen folgenschweren Schritt in der Evolution des Menschen und der Kultur (»Sündenfall«). »Ackerbau und Viehzucht statt Sammeln und Jagen: Nie hat eine Art ihr Verhalten so grundlegend verändert.« Es ist eine faszinierende kulturhistorische Darstellung der nach-paradiesischen Welt, aber sie geht von der Voraussetzung einer geradlinigen Entwicklung des Menschen aus, ohne auf das mögliche Lokale und historische Umfeld einzugehen.

41) Christian Wolf: Riskante Selbstoptimierung – 5 Fakten zur Hirnstimulation, www.spektrum.de/wissen/5-fakten-zur-hirnstimulation

42) zum Folgenden s. W. Hollersen und C. Ring, Evolution zum Selbermachen, Welt am Sonntag Nr. 43, Wissen, 23. Oktober 2016, S. 18 f. Dort findet sich auch eine Datentabelle zur Künstlichen Befruchtung nach eigener Recherche der Verfasser:
1884 erste Samenspende
1953 erstes Baby nach Einfrieren von Sperma
1978 erstes Baby, das außerhalb eines Körpers in der Petrischale gezeugt wurde, kommt zur Welt
1982 erste Zwillinge nach künstlicher Befruchtung
1983 erstes Baby nach Eizellenspende
1984 erstes Baby nach eingefrorenem Embryo
1985 erstes Baby nach Leihmutterschaft
1992 erstes Baby nach Spermieninjektion
1993 Spermien werden aus den Hoden eines Mannes extrahiert
1995 erstes Baby mit fünf Eltern: Eizellenspende, Samenspende, Leihmutter, Bestelleltern
1997 erstes Baby aus gefrorener Eizelle
2007 erstes Baby aus gefrorenem und wieder eingesetztem Eierstockgewebe
2010 in Deutschland wird die Präimplantationsdiagnostik in Ausnahmefällen zugelassen
2014 erstes Baby nach Uterustransplantation
2015 erste Genomchirurgie am Embryo
2016 erstes Drei-Eltern-Baby
Von dieser neuen Variante der künstlichen Befruchtung berichtete Jenny Becker: Allein zusammen erziehend, in: Die Zeit, 2/2017, S. 33. Co-parenting über Internet, entsprechende Portale und Onlinedating geht auf dessen Pionierin, die Amerikanerin Rachel Hope zurück, Autorin des Buches »Family by Choice.« Familienglück ohne Liebesglück, ist die Devise, und: die große Liebe kann man noch zwischen 45 und 70 Jahren treffen, Kinder bekommen sollte eine Frau sinnvoll in einem bestimmten Lebensabschnitt vorher. Statt sich mit dem Anspruch zu

quälen, Partner- und Kinderliebe zu vereinbaren, machen sich die neuen Eltern einfach frei davon. Für viele junge Männer und Frauen scheint Co-parenting per Internet eine Erweiterung bestehender Familienmodelle, wenn nicht überhaupt um eine postmoderne Familienform zu sein, allerdings eine, die sich noch bewähren muss. Co-parenting hat einen großen Pluspunkt: das heranwachsende Kind kennt von vorneherein den Vater und wächst in Absprache mit ihm auf. Die Lebensform wird schon länger in homosexuellen Kreisen praktiziert, bei heterosexuellen Singles ist Co-Elternschaft vor allem bei Frauen von wachsendem Interesse.

43) Die Petrischale wurde nach ihrem Erfinder (1887), dem deutschen Bakteriologen Julius Richard Petri, benannt. Es handelt sich um eine flache, runde, durchsichtige Schale mit einem übergreifenden Deckel. Sie wird in der Medizin, der Biologie, und Chemie benutzt.

44) Zum folgenden vgl. Fanny Jimenez, Noch kurz die Welt retten, Welt am Sonntag, Nr.45, 06.Nov. 2016, S.18 f.

45) Einen Überblick über den Stand neuerer Techniken zur Verbesserungen des Menschen durch genom editing bei Babies (Erb- und andere Krankheiten), durch Hirn-chip Implantate (Steigerung der kognitiven Eigenschaften) und synthetisches Blut (Steigerung der physischen Leistungsfähigkeit) gibt David Masch: Human Enhancement, in Pew Research Center, Report, Juli 2016. Dazu der volle Bericht: U.S. Public Wary of Biomedical Technologies to Enhance Human Abilities, August 2016 (religionnewsletter@pewresearch,org). Der Bericht enthält auch sehr detaillierte Statistiken über die Akzeptanz bei der Bevölkerung. Danach sind 50% der US-Amerikaner gegen gene editing bei Babies, 66% gegen Hirn-Implantate, 63% gegen synthetische Blutzufuhren. Bei weißen US-Amerikanern ist die Prozentzahl noch höher.

46) Schon dem im Jahr 65 in Rom verstorbenen Magier Simon Magnus wurde nachgesagt, dass er künstliche Menschen erschaffen habe. Paracelsus beschreibt in seiner Schrift »de natura rerum«, 1538, wie

sich ein künstlicher Menscherzeuger erzeugen lassen soll (Man lasse menschliches Sperma 40 Tage lang zusammen mit Pferdemist in einem Gefäß agieren). Der Begriff »la biologie synthetique« (1912) geht auf den französischen Biologen Leduc (1853-1939) zurück.

47) Vernetzte Quantencomputer, in:Spektrum der Wissenschaft, 10.16, S. 62-68; spectrum.de/t/quantenphysik.

48) Stephen W. Hawkins: Eine kurze Geschichte der Zeit. Die Suche nach der Urkraft des Universums, Deutsche Ausgabe Rowohlt Verlag, Reinbeck bei Hamburg, 1988, S.147f. erinnert sich am Anfang des Kapitels über Ursprung und Schicksal des Universums an folgende Episode: »1981 begann ich mich erneut für den Ursprung und das Schicksal des Universums zu interessieren. Zu diesem Zeitpunkt nahm ich auch an einer Konferenz über Kosmologie teil, die von den Jesuiten im Vatikan veranstaltet wurde. Die katholische Kirche hatte im Falle Galilei einen schlimmen Fehler begangen, als sie eine Frage der Wissenschaft zu entscheiden suchte, indem sie erklärte, die Sonne bewege sich um die Erde. Jahrhunderte später hatte sie nun beschlossen, eine Reihe von Fachleuten einzuladen und sich von ihnen in kosmologischen Fragen beraten zu lassen. Am Ende der Konferenz wurde den Teilnehmern eine Audienz beim Papst gewährt. Er sagte uns, es spreche nichts dagegen, dass wir uns mit der Entwicklung des Universums und dem Urknall beschäftigten, wir sollten aber nicht den Versuch unternehmen, den Urknall selbst zu erforschen, denn er sei der Augenblick der Schöpfung und damit das Werk Gottes. Ich war froh, dass ihm der Gegenstand des Vortrages unbekannt war, den ich gerade auf der Konferenz gehalten hatte: die Möglichkeit, dass die Raumzeit endlich sei, aber keine Grenze habe, was bedeuten würde, dass es keinen Anfang, keinen Augenblick der Schöpfung gibt. Ich hatte keine Lust, das Schicksal Galileis zu teilen, mit dem ich mich sehr verbunden fühle, zum Teil wohl, weil ich genau dreihundert Jahre nach seinem Tod geboren wurde.«

49) Der theoretische Physiker an der Amsterdamer Universität, Erik Verlinde, hat am 7. November 2016 einen 51-seitigen langen Artikel

die »Dunkle-Materie-Hypothese bestritten und damit in der Fachwelt größeres Aufsehen erregt. Verlinde erklärt »Gravitation zu einem Nebenprodukt quantenmechanischer Wechselwirkungen. Die zusätzliche Schwerkraft, die man bisher der Dunklen Materie zuschrieb, ergibt sich darin als Effekt der Dunklen Energie – jener Hintergrundenergie, die in das raumzeitliche Gefüge eingebunden ist«, so Natalie Wolchover in einer Zusammenfassung, nachzulesen unter http://www.spektrum.de/news/der-anfang-vom-ende-dunkler-materie Für Verlinde ist Dunkle Materie nicht eine Ansammlung von unsichtbaren Teilchen, sondern »ein Wechselspiel zwischen gewöhnlicher Materie und dunkler Energie.« Einstein definerte Schwerkraft als Effekt der Krümmung von Raum und Zeit in der Anwesenheit von Materie. Für Verlinde ist »Gravitation jedoch ein emergentes Phänomen. Sowohl Raumzeit als auch Materie sind in dieser Darstellung ein Hologramm, das von einem zu Grunde liegenden Netz aus Quantenbits (Qubits) erzeugt wird. Von dieser Vorstellung ausgehend führt Verlinde die Dunkle Energie auf eine Eigenschaft dieser mutmaßlichen Qubits zurück. Auf großen Skalen innerhalb des Hologramms wechselwirke die Dunkle Energie dann auf eine Art und Weise mit der Materie, dass die Illusion einer Dunklen Materie entstehe«. In diesem Rahmen würde eine weitere Darstellung der auch von Forschern als schwer verständlich bezeichneten und komplizierten Hypothesen Verlindes zu weit führen. Es geht vor allem um eine Gleichung, die bereits von der »Modifizierten Newtonschen Dynamik« (MOND) bekannt ist. Es sind Überlegungen, die von der Quanten-Informationstheorie über Thermodynamik, kondensierte Materie und Holografie bis zur Astrophysik reichen. »Alles steht und fällt mit der Frage, ob seine verbesserte MOND-Theorie Phänomene (Bullet Cluster- »Geschosshaufen, Erklärung für die mutmaßlichen Spuren Dunkler Materie in der kosmischen Hintergrundstrahlung, Abhängigkeit der Dunklen und sichtbaren Materie voneinander) reproduzieren kann, an denen die alte gescheitert war und die deshalb als Beleg für die Existenz Dunkler Materie gelten.

50) Das trifft auch auf die neueste Publikation des ÖRk zu: G.Noort, Kyriaki Avtz, Stefan Paas: Sharing Good News. Handbook on Evangelism in

Europe, WCC Publications, Geneva 2017. Noort/Paas behaupten gleich im Vorwort: Wenn Evangelium Gute-Nachricht bedeutet, dann ist die Notwendigkeit des Teilens dieser Guten Nachricht der menschlichen Natur inhärent. Es gehört zur Verantwortung und Notwendigkeit des Menschen als ein soziales Wesen, Information und Weisheit zu teilen, das Wort des Lebens und des Trostes zu kommunizieren; teilen, was gut ist, positive Veränderungen im Leben Anderer schaffen, das heißt evangelisieren. Dies müsse in einem a) neuen und asymmetrischen soziokulturellen Kontext und b) in einer radikal sich verändernden denominationellen und religiösen Landschaft Europas geschehen. Es geht um die Re-Evangelisation Europas, die substantiell relevant ist für die heutigen sozialen Realitäten Säkularisierung, Migration, interkulturelle und interreligiöse Begegnungen. Im Unterschied zu anderen Publikationen zu Mission wird die Vergangenheit kritisch gesehen: Historisch war die Verkündigung der Guten Botschaft verwickelt mit westlichen kulturellen Vorstellungen, kultureller Überheblichkeit, autoritärer Einstellung und Aufklärungsfeindlichkeit. Dies hat zu Identitätskrise des Westens und zum Verlust der Glaubwürdigkeit des Christentums geführt. Es ist Zeit, in Europa wiederzuentdecken, was es heisst, Christ in dieser Region zu sein.

51) Publikation mit zahlreichen Kommentaren: Ecumenical Missiology: Changing Landscapes and New Conceptions of Mission, Hrsg. Kenneth R. Ross, Jooseop Keum, Kyriaki Avtzi und Roderick R. Hewitt, Oxford Regnum und WCC Genf, 2016, 634 Seiten

52) Monroe/Schoelkopf/Lukin, Vernetzte Quantencomputer, in: Spektrum der Wissenschaft 10/62, Heidelberg, S. 62-69

53) Eine hilfreiche Einführung zur Definition von Glauben bietet U. Schnabel: Die Vermessung des Glaubens, Verlag Karl Blessing, 574 Seiten, München, 2008; Hans Küng: Jesus, 304 S., Piper, München-Zürich, 2012. Moderne Fragestellungen unter Einbezug der modernen Physik und der Naturwissenschaften bietet ein Diskussionsprojekt des Arbeitskreises »Gottesbild« der Evangelischen Akademikerschaft

in Deutschland e.V. unter www.kernfragen-des-glaubens.de Im Text werden 15 Kernfragen formuliert und ausführlich kommentiert. Hier darf ein Hinweis auf Volker Gerhardt, Der Sinn des Sinns – Versuch über das Göttliche, Beck – Verlag, 3. Auflage, München, 2015, nicht fehlen. Fantastisch, wie Volkhardt (S. 166 ff) Kants Verständnis vom »moralischen Glauben« und der »Einheit der Zwecke« entwickelt, um daran anschließend sein Verständnis von Glauben als eine Einstellung zum Wissen und als Gefühl darzulegen. »Trotz der engen Bindung des Glaubens an das Wissen muss alles Gewicht darauf liegen, den Glauben als Gefühl zu begreifen. Denn so sehr er sich auf etwas bezieht, das in der Form eines Sachverhalts auf Distanz gebracht werden kann, ist der Glaube vorrangig das Verlangen, sich dieses Sachverhalts sicher zu sein, Der Gläubige lebt in der Gewissheit, das etwas so ist, wie er glaubt, dass es sei, und nicht selten bleibt er dabei, auch wenn seine Auffassung von anderen in Zweifel gezogen wird. Der Glauben kann als ein das Leben tragendes Gefühl tiefer Überzeugung gelebt werden und mit dem Bestreben verbunden sein, dem Geglaubten nahe zu sein. Vornehmlich soziale Einstellungen des Menschen wie Liebe und Treue, Loyalität und Solidarität, Verantwortung und das Bewusstsein der Verpflichtung sind durch das Gefühl des Glaubens grundiert. ... Er überschreitet die Grenze des Wissens in den existentiellen Fragen des Daseins« (S. 178).

54) 1809-1882. Ch. Darwin: Die Entstehung der Arten durch natürliche Zuchtwahl oder die Erhaltung der begünstigten Rassen im Kampf ums Dasein«, 1859 englisch, deutsch 1884; aus der großen Anzahl von Versuchen über Darwin ist Volker Gerhardt, und dessen Auseinandersetzung mit Darwins autobiographischen Aussagen über seinen »religiösen Glauben«, bzw. wie er diesen verloren hat, bemerkenswert (a.a.O S. 320 – 328). Darwins Animator war sein Großvater Erasmus, der 1794 Ideen zur Evolution entwickelte. Den Begriff im biologischen Sinne verwendete erstmals 1854 der Philosoph Herbert Spencer. Darwins Theorie besteht darin, die Entstehung neuer Arten durch »natürliche Auslese« zu erklären, die kein göttliches »Design« voraussetzt, sondern, wie alles im Universum, auf den Gesetzen des Zufalls basiert.

Auch überlebt nicht der stärkste oder intelligenteste, sondern der am besten an die Umwelt angepasste Organismus, wobei die Formel »survival of the fittest« Spencer zuzuordnen ist. Um ein Haar wäre Alfred Russel Wallace Darwin mit der Publikation der fast identischen Theorie zuvorgekommen. Die Thesen beider wurden gleichzeitig in der Linnean Society in London verlesen. Darwin aber konnte nachweisen, dass er die Idee früher formuliert hatte.

55) Grundlage für die moderne Fragestellung sind die vom ÖRK zum Dialogprogramm (seit 1971) herausgegebenen Leitlinien zum Dalog mit Menschen verschiedener Religionen und Ideologien. Eine neuere Theorie zur religiösen Vielfalt und zur theologischen Annäherung findet sich in Perry Schmidt-Leukel: Religious Pluralism and Interreligious Theology, The Gifford Lectures – An Extended Edition, Maryknoll, New York, Orbis Books, 2017, 291 Seiten. Danach geben herkömmliche Theologien nicht ausreichend Antwort auf die wachsende Herausforderung religiöser Vielfalt und Konflikte. »Statt ihre Theologie weiter ausschließlich religionsspezifisch zu betreiben, werden Religionen in Zukunft verstärkt auf interreligiösen Dialog setzen«. »Im Unterschied zur interkulturellen Philosophie nimmt interreligiöse Theologie den Bekenntischarakter von Religionen ernst«. »Statt andere Religionen als Gefahr zu sehen, können sie den eigenen Glauben bereichern ... Das bietet große Chancen im Umgang mit der wachsenden religiösen Pluralität in unserer Gesellschaft.« Eine, allerdings zu ergänzende Übersicht zu Misssion und Dialog bietet Christine Lienemann-Perrin: Mission und interreligiöser Dialog, Ökumenische Studienhefte 11, Bensheimer Hefte 93, 190 Seiten, Vandenhoeck & Ruprecht, Göttingen, 1999; Einen völlig anderen Ansatz verfolgt Friedrich Wilhelm Graf: Götter global – wie die Welt zum Supermarkt der Religionen wird, 285 Seiten, Verlag C. H. Beck, München, 2014.

57) zum Begriff: Paulo Coelho in einem Interview, Die Zeit, 28.06.2012

58) Dazu Max Weber (1864-1920): Die protestantische Ethik und der Geist des Kapitalismus, in: Archiv für Sozialwissenschaften und Sozial-

politik, 19/1904, S. 1-54, 21/1905, S. 1-110; Bearbeitet in: ---, Gesammelte Aufsätze, Bd. 1, Tübingen, 1920.

Im Zusammenhang mit dem Reformationsjubiläum 2017 arbeitet eine internationale interdisziplinäre Gruppe von WissenschaftlerInnen seit 2012 an einem zeitgemäßen Lutherverständnis. 2014 trat die Gruppe erstmals mit 94 Thesen unter dem Thema: »Die Reformation radikalisieren – provoziert von Bibel und Krise« an die Öffentlichkeit. (dazu: http://www.radicalizing-reformation.com/Index.php/de) Die Forschungsergebnisse mit dem vertiefenden Thema »Befreiung zum Leben in gerechten Beziehungen« werden 2017 in fünf Bänden veröffentlicht. Von zentraler Bedeutung ist die kritische Perspektive der neueren Paulusdeutung gegen die individualistische Auslegung, die Gottes Gerechtigkeit und Befreiung auf das westliche Ich umdeutet und den kalkulatorischen Kapitalismus vorbereitet (Bd. 1). Für Luther sei die imperiale Herrschaft strukturelle Sünde. Gottes Befreiung vollziehe sich wesentlich in der praktizierten Solidarität neuer messianischer Gemeinschaften. Das entspricht der reformatorischen Verwerfung des käuflichen Heils ebenso wie die systemische Kritik des Individualismus und des Frühkapitalismus (Bd. 2). Im Bd.3 befassen sich die Autoren mit dem religiösen Charakter des Kapitalismus und nehmen Bezug auf die Auslegung des ersten Gebotes verbunden mit dem Eingeständnis, dass Luthers Schriften zu Handel und Wucher im Protestantismus wohl am Rande wirksam geworden sind, aber die lutherischen Kirchen insgesamt der kritischen Perspektive nicht gefolgt sind. Allerdings sehen die Autoren in jüngster Zeit kritische Potentiale der Position Luthers für die Kritik am Neoliberalismus. Bd. 4 handelt von der Befreiung von Gewalt zum Leben in Frieden, und Bd. 5 steht unter dem Thema: Kirche – befreit zu Widerstand und Transformation. Zusammen mit den kompakten Thesen signalisiert diese Reihe »Reformation radikal« einen starken Einfluss befreiungstheologischer Interpretation des NT. Die Einleitung zu den Thesen ruft auf zum neuen Hören: ... »nur wenn wir unsere Ohren öffnen für den Schrei der Opfer an der Unterseite unserer hyper-kapitalistischen Weltordnung kann das Reformationsjubiläum zum befreienden ,Jubel-Jahr' werden.«

59) www Wikipedia, Art. Neoliberalismus, ebenso dort: Artikel zu Lud-

wig Mises (1881-1973) und Friedrich Hayek (1889-1992). Dazu Paul Var-
haeghe, Und ich? Identität in einer durchökonomisierten Gesellschaft,
Verlag Kunstmann, München, 2013.

60) z.B. In zahlreichen Beiträgen, u.a. Ulrich Duchrow zusammen mit
Lioba Diez (Hrsg.), Texte zum ökumenischen Prozess für Alternativen
zur neoliberalen Globalisierung, epd-Dok. Nr. 22 und 43a, Frankfurt,
2002; Ulrich Duchrow, Gieriges Geld, Auswege aus der Kapitalismus-
falle, Befreiungstheologische Perspektiven, 290 Seiten, Kösel Verlag,
München, 2013.

61) zum folgende s. Pauf Mason, Postkapitalismus – Grundrise einer kommenden Ökonomie, 430 Seiten, Suhrkamp, Berlin, 2016. Dazu Elisabeth
von Tadden, Gute Nachricht – Der Kapitalismus ist am Ende, Die Zeit, Nr.16,
07. April 2016, S.43 f; Thomas Straubhaar: Hatte Marx doch recht?, Welt am
Sonntag, 11. Dez. 2016, S. 33f; Lisa Nienhaus, Gero von Randow, Martin Ma-
chowecz, Hans-Werner Sinn: Hatte Marx doch recht ? Die Zeit, Nr. 5/2017,
Dossier1; Sahra Wagenknecht, Reichtum ohne Gier, Wie wir uns vor dem
Kapitalismus retten, Campus, Frankfurt/Main, 2016; Evelyn Finger / Hanns-
Bruno Kammertöns, Nächstenliebe ist knallharte Pficht, Ein Gespräch mit
Sahra Wagenknecht und Heiner Geißler, Die Zeit, Nr. 51, 15. Dezember 2011,
S. 65 f.; viele Fakten bei Matthias Weik/Marc Friedrich: Kapitalfehler, Wie
unser Wohlstand vernichtet wird und warum wir ein neues Wirtschaftsden-
ken brauchen, 350 Seiten, Eichborn Verlag, Köln, 2016; Mark Schieritz: Der
Kapitalismus soll netter werden, Die Mächtigen haben ein neues Projekt.
Sie wollen den Gegnern die Globalisierung mit Umverteilung den Wind aus
den Segeln nehmen, Die Zeit, Nr. 32, 28. Juli 2016, S.3; die demogaphische
Perspektive behandelt Reiner Klingholz: Sklaven des Wachstums, Die Ge-
schichte einer Befreiung, 350 Seiten, campus Verlag, Frankfurt/Main, 2014;
Axel Honneth: Die Idee des Sozialismus, Versuch einer Aktualisierung, 170
Seiten, Suhrkamp, Verlag, Berlin, 2015.

61a) s. Seite 101: Olaf Gersemann, Niddal Salam -Eldin, Holger Zschäpitz:
Ist der Kapitalismus noch zu retten?, in: Welt am Sonntag, Nr. 4/2017,
S. 29f.

62) Folgt man Hans Küng: Existiert Gott?, Piper Verlag, München/Zürich, 1978, so ist der christliche Gottesglaube rational vertretbar, jedoch verliert das Christentum zunehmend Glaubwürdigkeit dadurch, dass es an Teilen des mittelalterlichen Weltbildes festhält. In seiner Auseinandersetzung mit Hans Küng hat Hans Albert: Das Elend der Theologie, Hoffmann&Campe Verlag, Hamburg, 1979, nachzuweisen versucht, dass Küngs Gedankenbewegungen typisch für theologisches Denken überhaupt sei und das Elend der Theologie offenbare, weil sie logische Inkonsistenzen aufweise (z.B. das Theodizeeproblem) und im Dienste menschlicher Bedürfnisbefriedigung stehe. »Die Theologie ist in ihrem Denken mehr als je zuvor durch das Vorurteil für bestimmte Glaubensbestände geprägt. Sie ist gewissermaßen der professionalisierte und institutionalisierte Missbrauch der Vernunft im Dienst des Glaubens, soweit dogmatische Fragen in Betracht kommen« (S. 185 f). Dazu auch Roland Dworkin: Religion ohne Gott, 3. Auflage, 250 Seiten, Suhrkamp Verlag, Berlin, 2014; Terry Eagleton: Der Tod Gottes und die Krise der Kultur, 290 Seiten, Pattloch Verlag, München, 2015. Zur Diskussion Wissen und Glauben sei auf den philosophisch-theologischen Versuch Volker Gerhardt: Der Sinn des Sinns – Versuch über das Göttliche, 3. Auflage, 359 Seiten, Verlag C. H. Beck, München, 2015 hingewiesen.

63) Der Quantenmystiker Michael König: Das Urwort: Die Physik Gottes, 2. Auflage, Scorpia Verlag, Berlin-München, 2011, macht den Versuch, modernste wissenschaftliche Theorie und Spiritualität mit seiner physikalischen Theorie in Übereinstimmung zu bringen. Danach ist Gottes Existenz über die Urwort-Theorie des Verfassers nachweisbar. Gott stellt die elementare, naturwissenschaftlich nachweisbare Werkgröße unseres Universums dar. Geist und Materie sind eins. Der Versuch ist umfassend und eine in sich geschlossene logische Leistung, die spontan an die mittelalterlichen Gottesbeweise erinnert. Aber man kann sich des Eindruckes nicht erwehren, dass König eine bedeutende naturwissenschaftliche Entdeckung zur Erklärung von gläubigen Grundpositionen benutzt. Strukturell ist diese Sichtweise jedoch nichts Anderes als was methodisch bei urchristlichen Dogmenbildung auf dem Hintergrund der klassischen antiken Philosophie geschehen ist.

64) In der »Welt am Sonntag« vom 23.10.2016 wird unter dem Titel »Der Rat der Maschinen« ein Umfrageergebnis aus Capgemini »World Wealth Report 2016 zitiert. Die Frage an Kunden mit einem Vermögen ab einer Million Dollar lautete: »Können Sie sich vorstellen, dass Kunden einen Teil ihres Geldes von einer Maschine verwalten lassen?« 2015 sagten 51% der Kunden »Ja«, 2016 bereits 67%. Ein starker Vertrauenswechsel also vom Menschen auf die Maschine mit künstlicher Intelligenz. Vergleichbares wird von Währungshändlern, die künstliche Intelligenz beim Eurohandel mit weitaus besseren Ergebnissen als bei traditioneller Recherche einsetzen und in Panik geraten, wenn die Maschine einmal ausfällt.

65) s. Y. Hofstetter, Sie wissen alles, München, 2014

66) Welt am Sonntag, 23.10.2016, S.39: Benedikt Fuest, Schule der Roboter, beschreibt die hoch komplizierte Technologie. Gewöhnliche Computerprogramme basieren meist auf wenn-dann-Beziehungen. »Deep-Learning« forscht daran, wie künstliche Intelligenz die reale Welt sehen und verstehen kann. Die Programme sind so komplex, dass der Mensch sie nicht von Hand schreiben kann. Computer werden für ihre künftigen Aufgaben trainiert. Künstliche Intelligenz sucht dabei in Daten nach Mustern, die sie bereits kennt. Über Erkennung von Lernergebnissen, Sortierarbeit, Aufschalten von mathematischen Filtern (neuronalen Netzen) kommt es zum erkennen von Mustern. Die künstliche Intelligenz lernt, indem sie Datenwerte immer wieder in die mathematischen Gleichungen einer Filterschicht einsetzt, durchrechnet und ausprobiert, in welcher Gewichtung die Rechenergebnisse in die Gleichungen des nächsten Filters eingehen sollen. Diese mehrschichtigen neuronalen Netze sind unter anderen eine Grundlage für selbstlernende künstliche-Intelligenz-Programme.

67) vgl. www.oikoumene.org/en/press vom 06.01.2017 berichtet unter dem Titel »Northern European consultation explores multiple religous belonging« über eine gemeinsame Konsultation des ÖRK, des Council for Worldmission und der United Reformed Church am 14. – 16. Dezem-

ber 2016 in Birmingham/UK. In der Pressemeldung wir auf zwei Konferenzen mit dem gleichen Thema hingewiesen: 2015 in
Cleveland/USA und 2014 im Gurukul Lutheran Theological College and Research Institute, Chennai/India. Darin wird die Hoffnung ausgesprochen, «that the churches and other faith communities who want to discover more about the practical implications and religious and cultural hybridity, hospitality and multiple religious belonging in our life together as a faith community.«

68) Walter Freytag: Reden und Aufsätze (Hrsg: J. Hermelink u. H.J. Margull), Teil 1 u.2, Theologische Bücherei Bd.13, Kaiser-Verlag, München, 1961. Der Hamburger Bischof D. Karl Witte sagte in seinem Nachruf: Walter Freytag (1899-1959) »gehörte zu den Christen, die es mir leichter gemacht haben, an Jesus Christus zu glauben.« (zit. nach: Der Spiegel 46/1959).

69) http://www.oikoumene.org/de/press-centre/news 15.02.2017; http://water.oikoumene.org/de/index?set=de 18.02.2017

70) Dazu vgl. https//de.wikipedia.org/wiki/anthropozän; H.Lesch/K. Kamphausen: Die Menschheit schafft sich ab, Die Erde im Griff des Anthropozän, Komplett-Media, München, 2016.

71) Die Medien, auch die großen Tageszeitungen und Radiostationen befassen sich intensiv mit pro und kontra zur Sache. Kritische Rückfragen finden besonders großen Raum: Ein neues Erdzeitalter – Geologische Belege für das Anthropozän, Neue Zürcher Zeitung, 8.Januar 2016; Karen Duve: Warum die Sache schiefgeht. Wie Egoisten, Hohlköpfe und Psychopathen uns um die Zukunft bringen, http://www.galiani.de/karen-duve.warum-die-Sache-schiefgeht.html; Badische-Zeitung.de.2. Juni 2016 und Badische-Zeitung.de. 7.Juni 2016; Jürgen Manemann: Kritik des Anthropozäns, Plädoyer für eine neue Humanökologie, transcript, Bielefeld, 2014.

72) In einer »Botschaft« vom 16.November 2016 an die Mitgliedstaaten der UNFCCC (UN-Klimarahmenkonvention) hat der Ökumenische Patri-

arch von Konstantinopel auf diesen dramatischen Ablauf hingewiesen: 22 Jahre seien »ein nicht akzeptabler Zeitraum, um mit Klimakonventionen auf die Umweltkrise zu reagieren.« Die 22. Konferenz der Vertragsparteien (COP22) sei »eine schmerzvolle Erinnerung daran, dass erst 197 Länder eine Konvention ratifiziert hätten, die aus dem Erdgipfel 1992 in Rio de Janeiro hervorgegangen sei.« Bartholomäus I, der vom Time Magazin 2008 als der »Grüne Patriarch« ausgezeichnet wurde, fragt in seiner Botschaft: »Welchen Preis für Profit wollen wir zahlen? Oder wie viele Leben sind wir bereit, für den materiellen und finanziellen Gewinn zu opfern? Und welche Kosten hätten wir zu tragen, wenn wir das Überleben der Schöpfung Gottes verhindern oder verwirken?«

»Nach 22 Jahren ist es für uns alle höchste Zeit und längst überfällig zu erkennen, dass unsere ökologischen Sünden Auswirkungen auf unsere Mitmenschen haben, denn wir alle, aber besonders diejenigen, die am schutzbedürftigsten sind oder am Rand stehen, werden die unabwendbaren Folgen zu tragen haben.« Der »Grüne Patriarch« hat selbst acht internationale und interreligiöse Treffen organisiert und in unzähligen Seminaren und Symposien zu ökologischen Themen gesprochen und seine Sorge, dass das »Überleben der Schöpfung Gottes auf dem Spiel steht« thematisiert. (zit. Nach www.oikoumene.org/de/press vom 17. November 2016; vergl. auch www.oikumene.org/press-centre vom 22.12.2016, ein ausführliches Interview von Marianne Ejdersten mit His All-Holiness Ecumenical Patriarch Bartholonev; The Patriarch of Solidarity). Einen eindrücklichen Aufruf zum Überleben der Menschheit im 21. Jahrhundert hat Papst Franziskus mit der 2015 erschienen Enzyklika »Laudato Si'. Über die Sorge für das gemeinsame Haus« (Online-Version: http://w2.vatican.va/content/dam/francesco/pdf/encyclicals) erlassen. In einem Sammelband dazu hat Wolfgang George Beiträge von 24 Wissenschaftlern veröffentlicht (--Hrsg.: Laudato Si', Wissenschaftler antworten auf die Enzyklika von Papst Franziskus, Psychosozial-Verlag, Gießen, 2017, 386 Seiten).

73) Dazu Claus Hecking/Malte Henk/Wolfgang Uchatius: Die Reparatur der Erde, in: »Die Zeit«, Nr.45 vom 27.Oktober 2016, S.13 ff, mit einem Verweis auf den EuTRACE-Bericht zu Geoengineering des Potsdamer

Forschungsinstituts IASS. Dort u. a. die Darstellung der Bemühungen von David Keith, Professor für Angewandte Physik an der Harvard Universität. Er arbeitet, zusammen mit anderen Wissenschaftlern an einem umfangreichen Forschungsprojekt zum Gegen-Klimawandel. Die US National Academy of Sciencis und andere Amerikanische Forschungsorganisationen und Umweltschutzorganisationen nähern sich ebenfalls der Thematik. Aus dem Artikel könnte man den Eindruck gewinnen, als bahne sich ein Schwerpunktverlagerung von der konventionellen hin zu der technischen Bekämpfung des Klimawandels an (Künstliche Bäume holen das Kohlendioxid aus der Luft / Düngung der Ozeane mit Eisen zur Vermehrung von Algen, die Kohlendioxid aufnehmen / Kohlendioxid wird aus Kraftwerken ins Erdinnere gepumpt, wo es sich in Stein verwandelt / Weiße, Sonnenlicht reflektierende und so kühlende Dächer und Straßen/ die schon genannten, von Flugzeugen verteilten Substanzen, bilden eine schützende Decke um den Planeten, die das Sonnenlicht zurück ins All spiegelt.

74) Definitiv noch folgenreichere Auswirkungen hatte der Ausbruch des Supervulkans »Toba«, auf der Insel Sumatra im heutigen Indonesien. Der Ausstoß von 2500 Kubikkilometer Asche und Gesteinsmaterial vor 74.000 Jahren gilt als möglicher Ursache dafür, dass die Menschheit fast ausstarb. Die Aschenwolken lösten weltweit einen vulkanischen Winter aus und führten zu massiven Hungersnöten bei Mensch und Tier. Eine vergleichbare Superexplosion ereignete sich vor etwa 26.500 Jahren mit dem Ausbruch des neuseeländischen Supervulkans »Taupo«, der 1.200 Kubikkilometer Material ausschleuderte mit ähnliche Folgen wir der »Toba«. Ein vergleichbarer Supervulkan in Europa liegt in der Nähe des Vesuvs in Italien. Computersimulationen deuten auf ein mögliches »Erwachen«.

75) Über konkrete Beispiele von »Brennpunkten des Anthropozäns«, an denen Menschen mit den Folgen von Klimawandel und Raubbau in Indien, Nepal, Kenia, Kolumbien, Bolivien kämpfen, berichtet Gaia Vince: Am achten Tag – Eine Reise in das Zeitalter des Menschen. Übersetzt aus dem Englischen von Monika Niehaus, Martina Wiese, Jorunn Wissmann, Theiss Verlag, Darmstadt, 2016, 448 S.

76) zit. und übersetzt nach www.cca.org.hk/home/

77) Dazu die kritische Algorithmen-Analyse unter dem Gesichtspunkt der WMDs (Weapos of Math Destructions): Cathy O'Neil: Angriff der Algorithmen – Wie sie Wahlen manipulieren, Berufschancen zerstören und unsere Gesundheit zerstören, Carl Hanser Verlag, München, 2017, 346 Seiten. Die Verfasserin reflektiert sowohl ihre eigenen Erfahrungen mit Hedgefonds und dem großen Crash 2008 im Finanzsektor, als auch die Anwendung von Algorithmen bei Personalentscheidungen im Bildungssektor der USA. Ihr kritischer Punkt ist das fehlende kritische feedback, bzw. ein Kontrollsystem der automatisierten Analyseprozesse beim Herausfiltern von Mustern aus großen Datenreihen und damit die gefährliche Anfälligkeit für ungewollte oder auch absichtliche Datenmanipulation. Steffen Mau: Über die Quantifizierung des Sozialen, edition Suhrkamp, München, 2017, 308 Seiten, beginnt seine kritische Hinterfragung bei der Vorstufe der Datenverarbeitung, d.h. bei der Sammlung und Auswahl von Daten, die nie unbedingt und objektiv sein kann. Solange Algorithmen noch von Menschen programmiert werden, sind sie auch für Fehler anfällig. Sie sind dafür da, auf individuelle Bedürfnisse einzugehen, zu selektieren und zu filtern. Aufgrund bestimmter Eingaben können Algorithmen bestehende gesellschaftliche Vorurteile erhalten oder sogar verstärken. Sie können aber auch Vorurteile korrigieren und in der Entwicklung künstlicher Intelligenz eine nächste Stufe selbstlernender Systeme darstellen. Die Möglichkeit kritischer Begleitung der Algorithmen-Entwicklung ist dann eher als eine Befreiung unseres selbstbestimmten Handelns und Seins von Manipulation zu sehen.

78) Gerd Leonhard: Technology vs. Humanity – Unsere Zukunft zwischen Mensch und Maschine, Verlag F. Vahlen, München, 2017. Das Buch endet mit einem dringenden Aufruf. »Wenn wir nicht selbst zu einem Stück Technologie mutieren wollen; wenn wir nicht hineingesogen werden wollen in den gewaltigen Strudel der Megashifts; wenn wir ‚natürliche Menschen' bleiben wollen … … – dann müssen wir handeln, so lange wir dafür noch Spielraum haben. Und diese Zeit ist jetzt gekommen.« (S. 192). Er schlägt als eine »Herkulesaufgabe«

für den Fortbestand des Menschen vor, dass die Menschheit sich auf »einfachste Spielregeln für mehr Menschlichkeit« einigt, vergleichbar den Atomsperrverträgen. Dazu nennt Leonhard in Kapitel 12 (Zeit für Entscheidungen -Team Mensch oder Team Maschine) »Neun mögliche Grundprinzipien« und »Sieben Kernfragen, die wir uns bei der Bewertung von exponentiellen Technologien stellen sollten«.

Auf diesem doch eher dramatischen Hintergrund wirkt die Forderung des Theologen und Robotikexperten Peter. G. Kirchschläger nach einer »moralischen Software« zu optimistisch im Blick auf die Schwierigkeiten bei der Programmierbarkeit moralischer Werte wie Freiheit, Würde, Moral, oder anders gesagt, zu irrealistisch was die Möglichkeiten der »Freiheit« des Internets der Dinge zusammen mit Künstlicher Intelligenz (KI) betrifft. (vgl. Kirchschläger, P.G. und Thomas, Hrsg.: Menschenrechte und Digitalisierung des Alltags, Stämpfli Verlag, Bern/CH, 2010)

79) In einer Pressemitteilung vom 12.01.2017 aus Anlass des Erscheinens des IRM-Vorbereitungsheftes der Weltmissionskonferenz des WCC im Jahr 2018 schreibt der Direktor der CWME-Kommission zum Thema »The work oft the Spirit and discipleship in Christian Mission«: »Transforming Discipleship« refers to both the transformation of Christians through their discipleship engangements and to discipleship that is transformative of the world«. Wie und wo sich dieses »neue Paradigma« realisiert, dafür nennt Jooseop Keum biblische Studien, Spiritualität, Arbeit für soziale Gerechtigkeit, Gesundheit und Heilen. In den klassischen Kategorien formuliert und unter Vorraussetzung des klassischen Schöpfungs- und Menschenbildes formuliert er: »The triune God works in the world that is groaning, along with humanity, for its redemption and final fulfilment in Christ«. »The world that still need transformation by God's grace«. Um das zu konkretisieren, bedarf es der Erkennung der «Zeichen der Zeit«. Eine alte Forderung, die aber nur höchst selten auf die aktuellen «Zeichen« angewendet wurde. So sind auch die Zeichen des Anthropozäns nicht im strategischen Sichtbereich des Umfeldes einer »transformativen Jüngerschaft«.

80) a.a.O. S. 193-198